参与式语文教师培训资源

丛书主编 ◯ 王荣生

"十二五"上海市重点图书

文言文教学教什么

主编◎王荣生

执行主编◎童志斌

华东师范大学出版社

·上海·

图书在版编目(CIP)数据

文言文教学教什么/王荣生主编. —上海:华东师范大学
出版社,2014.7
(参与式语文教师培训资源)
ISBN 978 - 7 - 5675 - 2575 - 7

Ⅰ.①文… Ⅱ.①王… Ⅲ.①文言文-教学研究-中小
学-师资培训-教材 Ⅳ.①G633.302

中国版本图书馆 CIP 数据核字(2014)第 219946 号

参与式语文教师培训资源

文言文教学教什么

主　　编　王荣生
执行主编　童志斌
责任编辑　吴海红
审读编辑　巩晓悦
责任校对　时东明
装帧设计　卢晓红

出版发行　华东师范大学出版社
社　　址　上海市中山北路 3663 号　邮编 200062
网　　址　www.ecnupress.com.cn
电　　话　021 - 60821666　行政传真 021 - 62572105
客服电话　021 - 62865537　门市(邮购)电话 021 - 62869887
地　　址　上海市中山北路 3663 号华东师范大学校内先锋路口
网　　店　http://hdsdcbs.tmall.com

印 刷 者　常熟高专印刷有限公司
开　　本　787毫米×1092毫米　1/16
印　　张　15.75
字　　数　266 千字
版　　次　2014 年 12 月第 1 版
印　　次　2025 年 6 月第 21 次
书　　号　ISBN 978 - 7 - 5675 - 2575 - 7
定　　价　47.00 元

出 版 人　王　焰

参与式语文教师培训资源编委会

王荣生　徐雄伟　李海林　郑桂华　吴忠豪　高　晶　夏　天
李冲锋　陈隆升　邓　彤　童志斌　步　进　李　重　申宣成

主题学习工作坊授课专家

于　漪　　当代语文教育家，曾任上海市教科文卫委员会副主任
张民选　　上海师范大学原校长，研究员，博士生导师
钟启泉　　华东师范大学终身教授，博士生导师
崔允漷　　华东师范大学课程与教学研究所所长，教授，博士生导师
方智范　　华东师范大学教授，博士生导师
倪文锦　　杭州师范大学教授，博士生导师
黄灵庚　　浙江师范大学教授，博士生导师
王栋生　　南京师范大学附属中学教师，特级教师，教授级高级教师
程红兵　　广东省深圳市明德实验学校校长，特级教师，教育部"国培计划"专家库专家
陈　军　　上海市市北中学校长，特级教师，教育部"国培计划"专家库专家
谭轶斌　　上海市教委教研室副主任，特级教师，教育部"国培计划"专家库专家
褚树荣　　浙江省宁波市教育局教研室教研员，特级教师，教授级高级教师
宋冬生　　合肥师范学院副教授，教育部"国培计划"专家库专家
邓　彤　　上海市黄浦区教育学院教研员，特级教师，教育部"国培计划"专家库专家
倪文尖　　华东师范大学副教授
童志斌　　浙江师范大学副教授
叶黎明　　杭州师范大学副教授
申宣成　　河南省基础教育教学研究室教研员
陈隆升　　台州学院副教授
周子房　　上海知明教育信息咨询有限公司教学总指导
杨文虎　　上海师范大学教授，博士生导师
谢利民　　上海师范大学学科教育研究所所长，教授，博士生导师
李海林　　上海新纪元双语学校校长，教育部"国培计划"专家库专家

郑桂华　上海师范大学教授，教育部"国培计划"专家库专家
吴忠豪　上海师范大学教授，教育部"国培计划"专家库专家
王荣生　上海师范大学教授，博士生导师，教育部"国培计划"专家库专家

课例研究工作坊执教教师和提供案例教师

钱梦龙　著名语文教学专家
郑桂华　上海师范大学教授
李海林　上海新纪元双语学校校长，教育部"国培计划"专家库专家
黄厚江　江苏省苏州中学教师，特级教师，教授级高级教师
曹勇军　江苏省南京市第十三中学教师，特级教师，教授级高级教师
马　骉　上海市虹口区教育学院副院长，特级教师
朱震国　上海市杨浦高级中学教师，特级教师
薛法根　江苏省吴江市盛泽实验学校校长，特级教师
王崧舟　杭州师范大学教授
岳乃红　江苏省扬州市维扬实验小学副校长，特级教师
蒋军晶　浙江省杭州市天长小学副校长，特级教师
茹茉莉　浙江省嵊州市城南小学校长，特级教师
周益民　江苏省南京市琅琊路小学教师，特级教师
邓　彤　上海市黄浦区教育学院教研员，特级教师
张广录　上海市浦东新区教育发展研究院教研员，高级教师
童志斌　浙江师范大学副教授
季　丰　浙江省富阳中学教师，高级教师
任富强　浙江省慈溪市慈中书院校长，特级教师
周子房　上海知明教育信息咨询有限公司教学总指导
申宣成　河南省基础教育教学研究室教研员
荣维东　西南大学副教授
郭家海　江苏省常州高级中学教师，特级教师
袁湛江　浙江省宁波市万里国际学校校长，特级教师
邓玉琳　广东省深圳市南山实验学校教师，高级教师

李金英　辽宁省鞍山市铁西区共同小学教师,高级教师
范景玲　河南省商丘市民权县程庄镇一中教师,中学一级教师
刘学勤　河南省商丘市民权县实验中学教师,高级教师

共同备课工作坊合作专家

王荣生　博士,上海师范大学教授

高　晶　博士,上海师范大学讲师

李冲锋　博士,中国浦东干部学院副教授,博士后

胡根林　博士,上海市浦东新区教育发展研究院教研员

陈隆升　博士,台州学院副教授

袁　彬　博士,南通大学副教授

于　龙　博士,上海师范大学副教授

李　重　博士,上海师范大学副教授

申宣成　博士,河南省基础教育教学研究室教研员

周子房　博士,上海知明教育信息咨询有限公司教学总指导

陆　平　博士,南通大学副教授

步　进　博士,江苏师范大学副教授

周　周　博士,贵州师范学院讲师

邓　彤　博士,上海市黄埔区教育学院教研员,特级教师

童志斌　博士,浙江师范大学副教授

孙慧玲　博士,上海市闵行区教科所教师,博士后

代顺丽　博士,闽南师范大学副教授,博士后

王从华　博士,赣南师范学院副教授,博士后

前　言

一年多前,"参与式语文教师培训资源"丛书启动,在第一次编务会,我就想好了丛书前言的第一句话:

这是值得你慢慢读的书,这是需要你用笔来读的书。

当我说出这一句话时,编务会的同伴们一致称好,因为这句话贴切地体现出这套"参与式语文教师培训资源"的特色。

这是值得你慢慢读的书

这是一套"语文教师培训资源"系列丛书,是在语文骨干教师培训实践中逐渐积累的优质课程资源。

从 2010 年起,"上海师范大学语文课程研究基地"承担教育部"国培计划"示范性集中培训项目,凭借强大的专业团队和积极投入的事业心,成为"国培计划"实施中语文学科的引领性标杆。

"上海师范大学语文课程研究基地"有四位教授入选"国培计划"专家库专家,2010—2013 年,承担的教育部"国培计划"示范性集中培训项目 30 个班,涵盖语文学科的所有子项目,培训了来自全国各地师范院校、教师进修学校、教研室和中小学的培训者和骨干教师 1500 多名。

"国培计划"2010 示范性集中培训项目

　　——中小学骨干教师研修项目(高中语文)50 人

　　——中小学骨干教师研修项目(小学语文)150 人

"国培计划"2011 示范性集中培训项目

　　——中小学骨干教师研修项目(高中语文)100 人

　　——中小学骨干教师研修项目(小学语文)100 人

　　——(云南省)中西部教师培训项目(初中语文)100 人

"国培计划"2012 示范性集中培训项目

　　——培训者团队研修项目(语文)50 人

　　——免费师范毕业生培训项目(语文)150 人

　　——中小学骨干教师研修项目(高中语文教研员)50 人

　　——中小学骨干教师研修项目(高中语文教师)50 人

　　——中小学骨干教师研修项目(初中语文)50 人

　　——中小学骨干教师研修项目(初中语文教研员)50 人

　　——中小学骨干教师研修项目(初中语文教师)50 人

　　——中小学骨干教师研修项目(小学语文教研员)100 人

　　——中小学骨干教师研修项目(小学语文教师)100 人

"国培计划"2013 示范性集中培训项目

　　——培训者团队研修项目(语文)50 人

　　——中小学骨干教师研修项目(高中语文教研员)50 人

　　——中小学骨干教师研修项目(高中语文优秀教师)50 人

　　——中小学骨干教师研修项目(初中语文教研员)50 人

　　——中小学骨干教师研修项目(小学语文教研员)50 人

　　——骨干教师高端研修项目(小学语文)108 人

　　——(重庆市)小学语文骨干教师异地研修培训项目 50 人

这套丛书,立足于"上海师范大学语文课程研究基地"培训专家近年的研究成果,取材于上海师范大学 2010—2013 年所承担的教育部"国培计划"示范性集中培训项目的系列培训课程。

该系列课程聚焦"新课程实施中语文教学的有效性"这一主题,针对"教学内容的合宜性"和"教学设计的有效性"这两个核心问题。研修课程由三个互补的"工作坊"组成:

主题学习工作坊

共同备课工作坊   课例研究工作坊

主题学习工作坊:体现专业引领。安排有教育研究者"专家报告",语文教育研究者"专家视角",语文课程与教学的博士和博士研究生"博士论坛",以及课堂的互动交流。

共同备课工作坊:合作专家、参与学校和研修学员共同开展教学研究活动。与一线语文教师共同备课的"沉浸式体验",教研员和优秀教师的"交流与分享",按"散文阅读教学"、"小说阅读教学"、"文言文和古诗文教学"、"写作教学"、"语文综合性学习"和"高中语文选修课教学"等专题展开。

课例研究工作坊:专家教师和实践探索者的"教学示例与研讨"。研究者与一线教师的多重对话:"从教学内容角度观课评教",侧重在教学内容的合宜性;"以学的活动为基点的课堂教学",侧重在教学设计的有效性。

上述三个工作坊,由"主题学习"引领,"共同备课"和"课例研究"为双翼,相辅相成。"课例研究工作坊"与"共同备课工作坊"呼应互补,平行进行(有个别分册因主题的缘故,只包括上述一或两个工作坊)。

2013 年,征得授课专家的同意,我们着手编撰这一套"语文教师培训资源",把实施"国培计划"的课程录像、录音,转录成文字,并加以精选、整理,以供广大中小学语文教师共享。

丛书有如下 8 本：

《语文教师专业发展十四讲》	执行主编　李　重	博士
《阅读教学教什么》	执行主编　高　晶	博士
《散文教学教什么》	执行主编　步　进	博士
《小说教学教什么》	执行主编　李冲锋	博士
《实用文教学教什么》	执行主编　陈隆升	博士
《文言文教学教什么》	执行主编　童志斌	博士
《写作教学教什么》	执行主编　邓　彤	博士
《语文综合性学习教什么》	执行主编　申宣成	博士

这是需要你用笔来读的书

这是一套"参与式语文教师培训资源"，你不仅是读这些文字、知道一些信息，你必须参与其中，就像是培训中的一员。

如何将培训现场的情境性元素，在纸质的书上加以体现？这是我们在编撰丛书时着重要解决的问题，也是这套丛书有别于其他同类书籍的一个亮点。

在这套书中，在不同板块，你会碰到不同的人，他们是不同的角色。

首先是授课专家。在"主题学习工作坊"，你会看到专家的授课实录。其中"专家报告"，编入《语文教师专业发展十四讲》；"专家视角"，就是每一分册的"主题学习工作坊"的学习内容。在"课例研究工作坊"，你会看到授课的专家教师以及他们的研究课实录，还有在教学现场及丛书编撰过程中提供教学案例的老师及他们在实践探索中形成的教学案例。

其次，你会遇到培训现场的老师，你的同行，或许是同事。他们聆听专家的讲座，观摩授课教师的研究课，他们思考着，边听边做笔记，他们发表自己的见解，提出自己的疑问，与专家交流互动。在"共同备课工作坊"，他们与合作专家一起，讨论一篇课文的教学内容，反思自己对语文教学的理解，交流和分享教学经验，也会流露在教学实践中遭遇的困难和疑惑。

在"共同备课工作坊"，你会见到一些备课合作专家，他们是上海师范大学和华东师范大学的博士，有四位还是博士后。在进入备课教室之前，备课专家组已经对课文做了充分的研讨，但他们清楚地知道自己的职责：备课合作专家，并不是比语文教师高明的人,他们只是在与语文教师共同备课时,提供一个可能有别于教师的视角,以启发参与备课的教师以新的眼光来对待备课的课文。备课合作专家所做的工作主要是两项:第一项,问"为什么呢?"通常备课伊始,教师们对一篇课文教什么,会有不同的经验和见解,但这些经验和见解很少经过反思。张老师说,应该教这个;李老师说,应该教那个。这时,备课合作专家就会行使职责,他会问,往往是追问:"为什么呢?"也就是专业的理据,在追问和进一步研讨中,促使教师反思自己的经验和见解。第二项,提议"这么看,行不行呢?"当备课的教师陷入"常规思维"时——往往是被不合适的教学习俗所钳制,或者当备课的教师们争执不下、陷入僵局时,备课合作专家就会基于他们事先对课文的研讨,提出思考和解决问题的思路,引导教师从一个新的方向、换一种新的眼光来看待这篇课文,去选择合宜的教学内容。

是的,你一定意识到了:共同备课,并不是追求一篇课文的"最佳设计"。事实上,在"国培计划"实施中的"共同备课",尤其第一次"共同备课工作坊",往往是一个半天过去,备课小组对这篇课文"教什么"、"怎么教"还没理出头绪来。"共同备课工作坊"的目的,是促使教师反思自己的经验,是希望教师尝试着运用"主题学习工作坊"所学的理论。因此,"共同备课"的成效,主要表现在备课教师经验的获得上:(1)哦,原来我这样做,是不对的!(2)哦,教学内容原来是这么来的!

显然,在"共同备课工作坊",如果你把自己当"旁观者",如果你只是被动地追随书中的文字,如果你读了以后只是知道了张老师说过什么、李老师说过什么,以及备课合作专家说了什么,那么,你将毫无所获,或不得要领,或买椟还珠。

你必须把自己当作备课小组中的一员:你应该事先熟悉课文并进行教学设计的尝试,或在看书时带上你的教案(如果你原来上过这篇课文的话);你要发表自己的见解,对别人的发言你要作出回应;当备课合作专家问"为什么呢?"你要回答问题;当备课合作专家说"这么看,行不行呢?"你要回味你这时的心理反应。

不但是"共同备课工作坊",在"主题学习工作坊",在"课例研究工作坊",如果你只是知道了某位专家说过什么,只是知道了某位授课教师的课是这样的,这就没有把握住要点,因而也不会有什么用。要点在于:专家这么说,对你、对你的教学,意味着什么?要点在于:授课教师这篇课文教这些,为什么呢?道理何在?或没有教那些(如果你过去恰好在教那些),为什么呢?道理何在?

语文教师是专业人员。什么是"专业人员"?专业人员就是依据专业知识行事的人。培训不是听某位专家一个讲座,听另一位专家一个讲座,看一个专家教师的课,看另一个专家教师的课；培训的目的不在这些。培训的目的，是发展自己的专业知识和专业能力。而这，需要参与培训的人去明白道理，去探寻学理，去改善自己的学科教学知识，从而改善教学，惠及学生。

显然，读这套书，你必须始终"在场"，就像自己在培训现场。拿起笔，你将经历的，是学术性的阅读。

这对你可能有些难。于是，"参与式语文教师培训资源"最重要的人物出场了。

他就是你读的这本书的"执行主编"。在你拿起笔阅读的时候，他陪伴着你。他会告诉你，在听讲座之前、在观摩授课教师的课之前，在进入共同备课之前，你需要做什么；他会提醒你，在阅读过程中什么地方你应该停下来，想一想；他还会要求你，在听讲座、观摩课、共同备课，以及读完这些文字以后，你还需要做什么。

请你按照"执行主编"的提示，展开这套丛书的阅读。

因此，在展开书阅读之前，你有必要了解书的编排方式：

1."主题学习工作坊"编排方式

【专家简介】

【热身活动】相当于预习作业。引导读者联系自己的教学实践，进入后续的学习。

【学习目标】指明通过这一主题报告的学习，教师能解决语文教学中的什么问题，谋求语文教学哪些方面的改善。

【讲座正文】用序号和小标题，使讲座正文更具条理。用双色，凸显讲座正文的重点内容，尤其是在讲座正文的学习中需要关注的地方。

【要点提炼】"要点提炼"用方框呈现。"要点提炼"起辅导员的功能：梳理讲座的内容条理，提炼正文中的关键语句。对正文中说得较为复杂的，予以归纳；理解正文需要某些背景的，介绍相应的背景资料；有些内容在正文中可能没有展开，加以解释和延展；有些地方讲座者未必直接点明结论，逻辑地引申出结论。

【反思】聚焦主题讲座的内容对改善语文教学的意义。相应设计反思活动，引导教师在反思的过程中，把讲座的内容与自己的教学实践勾联起来，思考如何改善语文教学。反思活动的设计，有三个要素：(1)明确反思的点；(2)提供反思的支架；(3)对反思的成果形式提出具体要求。

讲座正文

讲座正文

讲座正文

要点提炼

要点提炼

要点提炼

学习笔记（「我」的思考和反思）

（提供样例供研修教师参考）

【要点评议】执行主编对主题报告的评议。执行主编相当于这场主题报告的评论员：指出报告的内容对改善语文教学的意义；必要时，围绕某一要点做较深入的讨论，或做进一步的解释。

【资源链接】提供进一步研究该主题的学习参考书目。

【后续学习活动】结合讲座的内容，联系教学实践，用"任务1—任务2—任务3"的形式，列出需要完成的作业，并提供支架和相关资料。

2. "共同备课工作坊"编排方式

【教学现状描述】(1)课文介绍;(2)评价性地描述这篇课文的教学现状;(3)解释为什么要选这篇文章进行共同备课,并指明通过这次共同备课着重要解决的问题(用正标题呈现出来)。

【热身活动】尽可能让读这本书的教师也能够进入这篇课文的备课状态。

【备课进程】叙述＋实录。对共同备课的进程加以切割,使用小标题使其条理化。正文的紧要处,用专色加以突出。执行主编相当于备课过程的讲解员:描述备课的过程,解说现场的实况,用方框和云图帮助理解备课过程中所涉及的问题,以及参与备课教师的实践性知识反思和转变的表现。

【要点评议】执行主编对这次共同备课的评议。围绕共同备课所涉及的问题,凸显备课过程中需要教师明了的"学理":这篇课文的教学目标和教学内容应该是什么? 为什么? 或不应该是什么? 道理何在? 要点评议,也包括对共同备课的行为进行评议,分两个方面:(1)对合作专家的行为予以解释;(2)对参与备课教师的行为状态作出判断。

【反思】引导参与式阅读,随着共同备课的进程,指引教师反思自己的学科教学知识(PCK):在日常教学中自己是怎么备课的? 这篇课文原来是如何教学的? 教学目标和教学内容该如何确定? 教学环节的依据什么? 等等。

备课进程

要点评议

备课进程

要点评议

备课进程

要点评议

【问题研讨】聚焦在这类教学的道理。重点是教学目标的确定,教学内容的选择和教学环节的组织。

【后续学习活动】用"任务1—任务2—任务3"的形式:(1)提供一篇新的课文及该课文教学现状介绍。(2)建议研修教师(备课组)按共同备课样式备课讨论。(3)形成共同备课成果(教案)。(4)进行试教和研讨。(5)撰写备课反思。

3."课例研究工作坊"编排方式

执教教师简介

【课例导读】(1)介绍课文,包括版本和年级;(2)介绍这类课文的教学现状,指出这类课文在教学中容易出现的问题;(3)指明通过课例学习,要解决什么问题。

【热身活动】相当于预习作业。引导读者联系自己的教学实践,进入后续的学习。

【教学实录/实施过程】用小标题梳理教学环节。正文中的重要部分,尤其是随后将要讨论的点,用专色凸显出来。执行主编相当于这堂课的观察员:解说这堂课的教学目标和教学内容;解释教学环节的意图和效果;指出教师指导的关键处和学生重要的回答;用方框和云图提示教师看明白这堂课的紧要处。云图,提醒听课教师的注意点。方框,是"要点提炼"。

【反思】反思是自己经验的打开。反思内容包括两部分:对照课例,对如何确定教学目标和教学内容的反思;对应该如何听评课的反思。

教学实录/
实施过程

观察者点评

教学实录/
实施过程

观察者点评

教学实录/
实施过程

观察者点评

参与性听课「我」的见解及启发
（提供样例供研修教师参考）

【要点评议】执行主编对这堂课的评议。指明这堂课所阐发的道理，这些道理教师在课例中未必能看出来。

【问题研讨】落到这一类教学上，重点是教学目标的确定，教学内容的选择和教学环节的组织。

【资源链接】按照学习的主题，提供进一步研究的资源目录。
【后续学习活动】结合课例学习，联系教学实践，用"任务1—任务2—任务3"的形式，列出需要完成的作业，并提供支架和相关资料。

"参与式语文教师培训资源"丛书，得到各方面的支持，在此一并表示感谢。

感谢上海师范大学领导和教育学院领导的支持。上海师范大学实施"国培计划"示范性集中培训项目，丛玉豪副校长任项目负责人，部门负责人是教育学院陈永明院长、夏惠贤院长、徐雄伟副院长。因为培训经费全部用于教学，才能使我们的培训保持较高水准。

感谢历年应允承担上海师范大学"国培计划"的授课专家、教学专家，是专家的智慧和才华，创造了这些优质课程资源。

感谢参与上海师范大学"国培计划"培训的1500多名老师。正是你们在培训中取得的成效、你们的肯定和鼓励，使我们看到了自己工作的价值，从而有信心编撰这套语文教师培训资源丛书。

感谢华东师范大学出版社。丛书启动伊始，王焰社长、高教分社翁春敏社长等领导就对这套丛书寄予厚望，积极筹划申报"'十二五'上海市重点图书"。吴海红编辑数次全程参与编委会的编写会议，对丛书的内容和版式提供了很好的建议。

感谢我们的团队。"上海师范大学语文课程研究基地"，不仅是一所学校的一个研究机构，它聚集着一批有追求、有担当的志同道合的校内外同仁，其中有一群视语文课程与教学研究为安身立命的博士们。正是这一股生机勃勃的力量，使我们有资本去成就响当当的事业。

王荣生

2014年8月2日

目　录

主题学习
工作坊

文言文阅读教学设计基本原理

专家简介

王荣生,文学硕士、教育学博士。研究方向:语文课程与教学论,语文教师专业发展。现为上海师范大学教育学院教授、博士生导师,上海师范大学语文课程研究基地负责人。著有《语文科课程论基础》(教育科学出版社)、《语文课程内容与教学内容》(教育科学出版社)、《语文教学内容重构》(上海教育出版社)、《听王荣生教授评课》(华东师范大学出版社)、《求索与创生:语文教育理论实践的汇流》(山东教育出版社)、《阅读教学设计的要诀》(中国轻工业出版社)等。

童志斌,浙江师范大学教育学院副教授、硕士生导师,课程与教学论博士,浙江师范大学附属中学副校长。曾获浙江省高中语文课堂教学大赛一等奖,全国中语会课堂教学大赛一等奖。50多篇论文在《语文学习》等期刊发表,6篇论文在人大复印资料期刊全文转载。

热身活动

1. 回想一下你本人在教学《桃花源记》时,你是如何确定教学目标和教学中的重点和难点的?

2. 当你教一篇文言文,进行字词疏通时,你是如何操作的?

1. 能说出文言文的特点和文言文阅读教学的要领。
2. 了解文言文教学设计的形成过程,并能应用于教学实践中。

讲座正文

一、文言文的"一体四面"

我们平常所说的"古文",指的是古代的书面语作品,包括"文言文"和古代白话文。文言文,是以"文言"这种古代书面语写成的文章,包括先秦时期的作品,以及后世历代文人模仿先秦书面语写成的作品。

文言文,是中国传统文化的载体。在文言文中,"文言"、"文章"、"文学"和"文化",一体四面,相辅相成。

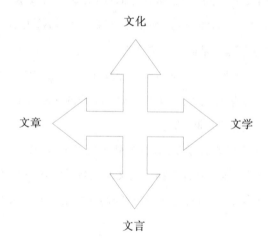

(一) 文言文的特点,首先体现在"文言"

文言,是以先秦汉语为基础形成的一种古代汉语书面语。文言与现代汉语的差异,主要表现在词汇和语法方面。文言有一套相当严格的词汇、语法系统。我们以《邹忌讽齐王纳谏》第一段为例来看看:

邹忌修八尺有余,而形貌昳丽。朝服衣冠,窥镜,谓其妻曰:"我孰与城北徐公美?"其妻曰:"君美甚,徐公何能及君也!"城北徐公,齐国之美丽者也。忌不自信……旦日,客从外来,与坐谈,问之:"吾与徐公孰美?"客曰:"徐公不若君之美也。"

可参读吕叔湘《语文常谈》。

从词汇角度看,"古代特有"和"古今相同",所占比例相对较小;大多数字词,与现代汉语相比,不是意义有所不同,就是用法有些两样。

在语法方面,差别也不小。"君美甚"现在说"漂亮得很",当中必须用个"得"字。"不若君之美"的"之"字,按照现代语法是多余的。"我孰与城北徐公美","忌不自信","与坐谈"等,都是古代的句法。

短短的一段文字,我们看到,它与现代汉语的差别就这么大。文言与文言文的特点,首先体现在"文言"上。所以,我们学习文言文,前提是学习文言。

(二) 文言文是"文章"与"文学"的统一

中学语文教科书中的文言文,都是历久传诵的经典名篇。它们既是经世致用的实用文章,又是中国文学中的优秀散文作品。就这些文言文而言,"文章"与"文学"是统一的。

"文章"是指其功能。有些在当时有明确的实用功能,如《陈情表》、《出师表》、《答司马谏议书》等;有些是载道,如《劝学》、《师说》、《病梅馆记》等;有些是言志,如《兰亭集序》、《〈指南录〉后序》、《项脊轩志》等。言志与载道的作品有游记散文、抒情小品,也有主旋律。学习文言文,实质是体认它们所言志、所载道。

"文学"是指其表现形式。诗歌与散文,是中国古典文学的正宗。而古典散文作品的文学性,主要体现在语言的锤炼和章法的考究这两个方面。学习文言文,研习谋篇布局的章法、体会炼字炼句的艺术是两个重点,目的是"提高自己的欣赏品味和审美情趣"。

文言文的章法考究处、炼字炼句处,往往就是作者言志载道的关节点、精髓处,"文道统一"。

(三)"文化"在文言文中是多层面体现

文言文多层面地体现着中国传统文化,下面我们从四个方面来展开:

可参读[德]洪堡特《论人类语言结构的差异及其对人类精神发展的影响》(姚小平译)。

1. 文言。它本身就是中国传统文化的体现。民族的语言即民族的精神,民族的精神即民族的语言,二者的同一程度超过了人们的任何想象。

2. 文言和文言文所体现的传统思维方式。如《劝可参读[英]特伦斯·霍克斯《结构主义与符号学》(瞿铁鹏译)。

学》借重比喻论证,《师说》借重类比论证,都体现出偏于感性的民族思维方式。"语言不仅是思维的工具,它同时也影响和制约着思维"。

3. 文言文记载着典章制度、天文地理、民俗风情等具体文化内容。这是显见的文化,对中学生的文言文学习而言,不是主要的方面。

4. 文言文所传达的中国古代仁人贤士的情意与思想,即所言志所载道。这是中国传统文化的直接体现,也是中学生文言文学习的主要方面。如《劝学》之"学",是"学"人生的道理,并非现在讲的记忆书本知识;《师说》的"学者",是求"修身,齐家,治国,平天下"的"学",与今天讲的"学生"含义完全不同。这些都是中国传统文化的精华。文言文中的故人情怀,如《爱莲说》、《陋室铭》、《兰亭集序》等,在当代或已丢失,因而特别值得追念。

【观察者点评】你在教《劝学》、《师说》、《爱莲说》、《陋室铭》、《兰亭集序》这些文章时,有过哪些"志"与"道"的追念?

【要点评议】

文言文教学不能缺失中国传统文化。程红兵老师在《教师的文化自觉决定了课改的成功》的报告中指出:文化赋予一切活动以生命和意义,文化的缺失就意味着生命的贬值与枯萎。教育就是文化的传承,课程改革就是要更好地实现文化的传承。真正意义上的教育实际上就是一个文化过程。教育一旦失去文化,所剩的只是知识的位移、技能的训练和应试的准备。这些话精辟地警示我们:文言文教学不能缺失文化。

正如朱自清所说:"中等以上的教育里,经典训练应该是一个必要的项目。经典训练的价值不在实用,而在文化。"学习文言文,最终的落点是文化的传承与反思。语文课程标准明确指出:"学习中国古代优秀作品,体会其中蕴涵的中华民族精神,为形成一定的传统文化底蕴奠定基础。学习从历史发展的角度理解古代作品的内

可参读朱自清《经典常谈》。

容价值,从中汲取民族智慧。"

【观察者点评】"学习文言文,最终的落点是文化的传承与反思",你同意这种说法吗?

【要点评议】

　　文言文的"言"在当今社会中使用的概率极低,但是文言文最核心的"文化"、"文学"部分,却显然是哪怕再历经百年依然葆有活力与魅力的部分,这些也将成为我们当代人思考学习的源泉。正如韩军老师所说:"没有文言,我们找不到回家的路。"而"言"是读懂文言文的基础,不可或缺,它绝不是学习文言文的终点。文言文教学应由文言知识这个语言基础的层面上升到语言所承载的内容——文学鉴赏,感受领悟古文中的思想和艺术的魅力。

二、文言文阅读教学的要领

(一) 着力于文言文的章法考究处、炼字炼句处

文言文"文言"、"文章"、"文学"和"文化"的一体四面,指引着文言文阅读教学的着力点。

在上面的讨论中,我们曾得出如下结论:

◇ 文言文的特点,首先体现在"文言"上。

◇ 学习文言文,实质是体认它们的言志与载道。

◇ 学习文言文,研习谋篇布局的章法、体会炼字炼句的艺术,是两个重点。章法考究处、炼字炼句处,往往就是作者言志载道的关节点、精髓处。

◇ 学习文言文,最终的落点是文化的传承与反思。文化的主要方面,是文言文所传达的中国古代仁人贤士的情意与思想,即所言志所载道。

这些结论,把我们指引到"章法考究处、炼字炼句处"和"所言志所载道",以及两者之间的关系。

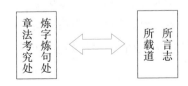

章法考究处 炼字炼句处 ⟺ 所言志 所载道

文言文阅读的要点，是集中体现在"章法考究处，炼字炼句处"的"所言志，所载道"。文言文阅读教学的着力点，是引导和帮助学生通过"章法考究处、炼字炼句处"具体地把握作者的"所言志所载道"。而这些，要落实到理解和感受"章法考究处，炼字炼句处"的文言。

文言文阅读教学设计，其主要的工作就是要在文本的教学解读中，找到这样的关键点，在教学设计中获取纲举目张的抓手。

（二）依原则处理文言文的字词

文言文的字词句，处理原则如下：

1. 放过。文言文中的有些字词语句，不需要特别处理。这有两种情况：第一，古今一致，或古今词义直接对应，学生理解不发生困难的，无需处理，比如"孔子曰"。第二，生僻的难字难句，教科书有浅易注释的，一般让学生借助注释，知道即可，比如"形貌昳丽"中的"昳"（《邹忌讽齐王纳谏》）。

2. 突出。古今"同中有异"的"常用字词"，文言文阅读教学应予以突出。"常用字词"大多不止一个意义，而字义又受时代限制，不能用现代的字义去理解古书，也不能用后起的字义去理解时代在前的文字。比如"敫历三朝"，"敫"是个难字，有注释，放过即可，或查字典。难处倒是在"朝"字上，很容易望文生义，以为是汉朝、唐朝的"朝"。其实这里的"朝"，指一个皇帝在位的时期，所谓"一朝皇帝一朝臣"。这类词语，因注不胜注，教科书往往没有注解。即便注解，往往也就事论事，只作简单交代。因此需要语文教师格外注意，有时还要给学生补充一些词汇方面的知识，勾画这个词的词义发展网络。

3. 深入。文言文中的有些字词句，光浅表地知道，是远远不够的。这也有两种情况：第一，集中体现作者情意和思想的章法考究处、炼字炼句处。这是文言文阅读教学的重点，要由表及里，深入挖掘，引导学生充分领会。第二，需要学生调动生活经验，具体感受的字词语句。比如《黠鼠赋》（苏轼）"发而视之，寂无所有，举烛而索，中有死鼠"中的"发"、"索"，就需要想象书童的动作举止神态。这类字词语句，教科书往往不做注释，如不深入讲解，学生很容易滑过。即使有注释，也往往不足以依赖。比如《答谢中书书》（陶弘景）"晓雾将歇，猿鸟乱鸣；夕日欲颓，沉鳞竞跃"，教科书注释"歇：消散"，"夕日欲颓：太阳快要落山了。颓：坠落"，这仅仅是字面的意思，而理解这一处，关键是其"联想意义"。如果不引导学生充分想象所描述的情境，下文的"实是欲界之仙都"等，就不会有着落。上述两种情况中的字词语句，简单地读背、解释、翻译，都不足以应对。

4. 分离。语文课程标准所列的文言文常用字词，以及一些句法，是要求学生在"古代汉语"意义上掌握的，在文言文阅读测试中出现频率较高。这类词语和句法的学习，主要靠记忆，因而需要反复练习。这种练习，与所学习的文言文的理解和感受，其实没有什么关系，因而宜与阅读教学相对分离——或放在课前，或放在课后，或布置家庭作业；也可有计划地利用黑板、墙报等强化记忆。穿插在课中，与文言文阅读教学混合，其结果往往是两头都不着落，两败俱伤。

文言文字词语句的教学处理原则

字词、语句	处理原则	教学方法
1. 古今一致，古今词义直接对应 2. 生僻的难字难句	放过	不管 学生参阅注释
古今"同中有异"的"常用字词"	突出	运用讲述，提问，组织讨论，探究等多种教学方法
1. 章法考究处、炼字炼句处 2. 需要具体感受的语句	深入	讲述，学生查字典，绘制词义发展网络图等
考试中常出现的"考点"	分离	反复作业练习，利用黑板、墙报等强化记忆

（三）重视文言知识的应用价值

文言文阅读教学，当然需要学习文言的知识。适当地引入一些文言知识，有利于学生理解课文，并获得举一反三的迁移能力。

比如："陟罚臧否，不宜异同"（《出师表》），"昼夜勤作息"（《孔雀东南飞》），就应当引入"偏义复词"这一知识。"叫嚣乎东西，隳突乎南北"（《捕蛇者说》），"东市买骏马，西市买鞍鞯，南市买辔头，北市买长鞭"（《木兰辞》），"不以物喜，不以己悲"（《岳阳楼记》），"主人下马客在船"（《琵琶行》），就应该讲解"互文"这一知识。

讲解知识的目的，是为了更好地理解和感受课文。要防止为"讲知识"而"讲知识"的倾向。文言文阅读教学中，"使动"、"意动"、"判断句"、"宾语前置"等一路讲下来，术语满天飞，不但无益，反而有害。

【观察者点评】你的文言文教学中有过术语满天飞的情况吗？

【要点评议】

　　王荣生和童志斌两位老师认为,语法等知识是文言文教学中的一个内容,但不是目标。这一认识符合语言教学的特点。皮连生教授在《用现代教学设计原理分析〈对阅读教学的再思考〉》一文中指出:"有时,为了让学生深刻理解课文内容,还需要补教有关文章时代背景、作者生平与写作意图的知识。……由于语文的工具性,在中小学阶段,语文应主要作为交际或获取知识的工具来掌握,语文教学的根本目的是培养学生正确应用祖国语言文字的能力。语文教学中的言语信息是辅助性的,它对语文能力形成起支持作用。"由此可见,文言知识在教学目标中是辅助性的,是教学内容,也是教学条件,但不是教学目标。教学目标是教学活动实施的方向和预期达到的方向。有些教师往往混淆了教学条件和教学目标。中学文言文教学是要教会学生阅读浅易文言文,而不是成为会谈论语法的纯技术型研究者。

(四)适时适地使用"翻译"方法

　　把文言语句译成现代汉语,这是文言文教学中常用的方法。适时适地使用,可以促进学生加深对课文的理解。适时适地,需要把握以下几个要点:

　　1. 把文言语句译成现代汉语,是学习文言文的手段,翻译本身不是目的,目的是通过翻译加深对文言和文言文的理解。每篇翻译,每句翻译,甚至每字翻译,文言文教学中流行的这种"逐句翻译"法,是不妥当的。以为学生记下每句翻译,就是学习文言文,绝对是个要不得的想法。

　　2. 多数情况,对重要字词作解析即可,不必整句整段作翻译。比如《桃花源记》第一段:

　　晋太元中,武陵人捕鱼为业。缘溪行,忘路之远近。忽逢桃花林,夹岸数百步,中无杂树,芳草鲜美,落英缤纷。渔人甚异之。复前行,欲穷其林。

　　"缘"、"异"、"穷"等常用字,课文未作注释,需要适当点拨;其他如"落英缤纷"等,课文中已有注释,可以放过。这个段落,就不必逐句翻译。

　　3. 需要翻译的地方,往往是有文言特殊句法的语句。比如《岳阳楼记》中的语句:

　　原文:不以物喜,不以己悲。居庙堂之高则忧其民,处江湖之远则忧其君。

译文：不因为外界环境、自己心情的好坏而或喜或悲。无论身处高高的庙堂上（在朝）还是置身于荒远的江湖中（在野），都会为平民百姓、替君主担忧。

如果不作翻译，学生很可能不理会"互文"现象，而误解为"不因为外界环境而高兴，不因自己的遭遇而悲伤"。

4. 对需要"深入"处理的语句，翻译至多只是个教学的起点，往往无需翻译（也翻译不出）。有时翻译了反而有害。"昔我往矣，杨柳依依，今我来思，雨雪霏霏"（《诗经·小雅·采薇》），如果译为现代散文，则为"从前我走的时候，杨柳还在春风中摇曳，现在我回来，天已经在下大雪"，其"意义"虽在，而"情致"却全然消失了（朱光潜语）。

【要点评议】

某些语句无需翻译，翻译了反而有害，这就是古人所说的"言不尽意"。古人往往把含蓄内敛的情感蕴含在"境"中，在"象"中。借景抒情、寓情于景、象征、比喻、拟人、起兴等等，这些手法是无法通过翻译来加以把玩的。

（五）强调"诵读"，意在玩味

在文言文教学中，"诵读"与"背诵"是两项有区别的学习活动。

诵读，是心、眼、口、耳并用的一种学习方法，它可以让读者在感知言语声音形态的同时，实现对文本的感悟理解。"诵读"的要义，是"得他滋味"（朱熹语）。"诵读"重在"味"、重在"玩"，"须是沉潜讽咏，玩味义理，咀嚼滋味，方有所益"。

"诵读"包含"背诵"，但能背出，不等于"诵读"；"诵读"也不一定要延伸到"默写出"。"诵读"与记背、默写有联系，但不完全是一回事。滋味索然，仅得其声音、得其字形，不是真正意义的"诵读"。

三、文言文阅读教学设计示例

下面我们就以《桃花源记》（下称《桃》文）为例，相对完整地呈现一下具体的文言课文的教学设计的形成过程。

（一）对课文进行教学解读，确定文本的要紧处、关键点

第一步工作是对课文进行教学解读，确定文本"这一篇"的特质、要紧处，确定感受、理解本文的关键点。

面对一篇课文，我们首先是一个"读者"——备课、上课

【观察者点评】你在备《桃花源记》一课时，做的第一步也是教学解读和确定要紧处和关键点吗？

的老师是读者,预习、上课的学生也是读者。之所以要有阅读课来教学生阅读,是因为学生的理解需要提升,感受有待丰富。尤其是阅读文言文的学生,肯定需要面对高于自己学习经验(包括生活经验、语文经验)水平的地方;而这样高于学生原有水平的地方,也就是学生理解和欣赏的盲点,很可能恰恰就是这篇课文最要紧处,是需要我们在课堂上特别下功夫的所在,也就是教学的重点,要占据课堂教学的主要时间。

1. 初读课文,结合助读材料,对课文教学要点有一个整体把握

语文教材是语文课程内容的主要载体。语文课程内容的进一步界定,则主要通过教材的"助读"和"练习"来完成。助读和练习实际上起着对一项知识,尤其是对一篇课文所要教学内容的固定作用,或者说,它们是对课程内容的具体展示。在具体的教学中,一篇课文教什么乃至怎么教,很大程度上要受制于助读和练习的编排。

[单元导语]

[本单元课文:《桃花源记》,短文两篇(《陋室铭》、《爱莲说》),《核舟记》,《大道之行也》,杜甫诗三首(《望岳》、《春望》、《石壕吏》)]

第五单元:本单元所选文言文,体裁不尽相同。有叙事的,有夹叙夹议的,有说明事物特征的,文字简洁而意味深长,有些文章还寄托了作者的情怀。又选杜甫诗三首,都是历来脍炙人口的名篇。

学习本单元,要先借助注释和工具书读懂课文大意,然后在反复诵读中领会它们丰富的内涵和精美的语言,并积累一些常用的文言词语。

[课前导语]

你是否知道"世外桃源"这个故事? 它就出自这篇课文。这是一个虚构的故事,但在当时具有鲜明的社会现实意义,并且千百年来一直吸引着人们。读课文时要注意,作者是按照他的社会理想来编织故事情节的。读后还要仔细想想,对作者的理想应当怎样认识,这个故事为什么具有长久的魅力。

阅读课文,结合教材编者所提供的"课前导语"可以看出,《桃》文的"内涵"首先体现在作者所构建的一个理想社会("世外桃源"),"具有鲜明的社会现实意义"。课文语言的"精美",具体表现在其"语言简洁而蕴含丰富"(课后练习三的题干)。要把握文本的这些"要紧处",需要设计者有足够的专业素养与敏锐度,在独立阅读过程中发现、发掘教学着眼点。同时,也离不开相关教学资源的辅助:包括历代对本文的解读成果以及当代其他学者的解读意见,对教科书中的单元导语、课前导语及课后练习等配套材料的关注与研读,本身就是教学专业素养的重要体现。

2. 细读课文,从文本的具体段落、语句中确定文本要紧处、解读的关键点

教学设计者,同时也是一个普通的文本"读者"。要通过文本细读,抓住文本当中具体的一些"点",这些点共同构成了文本的整体"要紧处",也是文本解读的关键点。

（1）文本内涵之一:文本的社会现实意义。《桃》文构建的这个"理想社会",同"外人"所生活的社会（即"问今是何世"之"今世"）有什么不同,具体表现在哪些地方呢?全文中直接描述世外桃源社会的文字,集中在第 2 自然段"豁然开朗"之后的 3 个句子。除了"渔人"刚到此地的"第一印象"的外在观感,后面第 2 自然段更是从"村中"人的热情友好以及丰足和谐的生活来展示桃源社会的优势。具体来说,其热情友好表现在村中人"见渔人",虽起初"大惊";不过很快便加以盛情款待,体现于"便要还家,设酒杀鸡作食"、"咸来问讯"、"各复延至其家,皆出酒食"等行为,重点是其中的动词,还有"便"、"咸"、"皆"等副词上。其丰足与和谐,除了第 2 段的"阡陌交通,鸡犬相闻"、"黄发垂髫,并怡然自乐",也表现在"设酒杀鸡作食"、"皆出酒食"上。

（2）文本内涵之二:文本简洁隽永的语言。《桃花源记》一文在语言、行文方面的"精美",也有很多具体表现。比如,全文中大量出现的短句子,既是文言简洁特点的体现,也是陶渊明朴素自然、不事雕琢的语言风格的典型展示。同时,文本的这种语言风格,也与作者展开叙述所选取的以"捕鱼为业"的武陵渔人的视角密切相关。

3. 区分不同类型的文言现象,确定"同中有异"的常用字词、特殊语句为教学重点

从文言的角度来看,文中出现的字词、语句等语言现象,除去古今完全相同,不存在理解障碍的字词,余下的字词等语言现象我们大体可以归纳为如下几类:

（1）难字难句。比如:屋舍俨然、黄发垂髫、诣太守——相对理解上有难度的字词像"俨然"、"垂髫"、"诣"等,文中出现较少,而且课本注解均已经明确解释,其他如"太元"、"武陵"等专有名词,课本中也有注释,无须专门讲解。

（2）同中有异,课本已有注释的。比如:仿佛若有光、来此绝境、阡陌交通、无论魏晋、具言所闻、寻向所志、未果、寻病终、后遂无问津者——这类字词,是理解文意的关键处,也是课标、考试大纲要求掌握的重点字词,教学时应该抓住时机予以提醒、指导。

（3）同中有异,课本未作注释的。比如:缘溪行、渔人甚异之、欲穷其林、悉如外人、具答之、咸来问讯、余人各复延至其家、不足为外人道也、处处志之——这类字词,学生显然是理解上有困难的（更大的可能是似是而非而浑然不觉）;教材编者也许是考虑到新旧衔接的可能,试图引导学生调用已有的知识储备来自行加以解决,故有意未提供注释说明。这些"点"尤其应该成为教学设计时重点关注的对象。

比如"闻"(见"阡陌交通,鸡犬相闻"、"村中闻有此人"、"此人一一为具言所闻"、"高尚士也,闻之"等语句)、"复"(见"复前行,欲穷其林"、"复行数十步,豁然开朗"、"来此绝境,不复出焉"、"余人各复延至其家"、"遂迷,不复得路"等语句)、"得"(见"林尽水源,便得一山"、"既出,得其船"、"遂迷,不复得路"等语句)等文言常用词。在这样短短300多字的短文中出现了3个"得"、4个"闻"、5个"复",而且都属于古今汉语"同中有异"的常用文言字词,在教学时引导学生加以特别的关注,并作归纳整理,是可取的做法。当然,这些方法的运用与思路的获得,既需要教师有这样的意识,同时也离不开相应的积累(比如对于整套教材当中的课文要相当熟悉),所谓"功夫在诗外"的道理,也适用于此。

(二) 把握学生阅读"这一篇"课文的学习经验状况,确定同化、顺应的策略

探测当下学生进行本课学习的学情,把握学生已有经验(生活经验、语文经验)水平与理解、感受文本要紧处、关键点之间的落差状况。

1. 把握学生的学习经验状况

(1) 生活经验方面。《桃花源记》的作者陶渊明及其笔下所写的社会,距今已有一千多年历史。八年级学生在阅读本文时,不同程度地肯定会存在一种距离感、隔膜感。

【要点提炼】教师想教什么、要怎么教,归根结底,要根据学生的学习情况和学生的学习经验状况。

比如学生对于秦、汉及魏晋诸朝代变迁状况、对于陶渊明所处时代的政治社会状况,可能会有零碎、模糊的印象,却未必会有清晰的认识;这种认识上的模糊,肯定会对本文内容的把握,尤其是对于文本主旨及作者情感态度的把握造成干扰。在阅读教学时,教师应该根据学生的实际——包括对中国古代历史的了解状况以及对陶渊明的生平及创作的了解状况,在课前或者在课中提供必要的辅助材料。

(2) 语文经验方面。对于文言文,学生可能会稍有畏难情绪。不过,像《桃花源记》这样的课文,"由于文章故事性强,语言浅显易懂,学生学起来定会觉得有兴味"。对于陶渊明的诗作,学生已经有所接触;尤其对于"世外桃源"的故事,学生也是有所了解的,已经进入汉语词汇中的"世外桃源"、"桃花源"等,初中学生肯定也是熟悉的。这些,都会使学生在接触本文时产生一种亲切感。

八年级学生对于陶渊明的诗文可能接触并不多,《饮酒》与《五柳先生传》等课文均为八年级下册的课文,对于陶渊明的人生遭际、创作风格知之甚少,基于这些原因,学生在把握本文所寓含的人生情怀时会受到一定的制约。不过,从叙事文言文的学习角度来看,学生在七年级期间,已经先后学习了《〈世说新语〉两则》、《孙权劝学》、《寓言四则》中的《塞翁失马》、《智子疑邻》及《聊斋志异·狼》、《口技》等叙事记人的古代文本,对于叙事类文言文的特点有了一定的感性认识。这是进行《桃花源记》学习的有利基础。

从阅读难度来看,本文较少生僻的字词,语言的整体风格朴素浅显。学生借助工具书,基本可以自行把握文本的大意。具体到课文中的语句的理解,如果仅仅是把握句子的大体意思,估计学生也不会感觉很困难。需要注意的是,像"缘溪行、欲穷其林、悉如外人、咸来问讯、余人各复延至其家、不足为外人道也"这些字词,属于单元导语中要求的"积累一些常用的文言词语"的范围,也是学生容易产生误解,或者仅仅满足于"差不离"的把握而不作深究的所在,教师应该心中有数,以便在教学中加以重点关注。

【要点评议】

王荣生和童志斌老师特别强调要把握"这一篇"课文的学习经验状况,从学生对于秦、汉及魏晋诸朝代变迁状况,对于陶渊明所处时代的政治社会状况,对文言文的畏难情绪,对叙事文言文接触的状况,对《桃花源记》中字词和语言风格的接受程度等众多方面进行了细致的分析。

当前教师们虽然也有学情意识,不过教师研究得到的学情分析现状明显是不到位的,很难同一篇课文的具体教学内容联系起来,也不易根据学生的具体情况组织有效的教学活动。

2. 确定同化、顺应的策略

根据对学生原有学习经验的把握,运用图式原理,促进学生在阅读中实现同化与顺应,是教师的责任,也是有效教学的实现路径。

比如,"缘溪行"的"缘"字,课文未作注释,学生肯定会有陌生感。可能会根据已有的"图式",联想到现代汉语常用的"缘故"、"缘由"、"姻缘"之类的词语,可是,要想以现代汉语"缘"字的"表示原因或目的"的基本义来"同化"眼前的语句,显然只能导致困惑。此时,教师可以考虑将"缘"字的多个义项按照先后依次呈现出来:(1)衣边,边饰——(2)绕,围绕——(3)攀援,攀登——(4)顺,沿——(5)依据,凭借——(6)因缘,机遇——(7)介词:由于,因为。——这样,学生就可以明了古今汉语的"缘"字的整个

"语义网络",也知晓了"缘"字"顺,沿"的古义同其本义"衣边,边饰"的内在关联(由字形部首也可以看出端倪),也不难看出"顺,沿"的古代动词义同现代汉语的引申义(也是汉代汉语基本义)"因缘,机遇"及"由于,因为"的内在演变关系;这样一来,不仅有利于学生把握"缘"字在当下文本中的文言常用义,而且,有利于学生进行新旧"图式"之间的心理加工整合,形成举一反三的迁移能力。

【要点提炼】整合新旧,贯通古今是文言字词教学的两条路径。

同样道理,在教学时,有意识地将课文中的文言字词同学生以往接触过的其他文言现象作对照,尤其是同生活当中习用的成语(其中保留了丰富的文言字词与文言语法现象)进行参照,也是很有效的路径。比如文中有"渔人甚异之"一句,课文中未作注释,估计有老师可能会引入"意动用法"这样的知识来实施教学。而实际上,对于初中低段的学生来说(《桃》文为八年级上册的第一篇文言文,此前整个七年级只学习了总共不到 10 篇的文言短文),接触的文言现象相对有限,对于文言字词、语法现象的认识基本还处于感性阶段,将相关的语法知识等过早教给学生,既起不了促进阅读的作用,也徒增负担。——可取的做法是,以其他的类似文言现象来作"支架",促进学生在类比中获得对当下文言语句含义的把握。比如,教学时可引导学生参照以往接触过的文言现象,诸如"其家甚智其子"(七年级上《智子疑邻》),"父异焉,借旁近与之"与"邑人奇之,稍稍宾客其父"(七年级下《伤仲永》),这样,学生哪怕不能确切地把握"意动"的知识,也可以根据具体的文言现象触类旁通,获得对"异"字的理解。这样的做法,既学习了新知识,又复习了旧知识,而且实现了新旧知识的整合融通。其他如"不足为外人道也"参照"能说会道"与"一一道来","处处志之"与"寻向所志"参照"博闻强志","后遂无问津者"参照"无人问津"等成语,都是很好的思路。

(三) 确定本课文的教学目标、教学重点与难点

有了对文本内涵价值的把握与学情的把握,就可以开始着手进行教学设计了。接下去的步骤就是,综合考察文本要紧处、教科书课文系统与当下学生的学情这三方面的因素,据此确定本课文的教学目标、教学重点与难点。

首先是要确定教学目标。文言文教学目标的确定,要同时考虑文言、文章与文学这三个维度,在此基础上到达文化的高度。当然,在设计时,既要有文化的高度,同时也要着眼于细部,避免教学时浮于文本表面甚至游离于文本之外。最终我们确定了《桃》文的教学目标及教学重难点(见下表)。要注意的是,教学目标、教学重点与教学难点之间,有些会有重合。不过,一般情况下,教学难点的确定应该基于教学重点的把握,而教学重点的确定更应该依循教学目标的要求。

《桃花源记》教学目标与教学重点、教学难点

教学目标		教学重点	教学难点
总述	分述		
理解文言字词语句,读懂课文,把握文本主旨;领略本文朴素简洁的语言风格及其丰富内涵,从富有特征的语言文字当中感受文学的魅力。	(1)借助于课本注释与词典,读懂全文,把握课文大意,可以用自己的话语复述课文中的故事;对于课文中出现的古今异义的常用字词,能够在具体语境中准确把握其文言含义,能区分在古今汉语中的不同含义与用法。	(1)读懂课文,掌握古今异义的常用文言字词。	(1)感受本文朴素简洁的语言风格。
	(2)诵读全文,在诵读过程中感受本文朴素简洁的语言风格,了解这种语言风格对于实现作者表达目的的积极功能。	(2)感受本文朴素简洁的语言风格。	(2)明了作者所寄托的社会理想及对于当时社会的批评态度。
	(3)把握课文的主旨,明了课文所描述的社会丰足、自由与和谐的特征,能把握作者在文中所寄托的美好的社会理想,以及对于当时社会百姓生存艰难现实的曲折批评态度。	(3)把握主旨,明了作者所寄托的社会理想及对于当时社会的批评态度。	

（四）确定教学落点及相应的教学方法,设计具体的教学环节、教学活动

确定了教学目标与教学重难点之后,就可以着手进行具体的教学过程的设计了。根据对教材、学情等多种因素的综合考虑,我们给《桃花源记》这篇课文设计了循序渐进的三个台阶,每一个台阶有明确的教学"落点"及相应的教学方法。

【观察者点评】你有过将教学活动台阶化设置的尝试吗?

对于教学"落点",既有整体考虑,也应该有细化的打算。

台阶一
落点:读"顺"
(1)请同学大声朗读课文,注意其中"鬓"、"诣"等难字的读音,通假字"要"的读音。(2)注意停顿准确,"自云/先世/避秦时乱"等不把句子读破。
方法:朗读(齐读,自由读)。

台阶二
落点:读"懂"一
(1)将全班分成数个小组,结合预习情况,将个人理解有困难的文言字词、语句上的问题提交小组讨论解决。(2)将小组尚未解决的问题提交班级,师生共同讨论解疑。
方法:小组讨论,全班交流,师生问答。

台阶三
落点:读"懂"二
教师直接提出学生未加关注的文言现象(比如"复"、"闻"等多义实词,"并"、"咸"等系列副词)加以探讨,学生解答,归纳整理。
方法:师生问答,投影呈现。

《桃花源记》第一课时主体教学环节设计

台阶一
落点:读"好"一
(1)出示《桃花源诗》与《桃花源记》的投影,明确"诗"与"序"的关系。
(2)出示《桃花源诗》诗句,让学生找出《桃》文中的对应语句,初步体会本文叙事特点。
方法:投影展示,师生问答。

台阶二
落点:读"好"二
(1)明确事件发生的历史情境、人物状况。
(2)采用提要钩玄的方法,把握叙事脉络。
方法:默读,师生问答。

台阶三
落点:读"好"三
在诵读中体会本文叙事的语言简洁之美,感受陶渊明在文中所寄托的情怀。
方法:朗读,师生答问。

《桃花源记》第二课时主体教学环节设计

为了有效避免在做教学设计时经常出现的"以教的活动为基点"的备课方式,我们建议采用如下的表格,确保整个教学设计真正立足于"以学的活动为基点",将教学内容与教学方法的重心置于学生身上。在确定教学内容的时候,着重考虑学生需要学什么;在设计教学环节的时候,着重考虑学生怎样学才能学得好。教师是教学活动的组织者,学生学习的

【观察者点评】你在教学中认同这样的做法吗?

引导者、促进者。

【要点评议】

　　王荣生老师在《教学环节就是组织"学的活动"》一文中指出,把"教的活动"与"学的活动"混淆起来,往往导致教师以自己"教的活动"来代替学生"学的活动",这是我们当前语文课堂教学中存在的问题。而问题的症结是,长期以来我们习惯于"以教的活动为基点"。

　　"以教的活动为基点",在教师的备课方面表现为:

　　(1)"我要教这些。"

　　(2)"我要这样教。"

　　教师整个的备课活动乃至他的课堂教学,是站在"教"的立场、站在自己的立场来确定、设计的。

　　在同一文中,王荣生老师提出解决的途径是转向"以学的活动为基点",就是在确定教学内容的时候,着重考虑学生需要学什么;在设计教学环节的时候,着重考虑学生怎样学才能学得好。

　　"学生需要学什么",主要关乎教学内容的选择——依据学生的学情选择教学内容;"学生怎样学才好",则主要关乎教学环节的设计——教学环节就是组织"学的活动"。

《桃花源记》第一课时教学过程设计

教学环节(落点)	学生的活动	教师的行为
台阶一 落点:读"顺" (1)请同学大声朗读课文,注意其中"髫"、"诣"等难字的读音,通假字"要"的读音。	(1)学生大声齐读。	(1)仔细听读,辨认出学生读音把握有误的字词、读破的句子,部分典型问题可以作板书。
(2)注意停顿准确,"自云/先世/避秦时乱"等不把句子读破。 方法:朗读(齐读,自由读)。	(2)学生关注黑板上的重点字音,容易出现停顿失误的语句。	(2)针对刚才齐读时的情况,结合板书指导全班同学纠正错误。

台阶二 落点:读"懂"一 (1)将全班分成数个小组,结合预习情况,将个人理解有困难的文言字词、语句上的问题提交小组讨论解决。 (2)将小组尚未解决的问题提交班级,师生共同讨论解疑。	(1)学生分小组讨论解决疑难问题。	(1)在全班巡回,了解学生疑问的分布状况,解答小组的提问。
	(2)由同学代表小组提出本组的疑问,其他小组同学根据情况予以提示或解答。	(2)可以请其他小组同学来解答相关的疑问,也可以根据需要适时地提供指导(或者提示,或者解答)。
方法:小组讨论,全班交流,师生问答。	(3)思考并解答教师提出来的文言字词、语句方面的问题。	(3)直接提出前面的环节中学生未能关注的文言现象(比如"说"、"云"等系列实词,"并"、"咸"等系列副词),加以探讨。
台阶三 落点:读"懂"二 教师直接提出学生未加关注的文言现象(比如"复"、"闻"等多义实词,"并"、"咸"等系列副词)加以探讨,学生解答,归纳整理。	(1)思考并解答教师提出来的文言字词、语句方面的问题。	(1)直接提出前面的环节中学生未能关注的文言现象,加以探讨。
方法:师生问答,投影呈现。	(2)对课文中多次出现的文言常用词进行归纳整理。	(2)与学生一道对于"复"、"闻"、"得"等多义实词进行归纳整理,对"说"、"云"等系列实词,"并"、"咸"等系列副词进行归纳整理。

《桃花源记》第二课时教学过程设计

教学环节(落点)	学生的活动	教师的行为
台阶一 落点:读"好"一 (1)出示《桃花源诗》与《桃花源记》的投影,明确"诗"与"序"的关系。 (2)出示《桃花源诗》诗句,让学生找出《桃》	(1)学生朗读投影中呈现的《桃花源诗》,知晓"诗"与"序"关系。	(1)呈现投影,引导学生获得对于"诗"与"序"关系的清晰认识。

教学环节(落点)	学生的活动	教师的行为
文中的对应语句,初步体会本文叙事特点。 方法:投影展示,师生问答。	(2)针对投影中的《桃花源诗》,学生从《桃》文中找出与诗对应的相关语句,体会本文叙事特点。	(2)引导学生初步体会《桃》文作为"序"在叙事上的特点。
台阶二 落点:读"好"二 (1)明确事件发生的历史情境、人物状况。 (2)采用钩玄提要的方法,把握叙事脉络。 方法:默读,师生问答。	(1)全体学生一道合上书,回想课文当中出现的人物,课文的历史情境。	(1)与学生一道回顾并明确相关信息,相机板书。
	(2)学生结合课文,依次提取每个段落的关键词,并在纸上写出这些关键词。	(2)全班巡视,了解同学在提取关键词方面可能存在的问题。
	(3)结合关键词,请同学口头简述本文主要事实经过。	(3)与全体同学一道听取同学的个别发言,并予以点评;根据需要投影展示相对清晰的关键词系列。
台阶三 落点:读"好"三 在诵读中体会本文叙事的语言简洁之美,感受陶渊明在文中所寄托的情怀。 方法:朗读,师生答问。	(1)全体学生带着之前讨论之后所获得的新认识,再来朗读全文,进一步体会语言简洁之美。	(1)巡视,相机对同学进行个别指导。
	(2)结合曹操的《蒿里行》,感受当时的社会现实面貌,体会陶渊明用文字构建这样一个虚幻的理想社会的内心情怀。	(2)投影呈现曹操《蒿里行》诗,结合"桃花源"、"世外桃源"的词典释义,引导学生把握陶渊明的情怀。

资源链接

1. ［清］李扶九. 古文笔法百篇［M］. 长沙：岳麓书社，1983.
2. 郭英德. 中国古代文体学论稿［M］. 北京：北京大学出版社，2005.
3. 周振甫. 怎样学习古文［M］. 北京：中华书局，1992.
4. 吕叔湘. 吕叔湘语文论集［C］. 北京：商务印书馆，1983.
5. 黄灵庚. 训诂学与语文教学［M］. 杭州：浙江大学出版社，2008.

后续学习活动

任务 1：把你曾教《桃花源记》时的教学设计和该讲座中的教学设计进行比较分析，总结你有待改进和提高的方面。

任务 2：选一篇文言文，根据文言文阅读教学设计的步骤设计一个教案，确定合理的教学目标、教学重难点。设计教学环节时，区分出学生的活动和教师的行为。

在文本"语辞世界"中感受文言文的魅力

童志斌,基本情况见前一专题相关内容。

热身活动

1. 在鲁迅的《药》里这样描写枯草:"枯草支支直立,有如钢丝。"试着朗读,你感受到了它语言的表现力在哪里吗?

2. 回想一下你本人在教学《始得西山宴游记》时,关注过其中的哪些字词,与童志斌老师在讲座中强调的关注炼字炼句处是否吻合?

学习目标

1. 了解回归文本的语辞世界的基本要领,在教学设计时,能够有意识地综合这些维度去把握具体的文言文。

2. 文言由特殊的语言构造而成,能够有意识地去体会其中的"特殊"。

一、文言文是文章与文学的统一

今天我们的话题是"文言文阅读教学"。文言文,是"文章"与"文学"的统一。文言文都是历久传诵的经典名篇。它们既是经世致用的实用文章,又是中国文学中的优秀散文作品。就这些文言文而言,"文章"与"文学"是统一于一体的。

【观察者点评】你阅读文言文时,关注到它的这两方面了吗?

可参读[清]李扶九《古文笔法百篇》,郭英德《中国古代文体学论稿》,夏丏尊、文心《文章作法》等专著。

"文章"是就文言文的表达功能来说的。学习文言文,实质是体认它们所言之志,所载之道。"文学"是指其表现形式。古典散文作品的文学性,主要体现在语言的锤炼和章法的考究这两个方面。文言文的章法考究处、炼字炼句处,往往就是作者言志载道的关节点、精髓处,"文道统一"。

文言文阅读的要点,是集中体现在"章法考究处、炼字炼句处"的"所言志所载道"。文言文阅读教学着力点,是引导和帮助学生通过"章法考究处、炼字炼句处"具体地把握作者的"所言志所载道"。而这些,要落实到理解和感受"章法考究处、炼字炼句处"的文言。

文言文的阅读,是通过字句锤炼和章法考究处去把握"所言之志"、"所载之道",最终是要走向"所言志所载道"。我们要从哪里进去呢?就是从章法和字句处进去。文言文的教学设计,最终还是要回到"文本"的解读当中来,即落实到炼字炼句、章法考究处,我们把它表述为"回归文本的语辞世界"。

我曾经写过一篇论文发表在《语文学习》杂志上,标题就是"回归文本的语辞世界",在这里包含了两个判断:一要"回归"到文本上来。我们现在的教学已经发生偏离了,所以,要回归到文本上来。二是我们要回归到文本的哪里呢?答案是回归到文本的"语辞世界"当中,这个说法需要我们去展开。

二、为什么要"回归文本的语辞世界"?

(一)"回归文本的语辞世界"是文学阅读的要求

为什么要"回归文本语辞世界"? 首先我们要说,这是这是"文学阅读"的必然要求。我们来看一下这段话,它来自于英国学者伊格尔顿的文学理论专著。

文学的可以定义并不在于它的"虚构性"或"想象性"，而是因为它以种种特殊方式运用语言。根据这种理论，文学是一种写作方式，这种写作方式，用俄国批评家罗曼·雅各布逊的话来说，代表一种"对普通言语所施加的有组织的暴力"。文学改变和强化普通语言，系统地偏离日常言语。如果在一个公共汽车站上，你走到我身边，嘴里低吟着"Thou still unravished bride of quietness"（汝童贞未失之宁馨新妇），那么我立刻就会意识到：文学在我面前。我知道这一点是因为你的话的组织、节奏和音响大大多于这句话中抽取的意义——或者，按照语言学家更为技术性的说法，这句话的能指与所指之间的比例不当。你的语言吸引人们注意其自身，它炫耀自己的物质存在，而"你知道司机们正在罢工吗"这样的陈述则并不如此。

——《二十世纪西方文学理论》（英）特雷·伊格尔顿著，伍晓明译；北京大学出版社 2007 年版，第 2—3 页。

我把里面最重要的几句话给大家分解一下。请注意"以特殊方式运用语言"，"对普通言语施加有组织的'暴力'"，"系统地偏离日常应用语言"，"能指和所指"。比如说，当我们看到或听到"你知道司机正在罢工吗"这句话，我们的直觉反应就是把握住它要传达的信息和内容。而当你看到"汝童真未失之宁馨新妇"，这原来是英文的一个表达，译者有意地用了一个文言的表达，来传达它的意思。其实这句话的意思就是，"你是一个天真纯洁的小女孩"，当你看到"你这个天真纯洁的小女孩"，你不会有一个特殊的反应。但是当你看到"汝童真未失之宁馨新妇"，你就会意识到这里有文学的成分，这是这位学者的主张。——我们一般在讲"文学"的时候，可能都会强调想象、虚构、文采这些成分，但是这里特别强调了"文学"它是一种"特殊的语言"。

我们来看个例子，王安石的《泊船瓜洲》。这句"春风又绿江南岸"，是指曾经春风又"到"，春风又"过"，春风又"满"。当你提到"春风又到江南岸"，这就是一个日常交际语言表达；但是当你看到"春风又绿江南岸"，你马上就会非常警觉地意识到，这个"绿"有点非同一般，这个"绿"非常富有表现力，它用得也非常灵活。

【要点提炼】文言文教学"回归文本的语辞世界"的原因：文学阅读的要求、文言文阅读的要求。

【观察者点评】当你读到"汝童真未失之宁馨新妇"这句话时，你会留意它文学的特殊之处吗？

伊格尔顿还强调"文学是一种特殊的语言组织"。某个词语表达本身很特别，或者是这个词本身没什么特别的地方，但是它用到特殊的情境里面，就会显得特别了，所以这个叫做"特殊的语言组织"。他还说，文学是"由词语制造"的。这里还需要引入一下"陌生化理论"的概念：

【观察者点评】你接触过"陌生化理论"吗？有哪些了解？

形式主义者把文学作品看作种种"手段"的某种不无随意性的组合开始，后来才将这些手段视为一个整体文本系统之内的相关元素或"功能"。"手段"包括声音、意象、节奏、句法、音步、韵脚、叙述技巧，等等，实际上也就是文学的全部形式元素；而这些元素的共同之处就是，它们都具有"疏离"或"陌生"效果。文学语言的特殊之处，即其有别于其他话语之处，是它以各种方法使普通语言"变形"。在文学手段的压力下，普通语言被强化、凝聚、扭曲、缩短、拉长、颠倒。这是被"弄陌生"了的语言；由于这种［与普通语言］的疏离，日常世界也突然被陌生化了。在日常语言的俗套中，我们对现实的感受和反应变得陈腐了、滞钝了，或者被"自动化"了。文学则通过迫使我们更鲜明地意识到语言而更新这些习惯性的反应，并使对象更加"可感"。由于我们必须比平常更努力更自觉地对付语言，这个语言所包容的世界也被生动地更新了。（《二十世纪西方文学理论》，第5页）

日常交际语言，为了确保交际的顺畅，必须使语言表达通俗明白，有利于对方的理解，此时我们对于所用的语言已经习惯了、自动化了；但是在文学语言的情形当中，作家会有意地使语言表达偏离日常的交际语言习惯，让语言变成我们所不熟悉、感到"陌生"的样子，这样一来，我们对世界、生活的把握就有了一种新的可能。

【要点评议】

陌生化理论源于艺术创作，是俄国形式主义的核心概念。俄国文艺理论家维克多·鲍里索维奇·什克洛夫斯基认为，所谓"陌生化"，实质在于不断更新我们对人生、事物和世界的陈旧感觉，把人们从狭隘的日常关系的束缚中解放出来，摆脱习以为常的惯常化的制约；不再采用自动化、机械化的方式，而是采用创造性的独特方式，使人们面对熟视无睹的事物也能有新的发现，从而感受到对象事物的异乎寻常。

还有一个概念叫作"前景化"，是穆卡洛夫斯基提出来的理论。

在区分文学语言与非文学语言这一点上，对文学文体学影响最深的也许当推布拉格学派的穆卡洛夫斯基（J. Mukarovsky）的著名论文《诗歌语言与标准语言》。穆氏所指的"诗"包括小说，可谓泛指文学。穆氏认为文学语言的特性在于"前景化"，即作者出于美学目的对标准语言有意识地歪曲或偏离。他断言"语言的诗学功能在于对言语行为的最大限度的前景化"。在标准语言中，人们对表达手段已经习以为常，仅关注所表达的内容。而在文学语言中，通过对标准语言的偏离，作者又重新将注意力吸引于语言表达上。

【观察者点评】你接触过"前景化"理论吗？有哪些了解？

"文学语言"同日常普通语言有什么不一样呢？文学语言的特性在于"前景化"，即作者出于美学目的，对"标准语言"进行有意识地歪曲偏离。就比如说这张幻灯片，它本来全部都是蓝底白字，我们看不出来哪个地方突出，现在中间一段用了黄颜色，黄颜色部分就变成了"前景"，其他的颜色就变成了背景。同样的道理，"春风又到江南岸"不突出，"春风又绿江南岸"这个"绿"字马上就被凸显出来了。作者用陌生化和前景化语言的目的，就是让我们把注意力集中到语言表达上。

让我们来看几个前景化、陌生化的例子，是汪曾祺先生专著中所举的：

好像是屠格涅夫曾经这样描写一棵大树被伐倒："大树叹息着，庄重地倒下了。"这写得非常真实。"庄重"真好。我们来写，也许会写出"僵硬地倒下"，"沉重地倒下"，写不出"庄重"。鲁迅的《药》这样描写枯草："枯草支支直立，有如钢丝。"大概还没有一个人用"钢丝"来形容过稀疏瘦硬的秋草。《高老夫子》里有这样几句话。"我没有再教下去的意思。女学堂真不知道要闹成什么样子。我辈正经人，确乎犯不上酱在一起……""酱在一起"，真是妙绝（高老夫子是绍兴人。如果写的是北京人，就只能说"犯不上一块掺和"，那味道可就差远了）。

就比如说大树被砍倒了，一般人不会说"大树庄重地倒下了"，也不会说"枯草像钢丝一样"，这些都是"陌生化"的语言表达。最典型的就是鲁迅先生作品中，人尽皆知的高老夫子这句话，"我辈正经人确乎犯不着和他们'酱'在一起"。要表达同样的意思，一般人会说"搅在一起"、"掺和在一起"，如果这样说就不是文学了。——"酱在一起"，大家想想，世上还有哪个词比"酱"这个字眼更贴切的呢？"酱"是一个名词，这里当作动词使用了，很特别；"酱"这种食物大家都很熟悉，豆瓣酱、辣椒酱，磨成糊状，各种东西混合在一起。正是这种"陌生化"的语言表达,非常真切地传达出了作者所要传达的意思。——文学阅读,就是要抓住这样的"陌生化"和"前景化"文字,重点加以揣摩。所以,要"回归文本的语辞世界"。

(二)"回归文本的语辞世界"是文言文阅读的要求

其次,从文言文阅读与教学角度来讲,我们也要强调"回归语辞"。我们来慢慢看为什么。看语文课标对文言文阅读的要求,

阅读浅易文言文,能借助注释和工具书理解基本内容。背诵优秀诗文80篇。

("义务课标"第四学段"阅读"、"课程目标")

古诗文阅读的评价。

评价学生阅读古代诗词和浅易文言文,重点在于考察学生记诵积累的过程,考察他们能否凭借注释和工具书理解诗文大意,而不应考察对词法、句法等知识的掌握程度。

("义务课标""阅读"、"评价建议")

这是初中的要求,就是要理解基本内容、理解诗文。我们要如何去理解呢? 要借助注释和工具书去理解。我们再来看一下高中课标的表述:

阅读浅易文言文,能借助注释和工具书,理解词句含义,读懂文章内容。

("高中课标""阅读与鉴赏"、"课程目标")

高中课标说得更明白,要理解词句含义,读懂文章内容。请大家注意,所谓"词句含义"是什么? 文言文阅读的关注点在哪里? 让我们来看一个个案。2004 年,是我们国家高考分省独立命题的第一年。我们都知道在这之前,全国文言文试卷的命题多数都来自于史传当中的文章,湖南的试卷在那年来了一个很大的改革,它用了苏轼的《放鹤亭记》,是一个非常典型的文学作品。这个试卷当中有这样的一个题目:

14. 下列各句对文章的阐述,不正确的一项是:

A. 文章开头记叙了建亭的时间、地点和缘由,描写了放鹤亭四季景色。

B. 第二自然段通过对山人放鹤、收鹤的叙述,说明了放鹤亭得名的原因。

C. 第三自然段通过与山人的对话,明确表达了作者对"隐居之乐"的理解。

D. 作者最后引用山人所作放鹤、招鹤之歌作结,意境悠远,余韵绵长。

大家从选项的用词当中,可以看出里面有相当明显的文学欣赏的成分,就比如记叙、叙述、明确表达、意境悠远,都着眼于文学的韵味。但是我们都知道,高考"文言文阅读"试题的主体不在于文学,它会在于哪呢? 就比如说这段话:

……乃作放鹤、招鹤之歌曰：

"鹤飞去兮西山之缺，高翔而下览兮择所适。翻然敛翼，宛将集兮，忽何所见，矫然而复击。独终日于涧谷之间兮，啄苍苔而履白石。"

大家如果读一下这段话就会感觉非常有韵味。湖南试题中有一个题目是将文言语句翻译成现代汉语。

（原文）独终日于涧谷之间兮，啄苍苔而履白石。

（译文）独自整天在山涧峡谷中，啄食青苔，踩着白石头。

请问，当我们把"啄苍苔而履白石"的语言表达替换为"踩着白石头"的时候，这句话的"意义"你当然是理解了，可是，这里的文学韵味，完全被你破坏掉了。所以一般的老师面对文言文，都会去关注有几个介词，哪个是定语前置、宾语后置。"履白石"的"履"，本来是名词，在这里活用作动词。——我的建议是，这个事情当然要去做，但是不要只做这个事情，不要把这样的事情当作文言文阅读与教学的重点，甚至于最终目的所在。或者可以把这个事情当作阅读的一个环节、阶段，但绝对不应该是全部。我们应该关注什么？"文学的情致"，这是朱光潜先生的一个概念。

我们来看一个例子，是《诗经》中的作品，我们也会感觉非常地亲切。

《诗经·小雅·采薇》

昔我往矣，杨柳依依。今我来思，雨雪霏霏。

行道迟迟，载渴载饥。我心伤悲，莫知我哀！

余冠英先生是研究《诗经》的专家，他为了普及《诗经》，把《诗经》里的作品翻译成了白话。

想起我离家时光，杨柳啊轻轻飘荡。如今我走回家乡，大雪花纷纷扬扬。

慢腾腾一路走来，饥和渴煎肚熬肠。我的心多么凄惨，谁知道我的忧伤！

余先生也是煞费苦心地去翻译，像这首诗每一句都有七个字，一共是八句，一看上去就好像是七言律诗一样，当中还有押韵。但我问大家，这个还是"诗"吗？最多只能叫打油诗。对这个例子朱光潜先生也作了分析：

昔我往矣，杨柳依依，今我来思，雨雪霏霏。如果译为现代散文，则为：从前我走的时候，杨柳还在春风中摇曳；现在我回来，天已经在下大雪。——原诗的意义还在，但情致却全然消失了。

如果把这些诗翻译成现代散文，"意义"还在，"情

可参读黄灵庚《训诂学与语文教学》、张中行《文言津逮》等专著。

致"却全然消失了,跟前面的《放鹤亭记》的翻译是一样的道理。这样我就要问大家了,课标里面要求"把握词句含义",这个"词句含义",它是"意义"还是"情致"? 这当然是"意义"了,但是我觉得单有这个词句的意义还不够,因为这样就不是阅读了,更加谈不上文学欣赏了。我们继续来看一下朱光潜先生的主张,他有另外的两个概念"直指的意义"与"联想的意义"。

无论是阅读或写作,字的难处在意义的确定与控制。字有直指的意义,有联想的意义。比如说"烟",它的直指意义见过燃烧体冒烟的人都会明白,只是他的联想的意义迷离不易捉摸,它可联想到燃烧弹,鸦片烟榻,庙里焚香,"一川烟水","杨柳万条烟","烟光凝而暮山紫","蓝田日暖玉生烟"……种种境界。直指的意义载在字典,有如月轮,明显而确实。联想的意义是文字在历史过程中所累积的种种关系,有如轮外圆晕,晕外霞光,其浓淡大小随人随时随地而各个不同,变化莫测。科学的文字愈限于直指的意义就愈精确,文学的文字有时却必须顾到联想的意义,尤其是在诗方面。

——朱光潜《咬文嚼字》

"直指的意义"是明显确实的意义,"联想的意义"是空灵变化的意义。科学的文字愈限于直指的意义,愈精确愈好。

我们可以设想一下,我们在前面用的"前景化"的一个概念,比如在这张幻灯片中是蓝色的背景,里面有白色和黄色的文字,这样黄色就被"前景化"了,凸显出来了。但如果你碰到一个人,他是一个色盲,他一眼看上去就会感觉眼前都一样,就是说这里明明是陌生化和前景化,但他却看不出来。

所以,我们要"回归文本的语辞世界",要关注炼字、炼句处,关注文言文当中的"陌生化"和"前景化"的语言表达。

三、如何"回归文本的语辞世界"

(一) 关注炼字炼句处

【要点提炼】文言文教学"回归文本的语辞世界"的三条途径:关注炼字炼句处、警惕"翻译"的干扰、关注"章法考究处"。

我们来简单地分享一下这个例子,苏教版教材的高中课文《始得西山宴游记》。它是"永州八记"中的第一篇,也是非常重要的一篇。

自余为僇人,居是州,恒惴栗。其隙也,则施施而行,漫漫而游。日与其徒上高山,入深林,穷回溪,幽泉怪石,无远不到。到则披草而坐,倾壶而醉。醉则更相枕以卧,卧而梦。意有所极,梦亦同趣。觉而起,起而归。以为凡是州之山水有异态者，皆我有也，而未始知西山之怪特。

今年九月二十八日，因坐法华西亭，望西山，始指异之。遂命仆人过湘江，缘染溪，斫榛莽，焚茅茷，穷山之高而止。攀援而登，箕踞而遨，则凡数州之土壤，皆在衽席之下。其高下之势，岈然洼然，若垤若穴，尺寸千里，攒蹙累积，莫得遁隐。萦青缭白，外与天际，四望如一。然后知是山之特立，不与培塿为类。悠悠乎与颢气俱，而莫得其涯；洋洋乎与造物者游，而不知其所穷。引觞满酌，颓然就醉，不知日之入。苍然暮色，自远而至，至无所见而犹不欲归。心凝形释，与万化冥合。然后知吾向之未始游，游于是乎始。故为之文以志。是岁，元和四年也。

我们先来看全文的第一句话，"自余为僇人，居是州，恒惴栗"。我觉得"恒惴栗"这三个字的解读非常重要。这三个字的字面意思，苏教版教材的注解很清楚，"恒惴栗"是指"常常忧惧不安"。我觉得这个解释非常蹩脚，甚至可以说是相当地糟糕。"恒"是有"常"的意思，但是在古汉语里面"常"不是"经常"的意思，而是"持久不变"的意思。"常常"的意思，古代汉语里一般会用"时"来表达。

在上这篇课文的时候，我向高中生提了这样一个问题：如果我们用英文单词来对应一下，英文单词当中"经常"是 often；比"经常"频率更高一点的"通常"，是 usually；还有一个更高一点的"一直、总是"，是 always。在这里柳宗元说的"恒惴栗"，这个"恒"，到底是 always，还是 usually，还是 often？我倾向于是 always，学生也倾向于是这个，这个地方就需要点背景知识。

这句话当中的"惴栗"，我们刚才把它解释为忧惧不安，但是我没有强调他"忧惧"的程度。我们用"栗"字来组个词，就能组成"战栗"、"不寒而栗"，"栗"是"发抖"、"打哆嗦"的意思。你上课迟到的时候，你会紧张，但你不会打哆嗦。是什么东西让他害怕到打哆嗦的地步？是他害怕到了极点。这也需要背景的知识。

我们来看一下这个背景，永州是怎么回事？这里有一个变法失败，以王叔文为首的政治集团被摧毁的事情。大家不要小看这段文字，难道被贬官就一定要"惴栗"吗？我从这里可以看出来，柳宗元的心里不踏实。他是先被贬为邵州刺史，相当于一个市的一把手。还没有到任，在赴任的途中又被加贬为永州司马，即被贬为更偏远的一个乡里的普通办事员。换句话说，皇帝对他这件事情的责问还没到底，你只要看一下王叔文当年被拿下，第二年被处死就明白了。所以我们可以设想一下，当他在永州听到王叔文被处死的消息时，他的心情怎样？"怕"。他不是一般的"惴栗"。他给朋友信件当中说，我的罪状是最严重的。他虽然在之前娶过妻子但是却没有留下子女，然后他讲到了祖宗的香火要断在我这里了，这是一件不得了的事情。他在信里也讲到了，祖先的坟墓被人破坏了，家乡的房屋、田地产业被人破坏了。还有一个更重要的背景，就是柳宗元的母亲，也跟着他到了永州，而且在当年就死在了永州。这件事情对他的打击非常大，所以他也非常自责。他认为，不是天降灾难，而是因为母亲很不幸有他这么一个"恶子"。加上母亲死了之后，还不能安葬在故土，所以他对自己非常自责。

——现在我们知道所谓"恒惴栗"是怎样的状况了。柳宗元的"惴栗"，不是一般的"忧虑"或者"害怕"，而是担忧恐惧到极点；他也不是"常常"或者"时不时"地"忧惧"，而是无时无刻不处在"惴栗"的状态，因为外来和内在的原因。把握了这一点，整个文章作者想传达的东西，才可以说有了打开的"钥匙"。这就是文本"细读"，这就是对文本中的"炼字处"、"陌生化"的语言作重点关注。

还有，文中前后两次写到了喝酒，而且都喝醉了。请看文中这两个句子：

> 到则披草而坐，倾壶而醉。

> 引觞满酌，颓然就醉，不知日之入。

如果只是就文章的字面意思理解，那很简单，就是：他喝酒了，他喝醉了。但是里面还有更深沉的意味，你不作细究，很可能就忽略了，错过了。请注意，两次写喝酒的文字是不一样的。前面是"倾壶而醉"，后面是"引觞满酌"。"壶"是大容器，"觞"是小酒杯。还有，学生们会怎么理解这个"倾"？他们就会理解成"倒"的意思。我让学生用这个"倾"字来组个词语，这个"倾"可以组成倾盆大雨、倾家荡产、倾囊相送、倾巢出动，这个"倾"就不是一般的"倒"了，而是底朝天全倒光了的状态。大家现在知道它这个酒是怎么喝的了，不能叫一般的豪饮，它这个可以说是一种"死喝"。什么叫"死喝"？他喝酒是"直奔主题"的，喝酒的目的就是要"醉"。他出游的目的就是要找个地方，用酒精来麻醉自己。为什么要麻醉自己？因为他清醒的时候"惴栗"，他要摆脱这样痛苦的状态，所以他喝酒，他喝醉。但他到西山就不一样了，他把酒倒到小酒杯里，一杯一杯地去喝。因为他有的是下酒菜，还可以赏心悦目地去喝。所以前后两次同样是喝酒，同样是喝醉了，其深层的意味是完全不一样的。这里有语言自身的问题，同时也有语言文化的问题。

我们来看欧阳修的《秋声赋》这个例子。里面有一句这样的话：

> 初淅沥以萧飒，忽奔腾而砰湃，如波涛夜惊，风雨骤至。

【观察者点评】回顾你曾经教《始得西山宴游记》时，你有过怎样的"探索"？

我们都知道秋声是无形的东西，但是欧阳修非常高明，他把这个无形的东西写得"形色宛然，异态百出"，这是《古文观止》的点评。我们在分析之前请大家感受一下，这个"形色"和"异态"体现在哪里？我们先来看一下翻译，苏教版高中语文教材配套的《教师用书》中，"如波涛夜惊，风雨骤至"的参考译文为"波涛汹涌，暴风雨骤然来临"。我们来看一下句中的"惊"、"骤"这两个汉字。大家看到"惊"字会产生什么联想？看到"骤"字又会产生什么联想？让我们来关注一下这两个汉字的部首吧。"惊"是形声字，它是竖心旁；"骤"也是形声字，它的部首是"马"。

当你把"骤"简单替换成"骤然"的时候，"马"几乎就没有什么意义了。请问大家知道"惊"的繁体字吗？当然我们现在的文言文，都会用简化字来印刷，不过这里也会有一个流失的问题。"惊"的繁体字是"驚"，是一个上下结构的字；跟"骤"字类似，繁体字的"驚"也是以"马"为部首。原来，"惊"与"骤"字，其本义都与"马"有关。

驚：形声。从馬，敬声。本义：馬受惊。

骤：形声。从馬，聚聲。本义：馬疾步也。

我们现在看到简化字竖心旁的"惊"，自然就会认为是"心"触动了。我们再来回想一下，《念奴娇·赤壁怀古》当中的"乱石穿空，惊涛拍岸"，这里的"惊涛"是什么意思？我们的直接反应就是"惊心动魄的浪涛"。但是这个"惊"与"骤"都和马有关，"惊涛"可能是含有一个情绪的反应，但是它首先会有一个具象。

这个具象就是马受惊了狂奔的景象，说不定是野马受惊狂奔，或者是一群野马受惊狂奔的场面。我们再来回想一下，我们有一个成语叫做"惊涛骇浪"，这里的"惊"是指内心，"骇"是指害怕，但是我们现在应该知道了，"惊涛骇浪"指的都是马，那么"如波涛夜惊，风雨骤至"指的也都是"马"。这里的形象在哪里？"异态"的"态"在哪里？我们还可以回想一下《与朱元思书》里有句话叫"急湍甚箭，猛浪若奔"。这里的"奔"是指什么？指的就是疾驰的马。所以这个文字里面有它意味，当然这还是一个炼字、炼句的问题。

关于"炼句"，我们也来看具体的例子。首先看朱自清先生对于文章解读的主张。朱先生说教语文的人，往往会非常注重字意，但是还应该关注到句子的形式，某些特殊句子也是作者别有用心的表现。下面这句话非常特别：

我的后院有两棵树，一棵是枣树，还有一棵也是枣树。

【观察者点评】你平时教学文言文时有过炼字的尝试吗？

明明两棵都是枣树，为什么他要这样说呢？所以这就是我们说文言由特殊的语言构造而成，说得通俗一点就是，文学就是"有话不好好说"。

这里会有什么意味？朱自清先生做了这样的一个解读和分析，说这里很有幽默感，强化了一种单调、腻烦的感受，爱不爱看都是这些东西。如果说"一棵枣树，还有一棵是梨树"，这就不一样了。但一棵是枣树，一看外面还有一棵，还是枣树，这就是一种单调感。如果把它改成"两棵都是枣树"，很显然，就传达不出来单调感了。

我们再看另外一句话，还是这个文本里面的话，"这上面的天空，奇怪而高"。你有没有看出这句话，在表达上有什么不一样？有什么特别的地方？朱先生他看出来了，我们一般的表达应该是"高而奇怪"，先是单音节然后才是双音节，先用短句然后再用长句，但是他用了"奇怪而高"。他把文本这样写出来的目的，就是相当于加了括号来提示"读者请注意"，就要看读者有没有这么敏感。

我们再来看一句话，这里面也有一个"读者请注意"。

（甲）妃嫔媵嫱，王子皇孙，辞楼下殿，辇来于秦；朝歌夜弦，为秦宫人。明星荧荧，开妆镜也；绿云扰扰，梳晓鬟也；渭流涨腻，弃脂水也；烟斜雾横，焚椒兰也。雷霆乍惊，宫车过也；辘辘远听，杳不知其所之也。一肌一容，尽态极妍，缦立远视，而望幸焉。有不见者，三十六年。

这段话你一眼看去没有什么突出的地方，我把这段话的书面形式稍稍改变一下：

（乙）妃嫔媵嫱，王子皇孙，

　　辞楼下殿，辇来于秦；

　　朝歌夜弦，为秦宫人。

　　明星荧荧，开妆镜也；

　　绿云扰扰，梳晓鬟也；

　　渭流涨腻，弃脂水也；

　　烟斜雾横，焚椒兰也。

　　雷霆乍惊，宫车过也；

　　辘辘远听，杳不知其所之也。

　　一肌一容，尽态极妍，

　　缦立远视，而望幸焉。

　　有不见者，三十六年。

如果你把这上面的文本按照前面的（甲）书面形式一口气读下来，你就不会有任何的关注了;但是当你遇到了(乙),你一定会对"辘辘远听,杳不知其所之也"这个长句子特别加以注意。为什么要引起读者的关注,为什么要读者注意这一点? 因为前面都在充分地渲染阿房宫一种奢华的生活,前面的给我的感觉是阿房宫就像是一个五星级的宾馆非常地豪华,但是突然作者的笔触却放到了五星级宾馆的服务员身上去了。这里就由秦国国君在豪华的阿房宫的生活,转到了普通人的生命上,转到"缦立远视,而望幸焉"、"有不见者,三十六年"的女性身上,使你在朗读的时候,语速就一下子慢了下来,你的沉重感也就跟着来了,这是一个句式上的变化。

(二) 警惕"翻译"的干扰

然后我们专门做一小板块,要谨记:注释与翻译对于文言文阅读可能是一种干扰。注释和翻译会对阅读有干扰,我们也来举一个例子来看一下。初中有个文本叫《答谢中书书》,是一篇短文,我们来浏览一下。

山川之美,古来共谈。高峰入云,清流见底。两岸石壁,五色交辉。青林翠竹,四时俱备。晓雾将歇,猿鸟乱鸣;夕日欲颓,沉鳞竞跃。实是欲界之仙都。自康乐以来,未复有能与其奇者。

——陶弘景《答谢中书书》

请大家注意"晓雾将歇"和"夕日欲颓"两句,意思很明白:"早晨的雾气将要消散的时候","夕阳快要落山的时候",这个非常简单。我问大家,"歇"和"颓"这两个字有什么特殊的表现效果? 两个字除了动态的共性,并且都还有一种拟人化的意味,就是累了乏了想休息了。我们来看一下人教版初中教材注解是这么注的:"颓:坠落,歇:消散。"但如果在教学的时候是把注释和替换作为目的,那么作者为什么要用"夕日欲颓,晓雾将歇"呢? 不如直接说"夕日欲落"、"晓雾将散"更干脆么? ——因为这里有文学,有陌生化、前景化的语言。

我们再来看一个例子,也是初中课文,苏轼的《记承天寺夜游》。

元丰六年十月十二日夜。解衣欲睡,月色入户,欣然起行。念无与为乐者,遂至承天寺寻张怀民。怀民亦未寝,相与步于中庭。庭下如积水空明,水中藻、荇交横,盖竹柏影也。何夜无月? 何处无竹柏? 但少闲人如吾两人者耳。

我们来看开头一句话"元丰六年十月十二日夜"。如果你在教学当中不注意,这样你就只能看注解,"元丰"的意思这样你就明白了,十月十二日夜你不能不去管,因为21世纪的中学生,他不知道什么叫"十月十二日夜"。学生会这样认为,十月十二日,国庆长假过了一个礼拜,可这里的这个十月是农历的十月。课文当中的季节,已经相当于深秋甚至是初冬的季节了。在大冷天,一个庙里面,"我"与朋友在散步,这别有意味,所以它后面说为什么很少有像"吾两人"这样的闲人。

然后我们再来看这句话,"解衣欲睡,月色入户,欣然起行"。我看到一个老师在上课的时候,让同学去翻译这句话。这个同学是这样翻译的:"我脱了衣服要睡觉了,月亮照进了房间,我就非常高兴地起来走路了。"老师说你的这个翻译大体上可以,但是有一点瑕疵,这个瑕疵就是,"解衣欲睡"的主语是我,"欣然起行"的主语也是我,"月色入户"的主语呢,是月色。这样就出现了整个句子的前后话题不一致、不连贯了。应该这样说:"我脱了衣服要睡了,这时看到月光照了进来,就很高兴地起来。"这样多好,多连贯。——我想说,这样一点都不好。请问老师,难道你是想要告诉我们,苏轼他写文章连语句连贯都做不到吗?还需要后代的人特意给他加工一下?

我们来看看"月色入户"这四个字,这四个字可以说大有文章。我们来感觉一下"月色入户",现在有些老师会纠结,这个"户"到底是"门"还是"窗"?可以肯定,"户"肯定就是"门",只要看到"门"和"户"这两个字的字形就可以知道了。因为"门"是双扇,"户"是单扇,所以这个"户"肯定就是"门",而窗户里面的"门"就是虚化的了。如果说月光从门里照进来,就只能说明我生活习惯不好,大冬天睡觉不关门。其实大家不需要这样地去较真,平时我们有一个词叫"户外运动",这个"户外"就是室外,如果是"户内"那当然就是室内了。这样解释下来,"入户"的意思就是"月光照入了室内",你就不用去再纠缠月光是从窗进来的还是从门进来的了。——当然,这里更为要紧的关键是"入户"的"入"字。我们刚才把它替换成了"月亮照进来"了,古人为什么要用"入"户呢?而不是"照"户?因为我们还有个表达,就是"日出而作",后面紧紧跟着的就是"日入而息",包括"海上生明月",这些都是非常有讲究的。李白有一首诗叫《菩萨蛮》,当中有句"暝色入高楼,有人楼上愁"。什么叫做"入"高楼?就是我站在那里,我能感受到夜色一点点地压进来,是一种强势的、主动的、不由分说的。所以"月色入户"也是一样的道理,"月色入户"和"月色照户"是两码事。

我们来参照联想一下,李白的《月下独酌》当中的"举杯邀明月,对影成三人"。李白在喝酒,李白和李白的影子这样就是变成两个人了,一直这样喝,喝得非常孤单。这时李白一看,天上还有一个朋友,因为月亮在那里看着,所以李白就提出邀请了:"朋友,一起来喝一杯吧。"月亮有没有接受邀请呢?当然是接受了,所以就有了"对影成三人"。而现在的情景稍微有一点不一样,苏轼,也就是"我",准备睡了。这时外面的朋友来敲窗了,并对着"我"说:"朋友,这么好的时光,你就这样睡了?出来走走吧。"所以"我"就"欣然起行"了。换句话说就是,作者要刻意去强化"月色"的主体,当然其中也包括了这个"人"字。如果像现在这样去翻译,就是"我看见月亮照了进来",这样"人"和"月色"都没了。所以在进行这样的翻译、替换的时候,我们真得要谨慎一些。

这里有一本专著,是专门来探讨中英文的外文翻译,因为外文必须要翻译成中文,如果不翻译的话一般人也读不懂,但是古今汉语是不是非要做翻译?这个我觉得要斟酌。

翻译是一种人为的强制性文化转移,语言文字被置换了,必然导致原文许多形式系统的美学要素的流失。

但丁在《飨宴》(Convivio)一书中认为:"凡是生动悦耳的或是缪斯接触过的话,都不可能再翻译成另外一种语言时不失其意味和和谐"。博尔赫斯说:"莎士比亚作品的译文,我是不敢恭维的,因为他最本质、最美好的东西就是他的语言,而语言又能译成什么样子呢?莎士比亚的许多词句只能是这么说,只能是这种语序,也只能是这种韵律"。

——李洁.琴声何处不悠扬[M].沈阳:东北大学出版社,2008.

【观察者点评】对于古今汉语是不是非要做翻译,你是怎样认为的?

因为很多文言作品当中,话语信息不是最重要的,含义也不是最重要的,最重要是情致。这些是翻译的时候翻译不出来的东西。莎士比亚的作品是不能翻译的,因为许多词句只能这么说,只能是这种词句,只能是这种韵律,你一翻译和替换,它就变了。我们一般都会强调跨语言的"等值等效",但其实这样的等值等效是做不到的。

所以有学者说,我们要警惕一种"假象对等":

申丹虽然并不专门研究文学翻译,但她却从一个文体学家的角度指出了很多翻译研究者都忽视了的现象:"假象对等",即译文看上去与原文大致相同,但文学价值或文学意义相去甚远。

——金兵.文学翻译中原作陌生化手法的再现研究[M].上海:复旦大学出版社,2009:11.

就像前面讲的"夕日欲颓",你把它翻译成"太阳落山了",看起来好像非常对应,其实它是一种假象。如果你一定要做的话,我就认为,注释可能就会比翻译要好一点,最糟糕的是全文翻译,字字落实。我个人认为"夕日欲颓"可以做解释,而"晓雾将歇"就根本没必要去做解释了:难道中学生自己没有那种想象力吗?"晓雾将歇"就是指休息了,所以对注释和翻译,我们都必须要谨慎一些。

【观察者点评】读到"夕日欲颓"与"晓雾将歇"时,你和你的学生展开过哪些想象?

譬如，我在品味桐城文章时，常常只读原文，不看注释，即便找到译文，也很少看。拿译文来说，古今文章的文法不同、语义有别，即使是高手，一般也只能译出每个词义而译不出意境。从这一点看，注释远胜之译文。——田望生.品味老汤——桐城文章品味[M].北京：华文出版社，2003：13.

(三) 关注"章法考究处"

下面我们来看一下"章法考究处"。什么是"章法"？我们来看下面的材料。

我们写文章，有了正确的思想，丰富的质料，还需要安排一个尽可能完美的结构形式，才能使表达的内容鲜明、突出。为此，就要考虑质料的取舍和详略；安排好内容的顺序，如何开头，如何结尾，先写哪些，后写哪些；以及怎样过渡，怎样照应，等等。这就涉及线索、剪裁、疏密、呼应、波澜、理序、悬念、点睛等章法问题。

——张寿康《文章学概论》，山东教育出版社1983版。

章法：一般有广狭二义。狭义的章法，着重讲的是如何对文章的内容进行有条理的组织，使之"言有序"的问题。也就是古人讲的"开阖首尾经纬错综之法"。

用现代人的话说，就是"要写好一篇文章，就要讲究章法，也就是要考虑如何开头，如何结束，如何分层次、分段落，这实际上就是整理自己的思想，使它具有清晰的条理。

至于广义的"章法"，它几乎牵涉到写好文章的各个方面。这是因为，为了写好文章，不仅应该"言之有序"，而且应该"言之有物"，"言之有文"，"言之有体"。

——夏绍臣《文章章法与阅读写作》，人民日报出版社1985版。

"章法"其实就是行文结构、选材剪裁之类。古代作者选择怎样的"章法"形式，与他所想传达的"志"和"道"是两相对应的。要想读懂文言文，读好文言文，必须对文言文的行文章法有足够的重视。

我们来看一篇初中的课文，张岱的《湖心亭看雪》。

崇祯五年十二月，余住西湖。大雪三日，湖中人鸟声俱绝。是日更定矣，余挐一小舟，拥毳衣炉火，独往湖心亭看雪。雾凇沆砀，天与云与山与水，上下一白。湖上影子，惟长堤一痕、湖心亭一点、与余舟一芥、舟中人两三粒而已。

到亭上，有两人铺毡对坐，一童子烧酒，炉正沸。见余，大喜曰："湖中焉得更有此人！"拉余同饮。余强饮三大白而别。问其姓氏，是金陵人，客此。及下船，舟子喃喃曰："莫说相公痴，更有痴似相公者！"

标题是"湖心亭看雪"，课文第一段作者也明白地说要"独往湖心亭看雪"。按理说，

"我"此行的目的,就是前往湖心亭,看的就是雪。我们在选材和剪裁的时候,很显然要把重点放在"雪景"和"看雪"上。但是大家看一下这句话的后面,有没有对雪进行描绘?确实有,"雾凇沆砀,天与云与山与水,上下一白"等等,不过这些都是在去湖心亭的路上,还没有到达湖心亭之前所看到的景物。真正到了湖心亭,作者有没有写雪景?有没有看雪?答案是没有,他只看到了人。

【观察者点评】这个课例给你怎样的思考?

这就非常奇怪了,为什么作者会这样处理选材和详略重点呢?到了亭上之后,作者看到了什么?看到两个人还有一个童子在煮酒。对方看到"我"之后大喜,拉"我"同饮。"我"看到对方有没有说话呢?这个作者没有写出来。然后就是作者写自己,说自己喝了三大杯,然后做了一件什么事呢?"问其姓氏,是金陵人,客此。"大家要有这个敏感度,为什么作者要写雪却只写了人?为什么要写这两个人?为什么要专门突出"我"问了他们的姓氏,金陵人?作者不可能只讲了这句话。为什么作者要突出这句话呢?因为我们大家都知道,在明朝遗老的眼里,"金陵"是别有含义的地方,因为金陵就是南京,就是朱元璋的首都。而所谓的"客此",单从字面上理解,就是一个金陵人离开故乡,客居在他乡杭州。不过,我们参照一下李煜的词"梦里不知身是客,一晌贪欢",就可以发现,这里的"客此",并不是金陵与杭州两个地方那么简单。一个南京人离开故乡来到杭州,他是可以回去的;然而,像李煜一样,张岱,一个明朝人来到清朝"作客",他是永远也回不了他的故乡的了。——所以,这篇文章的选材和剪裁,非常地有意味。

我们再看下《小石潭记》。我有一个朋友,宁波的刘飞耀老师,他有一次郑重地打电话跟我说:"你有没有注意到《小石潭记》里很少用虚词?"我一看,果真几乎没有像"而"、"也"之类的虚词。《醉翁亭记》里面有好多虚词,这个虚词就是"也",如果我们试着把这个"也"改一下,改成这样:

环滁皆山。其西南诸峰,林壑尤美。望之蔚然深秀,乃琅琊。山行六七里,渐闻水声潺潺泻出两峰间,为酿泉。峰回路转,有亭翼然临泉上,乃醉翁亭。作亭者谁?山僧智仙。名之者谁?太守自谓。太守与客来饮于此,饮少辄醉,年又最高,故自号曰醉翁。醉翁意不在酒,在山水间。山水之乐,得心、寓酒。

"望之蔚然而深秀者,乃琅琊"。或者我再极端一点,"望之蔚然深秀,琅琊",这样也可以。但是他现在说"望之蔚然而深秀者,琅琊也"。整个文章当中有很多个"也",

其实就是在强化优哉游哉、从容不迫的一种情绪。这是一个虚词的问题。《小石潭记》整个文章当中，都很少用到虚词，这肯定是一个章法的问题。我现在有这样的一个想法，如果把柳宗元被贬官时的文章，同他春风得意时的文章作一个比较，说不定"也"这个虚词的使用都可能不一样。这有待于作考证。假设我们人为地给《小石潭记》也加上"也"之类的虚词，效果会怎样呢？就比如，"潭中鱼可百许头，皆若空游无所依也。日光下澈，影布石上，怡然不动也；俶尔远逝，往来翕忽，似与游者相乐也"。把这个"也"加上之后，我们再和原文去比一下，这样就完全不一样了。有这个虚词"也"和没有这个虚词"也"，它的情绪发生了很大的改变，整篇文章的虚词都是这么一种状态，就不能不让人关注到，这不是一个"炼字炼句"的问题，而是一个"章法"考量的问题了。

【观察者点评】回顾你曾经教《小石潭记》和《醉翁亭记》时的情景，有过这样的章法考量吗？

我准备结束今天的讲课。我们在座的朋友都是"导读者"，我们不只是一般的教学设计者，我们还是引导学生更好地读好文本的"导读者"。我们应该怎么导读？我们要让学生知道他们所面对的是杰作，还要让他们知道这些杰作，它为什么会有永久的艺术魅力。如果不是抓住炼字、炼句处、章法考究处和韵律体现的地方，很可能也就把握不住这个魅力。

王荣生老师说过，我们的语文教学很简单，就是要让学生喜欢文本、让学生读懂文本。

一篇课文的教学内容，从学生的角度讲，可以归结为三句话：

◇ 学生不喜欢的，使他喜欢；

◇ 学生读不懂的，使他读懂；

◇ 学生读不好的，使他读好。

但在常态下，我们老师辛辛苦苦做的事情，往往是让学生更不喜欢文本，让学生更加读不懂文本，让学生读得更不好。这当然不是我们愿意做的事。我希望大家可以关注一下刘俐俐教授，她有两本非常好的书，一本是《中国现代经典短篇小说文本分析》，还有一本叫《外国经典短篇小说文本分析》。她说我们对文本要进行分析，而不是拿到之后就整体感知，整体感知不求甚解，这样在很多情况下都是行不通的。

【观察者点评】在你的教学中，考虑过学生的这些需求吗？

作为教师，作为文学欣赏的"导读者"，刘俐俐教授在其专著中深情地表达了"聚焦于文本的愉悦"：

在细读中自觉地运用 20 世纪以来西方文学研究方法，分析其艺术魅力产生的原因。所谓分析并不排斥"欣赏"，运用方法也是为了更懂行地"欣赏"。……那些日子因为有卡尔维诺、鲁迅、辛格、芥川龙之介等作家虚拟的语辞世界，我和同学们整日沉浸在常有的人文情怀和深刻思考中，至今难以忘怀。

"分析"是一种更在行的欣赏，我们可以通过"分析"，通过"细读"，进入作家为我们设计的"虚拟的语辞世界"当中。让我们的文言文阅读与文言文教学回到我们前面讲的文言、文章、文学、文化上，回归到我们的语辞世界当中来。这是我们的教学阅读的魅力所在，也是我们阅读教学的价值所在。谢谢大家！

资源链接

1. 钱理群. 名作重读[M]. 上海：上海教育出版社，2006.
2. 孙绍振. 名作细读[M]. 上海：上海教育出版社，2005.
3. 孙绍振. 月迷津渡——古典诗词个案微观分析[M]. 上海：上海教育出版社，2012.
4. 童庆炳，蔡义江，孙绍振，钱理群. 名家六十讲[M]. 北京：语文出版社，2013.

后续学习活动

任务 1：阅读[清]李扶九《古文笔法百篇》，郭英德《中国古代文体学论稿》，夏丏尊、文心《文章作法》等专著，了解文言文的行文章法。

任务 2：细读《木兰辞》，关注其"章法考究处"，设计教学内容。

任务 3：参读《孙绍振如是解读作品》中对《木兰辞》的解读，调整你的教学内容，然后在课堂上实践尝试。

文言字词的准确释义与文言教学备课要领

专家简介

黄灵庚，浙江师范大学人文学院教授，博士生导师。专攻文字、音韵、训诂之学，中国古典文献学，重点为楚辞文献。受聘为人民教育出版社新编中学语文课本特约审稿。著有《训诂学与语文教学》（浙江大学出版社）等。

热身活动

1. 《鸿门宴》最后一段中有两个词"操"、"持"，教材解释为"拿着"。你能区分两者的不同之处吗？在实际教学中，你对课本中的注释持怎样的态度？

2. 你对古书的版本知识有怎样的了解？

学习目标

1. 在文言文教学中尝试对勘所选课文的版本，参考古注，广泛涉猎现代人研究成果，对当注而未注者加以补充，求真务实，发明新义。

2. 在文言文教学中深入分析某些字词，发现其中体现的作者情意和章法考究处。

一、文言文教学的侧重点在常用字词

文言文教学应该怎样定位？尽管有教学大纲所定的培养目标，培养学生"阅读浅易文言文的能力"。但是，这毕竟是一条笼统、抽象的原则，落实到具体问题上，由于所持立场或所处视角的不同，则言从殊。

学生阅读文言文最大的障碍不是别的，就是对古代的语言比较生疏。而在古代语言三大要素中，词汇的意义，特别是对古代常用词汇的常用意义了解得很少。正是此类常用词汇的常用意义，阻碍了学生对古文内容的正确把握。语文教师讲授文言文的侧重点，应该放在对课文中古代常用词汇的常用意义上。只有学生正确地理解和掌握课文中常用词汇的常用意义，才能读懂、读通课文的内容。至于课文内容为什么是这样布局，好在何处，学生在读懂、读通的基础上自然会慢慢领会，无需教师在课堂上不厌其烦讲解、分析。

【观察者点评】你同意这种说法吗？在平时文言文教学当中，你的侧重点放在什么上面？

例如，《鸿门宴》末后有这样一段话：

乃令张良留谢，良问曰："大王来何操？"曰："我持白璧一双，欲献项王，玉斗一双，欲献亚父。会其怒，不敢献，公为我献之。"

这段古文确实"浅易"，学生似乎都能读懂，教师无须多讲。但是，仔细一推敲就觉得不那么简单。这里有两个表示手的动作的词语"操"、"持"，也是在文言文中经常出现的"浅易"的常用词义。对"操"字，人教版高中语文第二册解释说："拿，这里是携带。"据此注解，是说"操"字本义是"拿"的意思，放在此语境里才释为"携带"，

【要点提炼】辨析"操"的常用义：手的动作娴熟。

带"，离此语境则无此义。而"持"字未作解释，大概也是"拿"、"携带"的意思，和"操"没有区别。照此释义，则翻译："张良问：'大王携带了什么来？'（沛公）答：'我拿了白璧一对，打算献给项王；玉斗一对，打算献给亚父。'"既然二者都是"拿"、"携带"的意思，司马迁为何两用其词？能不能互易位置，说成"大王来何持"、"我操白璧一双"？当然不能。这很需要语文教师对此类貌似"浅易"而实际并非"浅易"的语词，在课堂上有必要

让学生予以辨析。

　　"操"字的常用义,表示手的动作娴熟。古文里的"操刀",说刀的技艺很熟练。所以庖丁解牛是"操刀",而不能是"执刀"、"持刀"了。成语"同室操戈,相煎何急",比喻兄弟吵架成为惯常,操是"习惯"的意思。《左传·成公九年》:"乐操土风,不忘旧也。"操,是熟习的意思。以后引申为"操常"、"操守"、"节操"等,"操"字含有稳固不变的意思,与表示"惯常"意义相通,都不能用"执"、"持"字来替换。古代诸侯之间往来,要捎带上礼物,这是惯常的做法,所以张良问刘邦:"大王来何操?"是说大王您捎带什么礼物来。课文释"携带",则不够准确。说是"拿",就更不对了。

【反思】

　　在进行文言文阅读教学时,你是怎样理解那些常用文言字词的?在帮助学生疏通文意的过程中,又是依据什么来进行字词解释的?是根据课文注释吗?你有深入地探究过所学版本的教材中课文注解的可靠性吗?

【要点提炼】辨析"执"的常用义:手抓得紧,拿得牢,握得住。

　　在"稳定不变"这个意义上,"操"、"执"比较相近,古书可以互训。《史记·酷吏列传》"操下如束湿薪",《索隐》:"操,执也。"其实这二字有很大的差别。"执"字的常用义,表示手抓得紧,拿得牢,握得住。古书常有"执戈"、"执锐"、"执钺"、"执戚"、"执殳"、"执斧"、"执龠"、"执鞭朴"、"执弓"、"执辔"等,皆是武器。连手中的武器都抓不住、拿不牢,是打不了仗的,因此非用这个词不可。这个意义是由"执"的"拘执囚俘"义引申来的,一般不用"操"。然后又引申为表示"固守"、"分不开"、"稳固"等意思,文言词语有"执手"、"执事"、"执言"等。而古书里头的"操兵"是操练军队,"执兵"是握紧兵器,说的是两码事。

【要点提炼】辨析"持"的常用义:往上托,向上提。分析"持"和"奉"的区别:"奉"是双手高举,表示敬意;"持"仅是往上托。

　　"持"字的常用义,表示手往上托、向上提。《尔雅·释诂》:"秉、拱,执也。"郭璞注:"两手持为拱。"则"持"字可释为"端"、"捧"等,视不同语境而定。《诗·氓》:"淇则有岸,隰则有泮。"郑玄《笺》:"言淇与隰皆有涯岸以自拱持。"《诗·小雅·楚茨》:"或剥或亨,或肆或将。"郑《笺》:"有解剥其皮者,有煮熟之者,有肆其骨体于俎者,或奉持而进之者。"拱持、奉持,皆并列复合词语,持,即拱奉之义。《论语·季氏》:"危而不持,颠而不扶,则将焉用彼相矣。"不持,即不扶,"持、扶"是用手从下往上托扶的意思。由此引申,又有"端守"之意。《凫鹥序》:"守成也。大平之君子,能持盈守成,神祇祖考安乐之也。"《孟子·公孙丑上》:"故曰持其志,无暴其气。"这个意义"奉"、"扶"都是没有的。《鸿门宴》"我持白璧一双"之"持",是"奉"的意思。刘邦虽心存灭项羽之心,但是自知其时不是项羽的对手,故表面上还是装出臣服恭敬的样子,哪怕在心腹臣子张良等人的面前,也不敢表露。回答张良说:"我奉着玉璧一对打算献给项王。"一个"持"字,将其虚伪狡诈的性格表现得淋漓尽致。如此形象生动、富有文学意味的词语,怎么可因它"浅易"而轻易放过呢?"操"、"持"二字貌似"浅易",但并不"浅易"。这些知识教师如果不点拨一下,学生恐怕永远明白不了。

"持"和"奉"还是有区别的。如《廉颇蔺相如列传》:"相如奉璧奏秦王。秦王大喜,传以示美人及左右,左右皆呼万岁。相如视秦王无意偿赵城,乃前曰:'璧有瑕,请指示王。'王授璧。相如因持璧却立,倚柱,怒发上冲冠。"奉,是双手高举,表示敬意,故有"敬奉"、"恭奉"的说法。持,仅是上托,端在怀里也可以是"持",就不一定是高举了。"持璧却立",说端着玉璧退立。显示在不同语境中的词义的灵活性,而其基本意义还是没有变。

古书里头又有"持剑"、"持刀"、"持盾"的说法,和"操"、"执"也是有区别的。《鸿门宴》:"沛公则置车骑,脱身独骑,与樊哙、夏侯婴、靳强、纪信等四人持剑盾步走,从郦山下,道芷阳间行。"这个"持"字不能简单地释为"拿"、"带"、"执"等,持剑,说手举起来,剑鞘朝上。持盾,说手托举起盾。可以看出其警戒的程度,表现出随时准备格斗的样子。不论怎样解释,还是没有超越出"手向上托"的基本意义。

与"持"的动作相反的词是"握",其常用义是手由上向下,攥在手里。《廉颇蔺相如列传》:"臣尝从大王与燕王会境上,燕王私握臣手,曰'愿结友'。"握手,说把他人之手攥在自己手里。握,自上向下的动作。《诗·小雅·小宛》:"握粟出卜,自何能谷?""握粟",向下攥一把粟在手内。《礼记·王制》:"宗庙之牛角握,宾客之牛角尺。"注:"握,谓长不出肤。"说攥在手中没露出来。握字从手、屋声。"屋"是屋顶之意。杜甫《茅屋为秋风所破歌》"卷我屋上三重茅",即用"屋顶"本义。手象屋顶自上而下,故曰"握"。引申为"怀藏"、"控制"。《屈原列传》:"何故怀瑾握瑜,而自令见放为?"怀、握对文,握是"怀藏"的意思。《淮阴侯列传》:"且汉王不可必,身居项王掌握中数矣。"掌握,即控制。这个意义的"持"字是不具备的。虽然古书有"握持"连用的情况,但多数情况下是有区别的。

再说"把"和"秉"。"把握"有时连用,《汉书·食货志》:"其为物轻微易臧,在于把握,可以周海内而亡饥寒之患。"二字没有分别。"把"、"秉"的常用义,都表示用一手从旁握住。《荆轲刺秦王》:"秦王必喜而见臣,臣左手把其袖,右手揕其胸。"《周本纪》:"武王左杖黄钺,右秉白旄以麾。"《孟子·告子上》:"拱把之桐、梓,人苟欲生之,皆知所以养之者。"赵岐注:"拱,合两手也。把,以一手把之也。"其实"把"、"秉"是有所区别的:"把"所系带的宾语多是实物名词,"秉"所系带的宾语多是抽象名词。所以,"把酒"、"把臂"、"把剑"、"把刀"等皆不得换作"秉",而"秉权"、"秉心"、"秉道"、"秉政"等也皆无法换作"把"。

如果教师有意识地将这些"浅易"的词语贯通起来,结合课文出现的词例,给学生讲解分析,会起到事半功倍的教学效果。切忌因其"浅易"而不作深入思考、研究,再"浅易"的文言文,还是"阅读"不了。文言文的教学侧重点是常用词、常用意义,这是阅读文言文的基础。离开这个基础,只能是胡说一气了。类此貌似"浅易"的常用词、常用义,而实际上在不同语境中,并不那么"浅易",很需要辨析、把握、体会原文的确切含意。

【观察者点评】"操"、"执"、"持"、"握"、"把"、"秉"这些词语,"词典义项"接近,但"语境义"不同,你能够辨析吗?

【要点评议】

这里所说的"常用",是中学文言文中出现频率较高的词汇。这些词汇按其特征可以归纳为两类:一是古今"同中有异"的常用词。它们大多不止一个意义，而字义又受同时代限制，不能用现代的字义去理解，也不能用后起的字义去理解时代在前的文字。二是对某些词不能光浅表地知道，它们是能集中体现作者情意和思想，或是需要学生调动生活经验具体感受的字词。黄老师以此为例强调文言文教学要侧重常用义，详细地分析了具体语言细节所产生的表达效果。

二、教师备课要经历的五个步骤

文言文备课到底要参考什么资料，阅读哪些书？我以为可从以下五方面来考虑：

第一，对勘所选课文的版本

备课的第一步是对勘课文的版本。语文课本中所选的每篇古文，首条注释均注明其出处。人教社 2006 年版高中第一册新课程标准《语文实验课本》所选王羲之《兰亭集序》，首条注释："选自《晋书·王羲之传》(中华书局 1974 年版)"。目的是告诉语文教师选文出处，提供教学参考的依据。因为这是选文，内容就不是很完整。若要全面了解王羲之以及作《兰亭集序》的历史背景，很有必要参考一下《晋书·王羲之

【观察者点评】你备课的第一步又是什么？

传》。同时，语文教师透过首条注释，了解到选文流传的版本情况，以及教材所选版本适当与否。所以，根据教材注释所提供的信息，教师备课时必须将《晋书·王羲之传》找来对照和参考。语文教师需要具备一丝不苟的态度，认真对勘。这样做既有必要，又有好处。人教社 2002 年以前出版的高中语文课本收入陶渊明《归园田居》，其中"草屋八九间"，就出现过"草屋七八间"这样低级的错误，若不与原书对勘，就不易发现。

教师必须具备版本知识。版本的选择是读古书的第一步，如果这一步没有走对，往后会出现一系列麻烦。选文的原则是：选择比较早、内容相对完整可靠、讹误较少、没有经后人删改的版本。应该承认，现在语文教材中所选课文的版本多是可靠的，但是也有不到位的地方。如：《谏太宗十思疏》这篇课文编入《高中语文课本》(人教版)第二册，注释说："选自《魏郑文公集》"。而在明以前并不见有《魏郑文公集》流传，只有唐代王方庆辑录《魏郑公谏录》五卷与元代翟思忠辑《魏郑公谏续录》二卷。而事实上，这两种书都未收《谏太宗十思疏》。《魏郑文公集》这部书最早见录于清光绪五年(1879)

【要点提炼】人教版（第二册）、粤教版（第四册）、苏教版（第二册）的高中语文教材中选入的《谏太宗十思疏》，其注释中的选文不真实，且真实的选文版本较晚。

王灏编纂的《畿辅丛书》中，后又见于上海商务印书馆1937年出版的《丛书集成初编》中。由此可知，明以前根本不存在《魏郑文公集》，它是在晚清时期辑录、拼合成书的。所以，课文"选自《魏郑文公集》"就很不合适。

事实也正是如此。课文里有"竭诚则吴越为一体，傲物则骨肉为行路"这样一句话，注释说："吴国和越国，春秋时两个敌对的诸侯国。"查对这篇文章的出处，发现收录比较早的文献，有唐吴兢编纂的《贞观治要》、五代刘昫撰写的《旧唐书·魏征传》、北宋太平兴国七年李昉等编辑的《文苑英华》、南宋无名氏纂《增注策》、明初永乐十四年杨奇编纂的《历代名臣奏议》、清初朱轼编辑的《史传三编》、清初李卫等编录的《畿圃通志》、清初蔡世远编选《古文雅正》、康熙二十四年编选《御选古文渊鉴》、康熙四十九年编辑的《御定渊鉴类函》、乾隆三年编辑的《御定执中定宪》等书，其中"吴越"皆作"胡越"。元代戈直《贞观治要》注："胡越者，极南北之间，言至异可同也。"可见，魏征原文作"胡越"：胡，代表最北面的民族；越，代表最南端的民族。"胡越为一体"，说至远、极近皆可以成为一个整体，"胡越"与下句"骨肉"表示至亲、至近成反对。改"胡"为"吴"，当是清人所为。清代的皇室是满族的血统，是属"胡"、"夷"。凡古书里出现"胡"、"夷"、"虏"等，清代都成为忌讳，一律删改。《谏太宗十思疏》这篇课文多有删节，如"承天景命"下，《贞观治要》等书原有"莫不殷忧而道著功成而德衰有"十三字；"克终者盖寡"下，《贞观治要》等书原有"岂其取之易而守之难乎昔取之而有余今守之而不足何也"二十四字。后来，将课文与清吴楚材、吴楚调编选的《古文观止》对勘，发现二者完全一样。说明课文选自《古文观止》，而非《魏郑文公集》，注释所提供给语文教师的信息是不真实的。粤教版《高中语文》（第四册）、苏教版《高中语文》（第二册）都选《谏太宗十思疏》，都将"胡越"作"吴越"。粤教版注说："选自《旧唐书·魏征传》（中华书局1975年版）。"查《旧唐书·魏征传》（中华书局1975年版）明明作"胡越"。而且，其所删改内容与《古文观止》完全一样，实际其所依据者，仍为《古文观止》。这是睁着眼睛说瞎话，与学术造假有何区别？苏教版注说："选自《全唐文》。"殊不知《全唐文》是清康熙时期董浩主持编纂的，所以也将"竭诚则胡越为一体"改作"竭诚则吴越为一体"，非其旧文原貌。为什么偏偏不选用比较可靠的《旧唐书》或《贞观政要》呢？课本编纂者怎么连这点基本的历史文献知识都没有呢？

第二,参考古注

　　古书注释自汉代就开始了,汉代儒生对先秦时期的大量文献著作进行整理、注释,为后人留下了丰富的文化遗产。汉初对《诗经》注释,就有鲁、齐、韩、毛"四家":鲁申公有《诗故》《诗说》,齐后苍有《齐后氏故》《齐孙氏故》,韩婴有《韩故》《韩诗内外传》,毛亨有《毛诗故训传》等。现在只有《毛诗故训传》流传下来。至东汉末,郑玄作《毛诗笺》,唐孔颖达作《毛诗正义》,这就是《十三经注疏》本所收《毛诗注疏》。今天语文教师教授《诗经》作品,既不应该,也没办法绕过《毛诗注疏》,而是必须认真阅读,在备课时加以参考。不仅《诗经》如此,《左传》《论语》《孟子》《荀子》《楚辞》《史记》《汉书》《后汉书》《三国志》《昭明文选》《世说新语》等等,皆有汉、唐时期的古注,都是语文教师备课时必须参考的重要文献著作。

> 可参读黄灵庚《训诂学与语文教学》等专著。

> 【观察者点评】这些文献著作,你了解过吗?在教学过程中查阅过吗?

　　语文教材中的课文注释多是在参考古注基础上进行的。但是,对于历代流传于今的古注需要有所分辨,即哪些注释比较可靠,哪些注释不很可靠。一般来说,越早的注释越可靠,越后的注释越不可靠。这是因为早期的注释,如汉注之类,离原著时代比较近,对于原著的词义、语言、习俗、文化等比较熟悉,而千年以后再去读千年前的著作,自然会有生疏之感,其所注内容要打折扣了。所以,备课的第二步是参考古注,特别要参考最早的注释,尤其是汉、唐注疏,南宋以后的古注(清代属例外)一般不作参考。

　　人教版新课标实验课本初中《语文》(第七册上)选《论语十则》。第一则选自《学而》:

子曰:"学而时习之,不亦说乎? 有朋自远方来,不亦乐乎? 人不知而不愠,不亦君子乎?"

课文对这段古文中的"子"、"时习"、"说"、"愠"等字作了注解,说"子"是"先生,指孔子";"时习"是"时常复习";"说"是"悦的古字,愉快";"愠"是"生气、发怒"。究竟注得怎样? 是否准确可靠? 参考《论语》的古注即可明白。现存《论语》最早注释是三国魏何晏《论语集解》。"集解",是产生于魏晋时期注释古书的"体式",表示汇集前世所有注释材料的意思,具有"集大成"性质。何晏《论语集解》,则是汇集、保存了两汉时期所有注释《论语》的材料,非常珍贵,当是备课首选的参考著作。除此以外,有梁皇侃《论语疏义》,北宋邢昺《论语疏》和清刘宝楠《论语正义》,都很值得参考。

何晏《集解》,其注"子"字,则引东汉马融曰:"子者,男子通称也,谓孔子也。"说明"子"是男人的"通称",课文怎么可以释作"先生"? 确实不妥。

何晏注"时习",引三国魏王肃曰:"时者,学者以时诵习也。"王氏的"以时",据皇侃之意,"时"之义并非如此简单,他说:"凡学有三时:一、身中时。《学记》云:'发然后禁,则扞格而不胜,时过然后学,则勤苦而难成。'故《内则》云'十年出就外傅,居宿于外学书记;十有三年学乐、诵、诗、舞、勺,十五成童舞象'是也。二、年中时。《王制》云:'春秋教以礼乐,冬夏教以诗书。'郑玄云:'春夏,阳也。诗乐者声,声亦阳也。秋冬,阴也,书礼者事,事亦阴也。互言之者,皆以其术相成。《文王世子》云:'春诵,夏弦,秋学礼,冬读书。'郑玄云:'诵谓歌乐也,弦谓以丝播诗,阳用事,则学之以声。阴用事,则学之以事,因时顺气,于功易成也。'三、日中时。《学记》云:'故君子之于学也,藏焉,修焉,息焉,游焉。'是日日所习也。言学者以此时诵习,所学篇简之文及礼乐之容,日知其所亡,月无忘其所能,所以为说怿也。"则"时"之义包涵人之"一生"学习的阶段,又包涵"四时"及"每日",内涵极为丰富,绝非教材注释"时常"可以道尽。

"说"字,更非"愉快"一义。皇侃以"说"、"乐"二字作比较,说:"说之与乐,俱是欢欣,在心常等而貌迹有殊。'悦'则心多貌少,'乐'则心貌俱多。所以然者,向得讲习在我,自得于怀抱,故心多曰'说'。今朋友讲说,义味相交,德音往复,形彰在外,故心貌俱多曰'乐'也。"意思是说,'说'之为喜悦,在于内心;"乐"之为喜悦,在于外貌。唐代陆德明说得更明白:"谯周云:'悦深而乐浅。'一云:自内曰悦,自外曰乐。"由此可知,孔子"学而时习"所获得的"喜悦",多于"有朋自远方来",那么他重于"学习"昭然若揭,不待多言。

"朋",今多以为"朋友"。何晏引东汉包咸:"同门曰朋。"何谓"同门"? 邢昺说:"郑玄注《大司徒》云:'同师曰朋,同志曰友。'然则'同门'者,同在师门以受学者也。朋,即群党之谓。故子夏曰:'吾离群而索居。'郑玄注云:'群谓同门朋友也。'此言'有朋自远方来'者,即《学记》云:'三年视敬业乐群也。'同志谓同其心意所趣向也。朋疏而友亲,朋来既乐,友即可知,故略不言也。"可知《论语》"朋"字的原意指"同师门者",犹今说"同学",不能解作"朋友"。

"愠"字释为"生气、发怒",虽是采用何晏"愠,怒也。凡人有所不知,君子不怒也"之说,其实还得参考他注。唐陆德明引郑云:"愠,怨也。"怒、怨是有所区别的:蕴积于内而未外泄者曰"怨",又曰"愠";宣泄于外者曰"怒"。意思是说,君子为人所不知,连心里头生气一下都没有,更莫说抱怨牢骚了,足见君子为人豁达、开通。如果不去参考一番旧注,恐怕百思未得其解。

第三,广泛参考现代人研究成果

语文教师备课时应该关注现代研究者的研究成果,合理采用、吸取。如:曹操《短歌行》:"契阔悠谈,心念旧恩。"注释说:"契阔悠谈:久别重逢,欢饮畅谈。契阔,久别重逢。"大概"阔"为"久别"、以"契"为"重逢"。其实不然,契阔,原出《诗·击鼓》"死生契阔",毛《传》谓"勤苦",以后未有确解。清黄生《义府》卷上:"'契',合也;'阔',离也。与'死生'对言。"而其说《击鼓》"契阔"义在于"阔",说"今日从军,有'阔'而已,'契'无日也;有'死'而已,'生'无日也"。此视"契阔"为复词偏义。但是,"契阔"又有义主于"契"者,说"今人通以'契阔'为隔远之意,皆承《诗》注之误"。

钱钟书先生在《管锥编》中更明确指出,"契阔"之义,"要皆以二字并而不分。既并而不分,复渐偏主'隔远',或言'勤苦';如高适《哭单父梁九少府》'契阔多别离',即《魏书》高祖语意,以'阔'吞并'契'也。以'契'吞并'阔'者,亦复有之;如繁钦《宾情诗》:'何以致契阔? 绕腕双跳脱'。合之上下文以臂环'致拳拳'、指环'致殷勤'、耳珠'致区区'、香囊'致和合'、佩玉'结情思',则'契阔'乃亲密、投分之意,与'随事而疏'适反。魏、晋、南北朝,两意并用;作'阔隔'意用者,沿袭至今;作'契昵'意用者,唐后渐稀。"黄、钱之说至确。说明在古代"契阔"之义是合体单用的,绝无既有"契合"、又有"阔隔"的双重意义。至于到底是"契"还是"阔",视不同语境而定。曹操《短歌行》"契阔悠谈"，义主于"契合"而吞并"阔隔"。故据黄、钱之说，"契阔"宜释"亲密"、"投分"为允当。

【要点提炼】白居易《琵琶行》中"翻作"是摹拟其所弹乐曲写为《琵琶行》的诗。"翻"是摹拟，"作"是写作、改编。

白居易《琵琶行》："莫辞更坐弹一曲，为君翻作琵琶行。"新课标高中语文课本中的注释说："翻作，写作。翻，按曲改编歌辞。"翻，是摹拟，说摹拟其所弹乐曲写为《琵琶行》的诗。"作"才是"写作"、"改编"，而"翻"不能释为"写作"或"改编"。王锳已发明其义，可以加以参考。其引例说："窦巩《少妇词》诗：'梦绕天山外，愁翻锦字中。'权德舆《晚秋陪崔阁老张秘监阁老苗考功同游昊天观》诗：'丽句翻红药，佳期限紫微。'许浑《赠裴处士》诗：'字形翻鸟迹，词诗合猿声。'洪迈《渔家傲引》词：'长浮家而醉月，更辍棹以吟风，乐在生涯，翻在乐府。'曾觌《玉楼春》词：'美人试按新翻曲，点破舞裙春草绿。'辛弃疾《贺新郎》词：'艇子飞来生尘步，唾花寒，唱我新番句。'其字作'番'，义并同。"可见这个"翻"字多与音乐有关，不当作"写作"理解。

陶渊明《归园田居》："开荒南野际，守拙归园田。"新课标高中语文第二册注释说："守住自己的愚拙，回乡过田园生活。"诗的题目称"园田居"，是专有名称，非泛指乡间"园田"。袁行霈《陶渊明笺注》说："'园田居'乃渊明之一处居舍（另有'下潠田舍'等），其少时所居，地近南山，即庐山。"其说极是，当据采录。据逯钦立所考，渊陶家世显赫，曾祖陶侃官至大司马，祖父陶茂官武昌太守，父陶逸官安城太守，历三世仕宦，是东晋公认的"洪族"，后来，"陶渊明的贵族家庭虽然没落，但还是拥有不少别业园田"，即诗文中的"园田居"、"下潠

【要点提炼】陶渊明《归园田居》中"园田"，是专有名称"园田居"，非泛指乡间"田园"。

田舍"、"南村"、"柔里"就是。又《归去来兮辞》："归去来兮，田园将芜胡不归。"逯氏"田园"下引《宋书》作"园田"。旧本当"园田"。陶渊明作《归去来兮辞》和作《归园田居五首》皆在其四十一岁前后，园田，即园田居，非泛指普通的田园。故"田园"当改作"园田"，且当补注："即园田居，陶渊明在庐山旧居名。"土地久不耕种称为"芜"，室舍久无人居亦称"芜"。陶渊明《拟古诗九首》："自从分别后，门庭日荒芜。"沈约《奉和竟陵王刘瑱墓诗》："日芜子云舍，徒望董生园。"

第四，当注而未注者，需加以补充

《蜀相》："映阶碧草自春色，隔叶黄鹂空好音。"此诗收入《普通高中语文》课本第三

册,没有注释。"映"字通常作"映照"、"辉映"讲,"映照石阶"就说不通,"映"字当注。映,六朝以后多作"遮蔽"、"覆盖"讲。杜诗就有诸多例证。《遣兴三首》:"耕田秋雨足,禾黍已映道。"说禾黍遮蔽道路。《别唐十五诫因寄礼部贾侍郎》:"雄笔映千古,见贤心靡他。"说雄笔蔽盖千古。《解闷十二首》:"忆过泸戎摘荔枝,青峰隐映石逶迤。"《往在》:"赤墀樱桃枝,隐映银丝笼。"《佐还山后寄三首》:"葳蕤秋叶少,隐映野云多。"隐映,平仄复词。又《复阴》:"万里飞蓬映天过,孤城树羽扬风直。"《暮秋枉裴道州手札率尔遣兴寄近呈苏涣侍御》:"忆子初尉永嘉去,红颜白面花映肉。"《秦州杂诗二十首》:"对门藤盖瓦,映竹水穿沙。"《晚晴》:"夕阳薰细草,江色映疏帘。"《观李固请司马弟山水图三首》:"方丈浑连水,天台总映云。"《江畔独步寻花七绝句》:"江深竹静两三家,多事红花映白花。"《中丞严公雨中垂寄见忆一绝奉答二绝》:"雨映行宫辱赠诗,元戎肯赴野人期。"《弊庐遣兴奉寄严公》:"野水平桥路,春沙映竹村。"《雨不绝》:"鸣雨既过渐细微,映空摇飏如丝飞。"《茅堂检校收稻二首》:"种幸房州熟,苗同伊阙春。无劳映渠碗,自有色如银。"《柏学士茅屋》:"笔架沾窗雨,书签映隙曛。"《陪郑公秋晚北池临眺》:"独鹤元依渚,衰荷且映空。"上述诗句中的"映"字,均解作"遮蔽、覆盖"义。

【观察者点评】参考古注发现,六朝以后"映"多作"遮蔽"、"覆盖"讲。课本没有作注,教师如不深入,学生很容易含混地将就过去。

《孔雀东南飞》:"举手长劳劳,二情同依依。"举手,课文未注,大概当作普通意义,即是"抬手"的意思。其实不然。举手,古有三义:一是"抬手",二是"拱手",三是"举首"(抬头)。这很需要依据不同语境而给予确切解释。据此诗意,叙写二人分别场景,"举手"应作"作揖拱手"讲。如阮籍《阮籍全集》:"王子十五年,游衍伊洛滨。朱颜茂春华,辩慧怀清真。焉见浮丘公,举手谢时人。轻荡易恍惚,飘飘弃其身。飞飞鸣且翔,挥翼且酸辛。"谢,辞别;举手,即作揖拱手。李白《赠薛校书》:"我有吴越曲,无人知此音。姑苏成蔓草,麋鹿空悲吟。未夸观涛作,空郁钓鳌心。举手谢东海,虚行归故林。"司马光《登平陆北回瞰陕城奉寄李八太学士使君二十二》:"举手辞双戟,腾装改北辕。乌飞城树晓,雁泊野芜喧。耿耿清标阔,涔涔宿酒昏。"苏轼《如梦令·题淮山楼》:"城上层楼叠巘,城下清淮古汴。举手揖吴云,人与暮天俱远。魂断,魂断,后夜松江月满。"吕渭老《水调歌头》:"织女回车相劳,指点虚无征路,翻动月明船。举手

【要点提炼】据此诗意,叙写二人分别场景,"举手"应作"作揖拱手"讲。

谢同辈,岂复念渔竿。"杜范《七夕歌》:"何如凤箫缥缈猴山巅,举手辞世乘云軿。我欲浩歌痛饮秋风前,仰视星斗奕奕纷罗骈。安得壮士横笛一声吹上彻九天。"王元宗《临终口授铭》:"举手长谢,亦复何言?示人有终。"高启《蔡经宅》:"昆仑主者王方平,身骑黄麟朝紫京。举手长辞汉公卿,得道不愿世上名。"清朝《房县县志》:"房陵有猎人善射,矢无虚发,一日遇猿,凡七十余发皆不能中,猿乃举手长揖而去,因弃弓矢不复猎。"以上所列,"举手"分别与"谢"、"辞"、"揖"等词语连用,"举手",即"作揖拱手"之义。

第五,求真务实,发明新义

语文教学,尤其是文言文的字词教学讲求内容准确无误,语言规范,有章可循,厚重朴实,而不是花里胡哨、形式翻新,一味玩弄"花样"。求"新"的前提是求"真",如果为了"新"害于"真",都将给语文"教"与"学"带来无穷危害。评价语文教师课堂质量和教学水平,首先看他在课堂上所传授的语文知识是否准确无误、真实可靠。倘若在课堂上讲得眉飞色舞,"生动有趣",而连最基本的词义常识都没有到位,或者谬误百出,能算是个优秀的语文老师么?如果无视语文知识的"真",越是"生动有趣",其贻误学生的危害也就越大。语文教师要认真备课,用心钻研,敢于较"真"、求"真"。对于教材中所发现的疏误,有责任、有义务予以纠正,切不可盲目依从,奉课本为金科玉律,尽信其注,以讹传讹,误人子弟。只有这样,才能有所发现、发明,提高课堂教学质量。

【要点提炼】"如怨如慕",课文未注"慕"字之义,大概以为其义普通,解为"爱慕"、"眷恋"或"怀爱",与此文渲染"悲愁"者扞格不合。其实,"慕"即"悲哀"。

苏轼《赤壁赋》:"如怨如慕,如泣如诉,余音袅袅,不绝如缕。"此文已选入人教版依据新课程标准编写的、《高中语文实验课本》第一册和《普通高中语文课本》第四册。课文未注"慕"字之义,大概以为其义普通,因而解为"爱慕"、"眷恋"或"怀爱",则与此文渲染"悲愁"者扞格不合。其实,"慕"即悲哀之义,相反为训,始见于汉。《史记·韩安国传》:"梁王恐,日夜涕泣以思慕,不知所为。"《汉书·元帝纪》:"人怀思慕之心,家有不安之意。"思,愁也。思慕,平列复语,慕亦谓愁。《匡衡传》:"陛下秉至孝,哀伤思慕,不绝于心。"《韦玄成传》:"皇帝思慕悼惧,未敢尽从。"《元后传》:"先帝弃天下,根不悲哀思慕。"思慕,皆言悲愁。蔡邕《东留太守胡硕碑》:"痛心绝望,切怛永慕。"永慕,谓永伤。《太傅胡广碑》:"故吏济阴池喜感公之义,率慕黄鸟之哀。"谓"率伤黄鸟之哀"。《济北相崔君夫人诔》:"情兮长慕,涕兮无晞。"长慕,谓永悲。繁钦《与魏太子书》:"暨其清激悲吟,杂以怨慕。"怨慕,谓哀怨。无名氏《平舆令薛君碑》："身殁言存，是谓不朽，于我吏民，悲慕罔已。"曹植《卞太后诔》："百姓歔欷，婴儿号慕。"《三国志·魏书·后妃传》注引《魏书》："逸毙，加号慕，内外益奇之。"注引《翻别传》："弃骸绝域，不胜悲慕，逸豫大庆，悦以忘罪。"《古文苑》邯郸淳《曹娥碑》："时娥年十四，号慕思盱，哀吟泽畔。"《宋书·礼志二》："思慕烦毒，欲诣陵瞻侍，以尽哀愤。"又："痛慕摧感，永无逮及。"又："今者谒陵，以叙哀慕。"《晋书·左贵嫔传》："中外俱临，同哀并慕。"《安献平王孚传》："奄忽殂陨，哀慕感切。"王劭《书》（出《淳化阁帖》三）："劭白，明便夏节，哀慕崩摧，肝心抽绝，烦冤弥深，不自忍任，痛当奈何！"王羲之《杂帖》："永惟崩慕，痛彻五内。"又："兄灵柩垂至，永惟崩慕，痛贯心膂，痛当奈何！"又："得长风书，灵柩幽隔卅年，心想平昔，痛慕崩绝，岂可居处。"谢安《与某书》："每念君，一旦知穷，烦冤号慕，触事崩踊，寻绎荼毒，岂可为心？"又："号慕崩痛，烦冤深酷，不可居处。"陶潜《士孝传赞·高柴乐正子春孔奋黄香》："九岁失母，思慕骨立，事父竭力以致养。"《庶人孝传赞·江革廉范汝郁殷陶》："父母终，思慕委毁，推财与兄弟，隐于草泽，君子以为难。"无名氏《简文帝哀策文》："攀龙辀以号慕，抚素臆以泣血。"《梁书卷·孝行传·滕昙恭》："每至忌日，思慕不自堪，昼夜哀恸。"或"号慕"，或"思慕"，或"怨慕"，或"痛慕"，皆平列同义，"慕"谓"哀痛"，课文当补注。

　　人教版第二册《种树郭橐驼传》："他植者虽窥伺效慕，莫能如也。"注释说："窥伺效慕：暗中观察，效仿羡慕。""慕"，不能解释为"羡慕"。《说文·心部》："慕，习也。"引申为"仿效"。《三国志·蜀志·董和传》："苟能慕元直之十一，幼宰之殷勤，有忠于国，则亮可以少过矣。"是说能仿效元直的十分之一，可以少犯过失。慕，是仿效。效慕，平列同义，多连用，为复合词。"慕"亦"效"也。如《七国春秋平话》卷上："那燕王老耄不能治国，欲慕唐尧、虞舜授禅的道理，欲将国政让与子之做燕王。"效慕，是并列复合词，"慕"即"效"的意思。《宋史·李光传》："傥因斯时，显用一二耆豪，以风厉其党，必更相效慕。"朱熹《与刘德修》："窃窃私为同志一二君子道之，盖不唯欲以少效慕用之，诚亦冀转以闻于左右，而求所以善其后也。"宋黄震《黄氏日抄》卷十九《读礼记》："方八蜡之神，使得与诸方通祭，以歔动民心，使之效慕也。"元胡祗遹《至元壬午秋旱米涌贵人绝食禁糜黍作酒因以除酒课焉喜为之赋诗》："竹林七贤称达士，开元八仙争效慕；士风放旷亦如是，四海巫风了晨暮。"明宋濂《静学斋记》："孔明之学惟本乎此，故其所为，当世无及焉,至今无有非焉者,而又从效慕之,区区霸术之徒,固不能然也。"明王世贞《弇山堂别集》卷九十三《中官考》四:"京师人多效慕之,一时侈物价贵,多于往时,不可计料云。"上述诗文中的"慕"均为"仿效"义。

【要点评议】

　　黄老师认为教师在进行文言文备课时,需要"五步走":一是对勘所选课文的版本;二是参考古注;三是广泛参考现代人研究成果;四是当注而未注者,需加以补充;五是求真务实,发明新义。归根结底,语文教师要有良好的语文素养,要充分利用工具书,多读多思考,切忌迷信教材与教辅资料。

资源链接

　　1. 袁家麟. 训诂学同中学语文文言文作注和教学浅谈[J]. 南京师大学报(社会科学版),1990(4).

　　2. 朱光潜. 诗论[M]. 上海:上海古籍出版社,2005.

　　3. 朱自清. 经典常谈[M]. 北京:北京出版社,2002.

　　4. 童志斌. 细读文本,因字解文——《始得西山宴游记》文本解读[J]. 语文学习,2011(12).

　　5. 李卫东. 如何确定文言文的教学内容[J]. 中学语文教学,2011(6).

后续学习活动

　　任务1:阅读荀子《劝学》全文,了解先秦诸子散文的语言特点。

　　任务2:人教版、苏教版高中语文教材都节选了荀子的《劝学》,你觉得最应该选取哪一个版本?

　　任务3:人教版、苏教版所节选的《劝学》,你觉得哪些常用字需要我们关注,教材已有注释是否存在可疑之处?请查阅相关文献加以求证。

实现"文化渗透"的文言文教学

——文言文教学内容确定的基本要领

专家简介

褚树荣,浙江省宁波市教研室语文教研员,特级教师,教授级高级教师。著有《教室的革命:语文主题活动新探索》(浙江教育出版社)、《高中阅读教例剖析与教案编制》(广西教育出版社)、《褚树荣讲语文》(语文出版社)等。

热身活动

1. 回想一下你本人和你所接触过的《小石潭记》、《湖心亭看雪》、《秋声赋》的教学设计,与褚树荣老师在讲座中的要求是否一样?

2. 试着朗读《阿房宫赋》中的片段:"明星荧荧,开妆镜也;绿云扰扰,梳晓鬟也;渭流涨腻,弃脂水也;烟斜雾横,焚椒兰也。雷霆乍惊,宫车过也;辘辘远听,杳不知其所之也。一肌一容,尽态极妍,缦立远视,而望幸焉。"思考一下,面对这段文字,你准备教什么?

学习目标

1. 了解"因质定教"、"因学定教"等文言文教学内容确定的基本要领,在教学设计时,能够有意识地从这些维度去把握具体的文本。

2. 了解文言文教学的"文化渗透"的具体内涵。

一、对文言文教学问题的思考

在座的同仁们请想一想,我们今天讲文言文教学,究竟是在怎样的语境下说这样的话题的? 讲起我自己的体会,讲起文言文教学总觉得自己经验不足,很惭愧,因为我们总跟文言文有着遥远的距离,我们虽然很努力,但是总有一点隔膜。

【观察者点评】你觉得你跟文言文有"遥远的距离"与"隔膜"吗?

我们经常会想起这些问题,就是在匆忙的生活状态当中,还有没有自觉、自愿的读点古诗词的念头? 仅仅是向往而已,没有时间。我们阅读一篇精美的古诗(文),有没有内心的喜悦、赞叹,想斗酒百篇,我们有这种内心的喜悦和冲动吗? 是不是很多时候,我们仅为了完成明天的两堂课而搜罗许多的参考资料,我们把这个过程变成完全的枯燥、乏味的职业化过程。

【观察者点评】"非常荒谬的场景",你同意这种说法吗?

我们有时候放下教本,离开学校,到外面走一走,在喧嚣的社会当中,我们能够凝神片刻吗? 这是一个怎样的世界,它为什么会变成这样? 我究竟处在什么样的社会,我究竟是什么样的人? 曹文轩先生说:凝视这个世界是没有意义的,没有价值的。我们还有这个习惯吗? 我们还能以优雅、古老的语言描述我们的心情吗? 我们这个社会还能尊重这种风雅的诗兴和宝贵的诗文吗? 我们会嘲笑它们吗? 所有这些问题好像都经不住这轻轻的几句提问。这就是我们现实的语境,我们是在这样的语境下接触那些源远流长的文化,形成了一种非常荒谬的场景。一方面我们是非常反对和排斥这种文化的,但是我们在课堂里面又要给孩子讲这些东西。一方面我们没有这样的一种情怀,这样的一种兴趣,但是我们居然以这样的言说者,来向孩子们展示那个时候的人、文化究竟是怎样的。

相对教学技巧来说,相对语文老师对古诗词的理解水平来说,我觉得非常重要的一点是什么? 是一种情怀,是一种趣味。如果说你有一种人文的情怀,对这个世界的自然、山水、包括自己有一种关怀的情怀，甚至你对一条鱼、一棵草、一朵花都能带着欣赏的眼光，这么一种情趣或者是趣味，我们才能跟古人对话，我们才有资格跟一首好诗，一篇好的文章对话。所有这些我们有吗？所以我想，一种情怀、一种趣味，也是一个人阅读的能力。教学的情怀是前提性的东西，而现在我们这些东西都淡退了。文言文都是博大精深，源远流长的；我们的语文老师拥有这种情怀，我们才有自信把古诗文教得更好。这是一个前提。如果前提缺少的话，我们都是门外汉，还没有进去。

> 【观察者点评】你具备了这样的"前提"了吗？有没有"进去"呢？

于是我们今天的言说，特别是我接下来的一些说法都是隙中望月，雾里看花。我们想尽量地逼近真实世界，那个真相、那个规律，但是我们永远无法企及，就是这个道理。所以我们好像都处在黑暗的洞穴当中，在那里守望光明，然后谨慎地向着彼岸出发。

当然，有这么一点努力还是有一点点希望的，但是做出这种努力的人不止我们今天下午在这里的一些人。比如说，那些人都在探索，有些事是歧路，有些是正途。比如说有人教《劝学》，他会教这些内容：有的标题下注"荀子"，有的是《荀子》，你看哪一个正确？上网搜集资料：探求"风月到底是如何形成的"、"龙到底生活在哪里"、"蛇鳝到底会不会做穴"；荀子主张"性本恶"，《三字经》却说"人之初，性本善"，哪种说法更有道理？——他们也在"探索"，大家想想看这种探索，他们走的是正道吗？我觉得是邪路。

> 【观察者点评】你平常进行文言文教学时有过怎样的"探索"呢？你走的是不是"正道"呢？

还有一种探索，有人指出，中学要单独设立文言课程，这样才能保证文言文应有的地位；有人主张文言文教学去掉标点，"无标点教学"，我们的祖宗学习文言文就是没标点；也有人主张把注解全部去掉，因为现在我们学文言文基本上是学翻译以后的白话文，不是文言文本身，所以把注解去掉；苏州中学的黄厚江老师，提出文言文教学要文字落实、文章鉴赏、文学欣赏、文化深厚，"四文结合"；还有台湾的王才贵先生到大陆讲诵读经典。——所有的这些都是谨慎的探索，我觉得是有道理的。

二、文言文教学内容确定的要领

这些都是背景性的，现在我们来看第一个话题：内容选择。那么文言文究竟要教什么呢？应该教什么呢？在我看来，可能这 5 个方面或者可以说是 6 个方面，可以成为我们确定文言文教学内容的参考，是一个参考，并不是原则性的东西。

可参读申小龙《汉语与文化》、《语文的阐释》等专著。

第一是"因质定教"。在我看来，文言文有不同于语体文的特点，这个特点就是"正"。所谓的"正"，就是用古代汉语记录的以文章的式样体现的中国古代文化的结晶，这就是文言文。这就是文言文的性质。根据这个"正"，我们可以开发出文言文的教学内容。也就是说，从古代汉语这个层面上，我们可以教虚词、实词、句子翻译和句法，因为它是古代汉语记录的，不是现代汉语记录的。古代汉语的虚词很重要，语气就看虚词的表达，语义就看实词表达，它的句法和章法主要是与句法联系的，这个是复旦大学申小龙教授主张的，有道理的。

如果你说是以文章式样体现的，那我们中学教材里面的所有文言文的篇目，都是文章，《小石潭记》是文章，《湖心亭看雪》是文章，只不过是小品文式样的文章，相当于游记小品，是其中的一类。那么这种文章体式和教学内容之间有没有关系？肯定有关系。我教小品文、教传记文、教诸子散文肯定不一样，所以它的文体特征跟你决定教什么是肯定有关系的。

【观察者点评】你平时教学文言文时关注过课文的"文章体式"吗？

作为中国古代文化的结晶，可能那篇课文就是古代文化的一个窗口，通过这个窗口我们可以对古代文化略知一二。这就是因质定教，我们在确定"文言文教什么"的时候，肯定这些方面是值得参考的，或者是应该去想到的。

那么根据这句话，我们可以推演出另外一句："是什么就教什么。"很重要的，这是一个大白话，但是要做到比较难。比如它是山水游记，我就按山水游记的路数去教。所以文言文既然是以古代汉语字样呈现的中国古代文化的结晶，那么我显然可以开发出三个层面的内容。

第一层面，语言文字的理解和积累。对初中来说这个教学内容非常重要。那么它的价值目标是什么呢？就是读懂文章，就是记得一些东西，将来碰到一些情景能够脱颖而出就对了。

第二层面，文章层面，包括文学形式要素的分析和

【要点提炼】文言文具有文言、文章（包括文学）与文化三个层面的内涵。

鉴赏。文章从实用的角度来讲，文学从艺术的角度来讲，无论从哪个角度来讲，这一要素都是非常重要的。那么这个层面的价值目标是什么呢？多进行鉴赏与学习，培养欣赏能力。

第三个是最高的层面，指对某一些文化传统的渗透。不露痕迹地渗透，自然而然地传承，而不要生硬。这个价值在于熏陶某一种情怀，传承我们传统的文化。

这就是根据"是什么"我们就开发出"教什么"的三个层面。当然"因质定教"有一个优化的原则：这三者地位等同，不可偏废；这三者要循序渐进，渐次提高。你到高三了还一字一句地在那里翻译，学生会感到厌烦。初一的时候你就深谈文化，学生会感觉到云里雾里。三者角度不同，但目标是一致的。三者是要有机融合的，不可割裂。你从一个字的解释、品读和想象当中，就可以触摸到某一种文化的东西。在目前的情形下关注第三层面的教学，关注就是注意而已，而不是以第三层面的教学取代前两个。

比如《湖心亭看雪》。如果从因质定教这个角度来看，哪些东西可以成为比较好的教学内容、教学点？我觉得通过文字把握文义，让学生来感受张岱之"痴"，这肯定是一个教学点。那么大家想想张岱之"痴"是什么"痴"？不是凡人之痴，也不是现代人的痴，我们现代人谁还会深更半夜冒着大雪烧一壶酒到湖心亭看雪，这样的闲情逸致有吗？这也不是现代人的痴，这是一种什么样的痴？名人的"文化之痴"。这个非常重要。

【要点评议】

文言文要"因质定教"，其实就是要充分把握住文言文不同于语体文的"特质"。这一要领的提出，一方面源于文言文作为古代文化遗产的载体，其独特的文化价值；同时，也是依据《语文课程标准》关于"学习古代优秀作品"的"体会其中蕴涵的中华民族精神，为形成一定的传统文化底蕴奠定基础"的要求。朱自清先生在《经典常谈》中关于"古典的训练"的主张、王荣生教授关于"定篇"选文的理论可资参照。

第二个，"因学定教"。这个"学"是什么意思呢？这个"学"就是学情，就是学生。学情不同、学生不同，教学内容就有所区别。这个"学"我们可以升华出哪些问题来呢？比如我们观察出学生的认识规律了吗？我们关注到学生的认识规律了吗？我们是先从鉴赏这个角度来欣赏词句还是通过情景想象的方式进入某一种画面？这两者先后、主次怎么处理好？——我觉得还是通过各种方法先呈现一个场面，让学生深入其中，然后再出来品味这个字词句的妙处，这样相对来说比较符合学生的认识规律。我们关注学生的接受水平了吗？我们提的一些东西是不是单纯老师的一种言说，而学生缺乏呼应的基础，因为我们可能拔得太高。我们关注到学生的兴趣点了吗？

【观察者点评】你关注过学生的认识规律、接受水平与兴趣吗？

第三，"因材定教"。这个"材"是什么？就是教材，体现教材的追求。我觉得教材是需要尊重的，因为编写教材的人是参考权威的阐述，注解怎么编，前言怎么写，练习怎么做，他看了好多的材料才编出这个东西。教学时，要揣摩教材编者有什么意图。

第四，"因文定教"。这个"文"就是当下这篇文章。这篇文章的特点是什么？它决定了教的重点。文章的特点就是教学的重点。好像可以这样说，文章的特点我们可以从不同的角度去理解，这篇文章的形式要素有哪些，这篇文章的内容要素有哪些。我们要通过形式达到这个内容的目标。比如说，《湖心亭看雪》和《小石潭记》，这两篇文章的特点是什么？用简洁、白描的笔法描述一个事件，让这个事件呈现一个场面，这个场面是富有包孕的片刻。为什么这么说？因为在这个场面里面，我们可以看到作者内在的处境。这就是这两篇文章的特点。这个是我们设计教学的重要成分。

"因文定教"可以换成另外一种说法就是"因体定教"。"体"是什么？"体"是体裁，什么样的体裁就有什么样的特点，什么样的特点就制约着什么样的教学内容。

比如《湖心亭看雪》和《小石潭记》这两篇，从文章上讲都是游记小品。短小是一个特点，充满趣味是一个特点，寄托着作者某一种心灵的情感，也是一种特点吧？所以它就成为游记小品的文体特征，这种文体体征实际上跟我们决定的教学内容也是有关系的，我们教这些就可以。

诗歌也一样。它的形式要素有哪些？诗歌教学的三个关键词音韵、意象、炼字是教学重点，我以为音韵和炼字是文章的形式要素，而意象、意境、主旨、情感、寄托等等，都是属于文章的内容要素。可以通过音韵这条途径深入诗歌。

解读古诗词除了音韵以外还有哪些途径？大家也可以来思考一下，如果说音韵这条路，我们叫"因声求气"的话，那这是一条科学的途径。还有很重要的，"知人论世"是中国传统诗论的一个概念，也是我们进入诗歌的一个很重要的道路。还有呢？"披文入情"、"缘景入情",从字面的解释进入,也是很重要的一条道路。还有呢? 从句法、章法、结构进去,也是一条途径。也就是说进入古诗词的途径不止一条,平时我们可能更加注重知人论世、披文入情,而忽略了因声求气,忽略了诗歌是音乐的艺术。当然这条路是很艰险的、很崎岖的,我们缺乏相应的知识积累,所以这是一条探索之路。

第五,"因考定教"。这是难以回避的一个比较沉重的话题,考什么就教什么,现在我们高中的文言文教法基本上就是这样。"考纲"里这么几条,从"理解常见字词在文中的含义"一直到"评价文章的思想内容和作者的观点态度"列了八九条,教学的内容就是这八九条。

可参看本书王荣生、童志斌的"主题学习"《文言文阅读教学设计基本原理》中的"分离"原则。

那么我想,《湖心亭看雪》的教学能应付考试吗? 或者是《湖心亭看雪》教学能有效地应付考试吗? 我们的公开课好看,不顶用,我们也没必要向考试投降,但显然也是要注意的。我想开发文言文教学内容,上面这几条可能是我们要思考的几个维度。

【反思】
　　平常文言文阅读教学时,你更多的是从哪个角度来确定文言文的教学内容? 每篇文言文的教学侧重点是否有所不同? 当你理解"文章体式"等概念之后,可否有意识地反思自己的教学? 学生意识在平常的教学中所占比重是多少? 是否教了许多学生已经掌握的知识,而忽略了这一篇文章的独特个性?

三、文言文教学"渗透文化"的要领

第二个话题,渗透文化:文言文教学的价值追求。我们先来看看朱自清是怎么说的,他说:"我主张中学生应该诵读相当分量的文言文,这是古典的训练,文化的教育"。王荣生的《语文科课程论基础》把我们中学的选文分为四种,其中一种就是"定篇"。什么是"定篇"呢?"定篇就是经典,就是世界和民族文化的经典作品。"那么定篇有定篇的教法,经典教育主要是什么? 我觉得朱自清讲得对,主要是文化的教育。

可参读王荣生《语文科课程论基础》(上海教育出版社 2003版)。

那么究竟怎么教呢？我们还是回到刚才的三个层面上来看一看。首先是从文字层面来渗透文化。当然这个"文化"是很宽泛的概念，音韵、词义（词汇意义、修辞意义、深层意义）、句意（表层意、深层意、修辞意），所有这些都是文字层面的教学内容。

我们来举一个例子，黄厚江老师在教《阿房宫赋》的时候，如何教那个"也"字的？《阿房宫赋》的原文是："明星荧荧，开妆镜也；绿云扰扰，梳晓鬟也；渭流涨腻，弃脂水也；烟斜雾横，焚椒兰也。雷霆乍惊，宫车过也；辘辘远听，杳不知其所之也。一肌一容，尽态极妍，缦立远视，而望幸焉。"我们看他怎么教这个"也"的。他指明请你读一下第二小节。为什么选这段让学生读啊？因为这段的虚词很典型，而主要是靠虚词传达。更何况黄老师对 6 个"也"的理解独到，有话可讲。所以选择朗读的语段也是大有讲究的。

大家数一数这里一共几个"也"？6 个。那你们体会一下这 6 个"也"的作用一样吗？哪一个和其他的"也"的作用是不同的？有没有发现？第二个问题补充及时，降低了思考的难度，规定了思考的范围，否则学生可要每一个都细细地斟酌了，所以有时候教学的散漫和困难就是这种细节不够注意造成的。

可参读申小龙《汉语与文化》、何九盈《汉字文化学》、王贵元《汉字与文化》。

第一问，6 个"也"表达的效果是否一样？你看这么一个问题问下去，学生每个"也"都要琢磨了，一想这样不对啊，难度太大了，于是马上补，有哪个和其他的不一样的？学生很快就说，最后一个。对，前面的 5 个是表示判断，最后的一个是表示强调。其他的 5 个句式表现紧密，最后一个要相对疏离。让我们觉得宫女依然在翘首盼望。下面同学们把课文再读一遍。我认为黄老师这里指导得法、入理。为什么这么说呢？黄老师是从三方面点拨的：一个是从"也"的语气来讲，这 6 个"也"前 5 个表判断，后一个表强调，不一样的。第二个从句子的结构来讲，前 5 句是紧密的并列结构，最后一句稍微不同。这涉及章法的问题。三是从宫女的心理来讲的，最后一句应该和前几句不同。一个"也"字的指导，把内容、结构、语法、修辞、宫女的心理都串起来了。所以我们说这样的文字教学里头有文化，那种对皇上到来急切的盼望、喜悦、焦虑、失落又有一点无奈这种心态，通过这 6 字的朗读，学生差不多可以感觉到。这是什么？我觉得这就是文字教学的文化意味。

看起来好像也没有什么大不了的，就这样简单。有时候我想简单的教学就是成功的教学，现在的问题是我们把简单的东西复杂化了，问题变得太复杂化了，太复杂就折腾了,不知道是什么东西了。

这个给我们的启发是什么?万丈高楼平地起。汉字是象形文字,所以字词教学是基础。这也是应试的需要。汉语是富有音乐性的,单音节、双音节、四音节,是古代汉语基本的结构,所以熟读成诵很关键。这种课文显然学生反复熟读,甚至能背下来就好了,就达到目标了。所以熟读成诵是非常重要的。第三每一个汉字都是汉文化的全息码,所以涵泳贯通是重点。每个字的字义,词汇的意义,语法的意义,修辞的意义,表面的意思,深层的含义,都能够把它从一个字里面看出文化来。

第二层面,文章或者是文学欣赏。从文章体式当中来体现文化,根据文本特征、特点来开发文言文的教学内容。怎么做呢?宁波的毛刚飞老师有很概括的看法:入选到中学教材里面的文言文,基本上可以归为这样10大类,每一类文体都有共同的特点。第一,史事传记类的文章,在春秋笔法中见证历史的波澜和传主的人格。春秋笔法是不是传记文的特点?历史的波澜、传主的人格形象。这里就有两三个教学内容了。我觉得这个开发是对路的。第二,诸子散文类,在神奇想象和飞扬文采中领略逻辑和思想的魅力。尤其是孟子、庄子,孟子的飞扬文采,庄子的神奇想象,这里头包含的逻辑、思想。第三,传奇小说类,在情节中把握人物鲜活的性格。第四,游记小品类,在优美生动的语言(也可以说简练的语言)中感受秀丽山水和名士情怀。第五,政论辩说类,在严密的论证中体会文人的入世精神和思想锋芒。中国传统士大夫都很有担当,很有使命感。第六,诗词散曲类,在古典的意境、和谐的节奏中把握诗人的心灵律动。第七,骈文辞赋类,在铺采摘文、体物写志的形式中鉴赏作者行文技巧和情怀思想。好像所有的赋都可以按这种思路来处理。第八,古代戏曲类,在矛盾巧合的冲突、雅俗共赏的语言中见识风土人情和世俗价值。第九,书信公牍类,在得体言词和真诚达意的张力中感受交往的艺术。第十,序跋赠言类,在客观的叙述和简明的评价中窥见主客著文的意图。

大家看看他的每一句话总结,前面是文体特点,后面是教学重点。这样的一种概括是大致不差的。比如《秋声赋》的教学设计。诵读,然后鉴赏。鉴赏什么呢?首先是精于结构。《秋声赋》的结构有什么特点,这种结构的特点有什么好处?鉴赏点之二,善于铺陈。它表现在哪里,为什么要铺陈?鉴赏点之三,巧于立意。好,这个鉴赏构成了《秋声赋》教学的主要环节,也是一个主要内容。这种思路,就是按照文章体式特点来决定教学内容的,也是在文章体式内容的琢磨当中把一些文化意味渗透进去的。

也就是我们前面说到的"是什么教什么"。你看，音律、节奏，气韵、风格，意向、意境，典故、考据，技法、辞章，这5组概念都是从文体特征中抽取出来的。当你教这些东西的时候，一定会落实到文化的层面上。

【反思】

回忆一下，教学《阿房宫赋》这篇文章时，你的着眼点是什么？是不是文章中的一些基本字词和句式的梳理？引导学生从字面上来理解文章？

回忆一下，之前在做苏轼的《赤壁赋》的教学设计时，文章鉴赏的落点是什么？那么今后呢？

第三个层面，从"文化母题"中建构文化。这个有点陌生。"母题"究竟是什么东西？歌德说"母题"是人类过去不断重复，今后还会继续重复的精神现象。还有人说"母题"实际上就是原型，是一种典型的、反复出现的意象，它可以把一首诗和其他的诗联系起来，是有助于整合统一我们文学经验的象征。大致有这么一个意思在这里，鲍特金讲得更加玄。我的理解是，最早的文学作品中出现的某种情景、旨趣、事件、人物以后不断出现重复，甚至成了后代文学作品中的基本要素，这就叫"母题"。

请总结文言文教学"渗透文化"的三个要领。

如果以这点去看我们中学的教材的话，我们中学的文言篇目，都是可以把它归到相关的"文化母题"当中去的。你看，我们高中的篇目，都可以用这8个字概括的：智慧源头，思想星空。不同的课文，对应着不同的主题。这些主题我们可以称之为"文学的母题"，也就是说我们在这样大的背景性概念之下，再来处理这篇文章的教学。背景定得不一样，处理就不一样。

可以供我们参考的传统文学母题还有：文人登高，名士悲秋，闺妇思亲，客子羁愁，亲友惜别，官宦感时，时人怀古，武士戍边，幽人归隐，雅士聚会。几乎是每一篇文言文，每一首古诗词都可以归纳到或者是放到这10个文学母题当中去，这些是文艺批评家研究出来的。像《小石潭记》，《小石潭记》跟"幽人归隐"有关，《湖心亭看雪》也跟"幽人归隐"有关。如果把这个东西放在作者自身的一系列作品中考察，或者是那一类的作品中考察，我们就很容易把这个作品加以正确定位，明确它究竟是哪一类文章。

《小石潭记》、《湖心亭看雪》都一样，在我看来是中国传统文化当中，文人名士的山水情怀，但是这种情怀已经变成遥远的绝响，从这个角度就可以看到古代文化的东西。

可参读《听王荣生教授评课》中郭初阳的《愚公移山》课堂实录及评议。

　　关于文言文教学，还有一种新的课程文化追求。这里我请大家注意郭初阳的《愚公移山》课例。它也是文言文教学，究竟给了我们什么启发呢？这篇课文的教学很有意味，如果让我概括的话就在文字落实、文章的熟悉当中追求一种文化，怎么追求文化呢？郭初阳所做的事情主要是"解构"两个字，用他自己的说法就是"消解"，他把传统《愚公移山》的文化消解掉。所以我在不同场合说过，郭初阳那类《愚公移山》的教学具有实验的意义，是属于未来的，同时也给我们很多老师带来了迷茫，究竟怎么办？同时也给我们语文老师一种警醒，我们现在应该怎样创新？在这里我推荐大家去看看，王荣生写的评郭初阳的《愚公移山》，从这里面可以看出课程教学论的意义。我们现在讲的话题跟郭初阳《愚公移山》实验的话题还是不太一样。

【观察者点评】你认同郭初阳的"实验"吗？这个课例给你怎样的思考呢？

　　最后，"传统就是现代"，"语言就是文化"。"民族的语言就是民族的精神，民族的精神就是民族的语言。""语言忠实地反映了一个民族的全部历史、文化，忠实地反映了它的各种游戏和娱乐，各种信仰和偏见。""对我们来说，过去文学作品中对真理的主张和公共价值观永远具有现代性。"我觉得这些话说得非常好。

【要点评议】
　　我们关于文言文文言、文章、文学、文化"一体四面"的主张，黄厚江老师提出的文字、文章、文学、文化"四文统一"的观点，以及褚树荣老师讲座中提出的"文化渗透"的主张，都非常强调文言文教学价值的综合性、整体性。所谓的"综合"、"整体"，首先是指文言文所蕴含的价值是多维一体的，而非只有文言字词或文学欣赏的单一维度。其次，这些不同的维度在每一篇文言课文当中是融合为一体的，在阅读与教学时，抓住一点不及其余是一种错误，将这些维度割裂开来也是一种错误。很多老师在谈论所谓"言文统一"时，往往是将文言、文学等不同维度割裂了之后再加以"拼合"；或者将"文化"狭隘地理解为古代的儒家文化、道家思想以及古代历法职官之类的具体内容。第三，这些不同维度之间是有"层级"差异的。其中"文化"是处于最高层面的，所以，褚树荣老师"从文字层面来渗透文化"、"从文章体式当中来体现文化"的主张是很有道理的。

资源链接

1. 张寿康，等.古代文章学概论[M].武汉：武汉大学出版社，1983.
2. 吕叔湘：语文常谈[M].北京：生活·读书·新知三联书店，1998.
3. 吕叔湘.吕叔湘语文论集[C].北京：商务印书馆，1983.
4. 黄厚江.文言文该怎么教？[J].语文学习，2006：(5).
5. 解惠全.文言教学讲话[M].天津：天津人民出版社，1983.

后续学习活动

请阅读杜牧的《阿房宫赋》，完成以下任务：

任务1：根据现有的资料，做《阿房宫赋》教学设计的综述，综述的角度可以从教学目标、教学重难点、教学过程、教学反思等方面入手。

任务2：通过任务1和这一章节的学习，了解"因质定教"、"因学定教"等文言文教学内容确定的基本要领后，试着为《阿房宫赋》做一份教学设计。这次的设计侧重点应该是教师引导学生把握文本的文体特征，深入探究作者表情达意时选择这样而不是那样的表达方式或表现手法的必然性。

任务3：古文评论家李扶九说，这篇文章"一起突兀，一结无穷"。试着着力探究文章中的三句夸张句的文化内涵："蜀山兀，阿房出"，"雷霆乍惊，宫车过也；辘辘远听，杳不知其所之也"，"戍卒叫，函谷举"。

共同备课
工作坊

从文言字词的品味中把握文章所言之"志"、所载之"道"

——《始得西山宴游记》共同备课的启示

教学现状描述

本文选自苏教版教材必修一"像山那样思考"专题之"感悟自然"板块。一般老师教学《始得西山宴游记》时,往往从语言上进行字字落实、句句翻译,以求应对高考。至于对山水中所寄寓的作者情怀的探询过程,却往往被简化压缩成一个简单的结论。柳宗元在文中固然也有"心凝形释,与万化冥合"的文字抒发情怀,但他与山水的相遇而相融,还是需要我们借助文字的引导,来还原这场心灵与自然的邂逅。

选择《始得西山宴游记》这篇课文来进行共同备课,一是因为柳宗元作为唐宋八大家之一,其"永州八记"具有代表性,本文是其中之一,堪称经典定篇,共同研讨其人其文亦具有充分意义。另一方面,本文是一篇游记,这类文章在文言文中所占比例较大。作为游记小品文,常常用优美的文字,描绘秀丽的山水,寄托名士的情怀。那么,教学中如何从文言字词的研读中去感悟作者笔下所言之"志"、所载之"道"?期待在共同备课中能碰撞出思维的火花,从而启发大家寻找到教学此类文章的路径。

热身活动

1. 在原文中圈出你准备在课堂里重点分析探讨的字词语句。

2. 结合全文内容,重点揣摩课文标题中"始得"和"宴"的内涵,并思考:针对课文标题,可以设计什么教学活动?

3. 揣摩课文开头第一句话的价值。(提示:教材注解称"恒惴栗"的意思是"常常忧惧不安",你如何阐释?)

备课进程

一、教材基本把握研讨

师2: 那我先说,这个课文好像我讲过。因为我们用的新教材,没有教参,很多东西都是我们自己去把握、去理解。我觉得没有教参的情况下,有时候也挺好,你必须得去琢磨。这个是和《小石潭记》一个时期的作品,都是柳宗元被贬永州的时候写的。我就说我的教学,我

此前老师们在上海建平中学观摩了一堂课《子路、曾皙、冉有、公西华侍坐》。

们原先教学就是解决文言知识点至少要用一课时,但是我看那天建平中学的老师上的,基本上是没有文言知识点,所以这个文言知识点咱们涉及不涉及,是一个问题。

这篇文章当中,其实我觉得学生不好理解的是文章体现出来的情感,就是写景不是目的,是为了抒情,抒什么情感?因为是抒他被贬之后超然脱俗,就是他所描写的景物,西山,好像是开始说西山"怪特",这个"怪特"就是指超然脱俗的感觉。我记得我们处理的时候好像重点讲了"而"的用法,这里有很多"而"。咱们再看这课怎么解决,整个翻译,我们老师重点串讲之后要让学生翻译。我们不知道这样做合不合适。

还有一个是反衬手法,那个有难度的,就是学生不太容易理解柳宗元的情感,这个就是体现被贬,虽然境遇不好,但是自己还超凡脱俗。

【要点提炼】老师们普遍认为,文言文教学应该以"文言知识点"的讲解让学生"把字词搞懂"为第一任务。

师8: 文言文咱们平时教学字词是必须讲的。

师3: 从考试的角度来说,首先把文言文读懂是一个很重要的先决条件。

师8: 就是不考试,你为了读懂它也得先把字词搞

懂。还是两课时,第一课时解决字词,第二课时介绍。第一课时复习一下字词。

师2:题目为什么说"始得"? 好像不太好理解。

师6:后面第一段的"未始知"。

师2:我记得好像不是分两段。

师4:我是第一次见到,我们的老教材都是其他的。字典都带来了。举的例子就是《始得西山宴游记》。

师8:"未始知西山之怪特","始"是"曾经"。还有最后一句话,"然后知吾向之未始游"。

师2:你看最后一句话,"然后知吾向之未始游",然后"游于是乎始"。

师8:就好像已经开始了。

师5:只有这次才算真正的"游"。

师8:我以前未曾游。

师5:有一个问题,"始游",他前面是没开始。

师7:"未始"就是"未曾"。

师4:那就是"曾经"了。

合作专家:我下午用的就是这个。

师4:我们需要引领啊。

合作专家:备课过程我一定会参与的,我把我的东西直接展示出来的话就不用讨论了。

本次共同备课的当天下午,"合作专家"童志斌老师将在上海洋泾中学上公开课《始得西山宴游记》。可参本书"课例研究"。

师9:我不知道你们其他地方的老师怎么做的,我们教古文是以字词为重的,课文理解是次要的部分,因为我们主要是针对高考。你从高考的角度来看,高考不需要对古文进行深层理解的,基本上就是对内容的把握和理解,它重点考察的是词的用法。

师3:高考的题是只要能读懂这个意思,所有的题都能做对。

师1:你把能跟我们讲的跟我们说说吧。

合作专家:你们先讨论,有些东西我会做回答。

师9:因为这个东西,根据我说的意思是什么? 因为我们从前讲课的方式、方法的重点和我们这次备课

【观察者点评】对古文作品当然要重视字词理解,是不是需要"深层理解"呢?

的重点是不是一致?

合作专家: 不要紧啊,可以提出来我们讨论嘛。我们不是说我们所做的事情一定要脱开常态的教学,这个是不可能的,所以我们还是要务实的,也就是在现有的空间里我们如何去发挥。你要讲文言,也可以把文言讲得更好一点,采用更有意思的办法。有一些老师讲文言就是串讲,一讲文言就是枯燥乏味的,能不能在这个方面有改变,我们还是需要讨论的。

师2: (投影展示事前从网络上搜集的课件)这个结构图示可以记一下,一会儿我再图示这个。

师8: 这个是你备的吧?

师2: 这个是网上下载下来的,不是我上课的,我上课的是另外一个课件。

【观察者点评】你平常会去直接下载参考他人的教学设计、教学课件吗?

合作专家: 我不是很赞同大家直接参考别人的思路。我的意思我表达一下,我每次备课之前先一定要自己认真阅读,像王荣生老师强调的,评论家的鉴赏性的东西我们可以去参考一下,但是我不主张看别人的教案、教学设计,因为这样的话可能就被他牵着走了。

师2: 现在因为太陌生,本身内容还不清楚,我们自己首先得理解。

师9: 我觉得应该先把这篇文章翻译一下会好一点。

师2: 对。

师8: 今天下午您上一课时吗?

合作专家: 两课时,我会讲一课时的文言,一课时的文本。不过也不全分开。

师8: 我们平时教文言文,得花 2/3 的时间讲字词,剩下的 1/3 再说情感,好像都一样的,写景、写情,最后说点和他当时经历有关系的事情。

【要点提炼】拿到一篇课文,急着就参考他人的成果,可能也是老师们需要改变的一种习惯。因为,"阅读教学"的目的在于引导学生更好地阅读文本。假设老师自己对文本都没有细致阅读,何谈指导?

二、课文基本把握研讨

(一)课文整体把握

师2: 知识点咱就不管了,咱就看那个课件当中他讨论的几个问题。一个是"而"

的用法,重点虚词;然后是领悟,根据课文标题展开,对应的句子、具体的景色描写、表达的情感。然后探讨几个问题咱们看看。第一个问题跟第二个问题有点重复。

师4:第一个问题感觉作者的重心在景物本身上,第二个问题是他为什么觉得西山的景特别地不同? 第二个问题应该是在他那样的处境下通过他游览西山……

师2:重点定在哪?

师8:感情。

师1:首先得明确它是一个什么样的游记。

师8:山水游记。

师3:这个游记的特点就是借这个"景"表达"情"。

师8:而且这个"情"都跟当时的"景"有关系。

师3:别人的游记是以"记"为主,个人的心情不是特别明显;但是他这里面就很明显。

师8:他就是抒发自己现实的情感。

师2:对,要不然说什么"怪特"呢。

师8:每次抒情都跟他的贬谪有关系。

师2:对。

合作专家:"怪特"是什么?

师8:"怪"应该是"奇异"。

合作专家:语义是不难把握的,关键是,究竟"怪特"是怎样一种景物?

师2:最好是能把这个情感、笔法都含进去,一个问题牵一发而动全身。

师4:所以第一个台阶就是要读懂文章,这必须是第一个。

(二)文言字词学习研讨

师9:我觉得是不是应该把"词"的教学也做一个分析,需要不需要?

师4:肯定需要读懂,我们所设计的"学习目标"有的时候是两个、三个。

师3:就写作者的"情志"就行,也别写啥"情"或者是"志"。

师4:说"志"吧。

师8:第一个台阶就是反复读,先读准字音,它这么多生字。

师9:读准字音,了解文意。

师 8：掌握典型字词的用法，这个说不说？

师 1：这个要中间的过程来了，形式就是读，各种读，朗读或者是默读或者是怎么样，就是各种形式的读吧。

师 5：我们还需要提前预习吗？

合作专家：选定老师和备课方案再说。讲这个字词，是不是一定要逐字逐句地讲或者是逐字逐句地翻译？

师 3：有重点地去讲。

合作专家：所谓的重点是什么？

师 3：比如所谓的实词、虚词，比如"而"、"已"的用法，实词就是《考纲》上规定的100多个实词。

合作专家：《考纲》上有规定吗？

师 4、师 3、师 8：有。

师 3：然后重点找一些实词、虚词。

师 1：然后怎么处理，以什么形式来出现？

师 8：主要是预习，解决不了的老师解决。

师 7：找出自己不明白的，疏通不了的。

师 4：注释中没有、读不通的。

师 3：小组解决不了的。

师 4：看小组之间能不能解决，解决不了的，小组把问题整理出来。

师 9：对，提交到班级。

师 8：这课出现"始"多，我们再把以前讲过的"始"回忆一下。

师 7：一词多义。

师 8：这里还有"开始"，还有"曾经"。

师 8：但是大纲里没有的肯定不讲。"施施而行"大纲里面有，虚词就是"而"。

师 1：这个就不用具体化了。

师 2：可以。

师 1：重点的虚词是"而"。还有什么？

师 2：实词是"开始"的"始"。

合作专家：每个都讲吗？

师 3：不是，挑一个重点。

合作专家：那你要讲"而"，是不是从第一个"而"讲到最后一个？

师2："而"出现的频率非常高，所以要讲。

师3：也是为了更好地疏通。

师8：对。

合作专家：我们觉得从虚词角度来讲不是太突出，除了有一些做副词的关系比较大。

师3：高考当中考实词的比重比较大。

师2：我们现在虚词不考。

师8：但是翻译当中要考，翻译不对不给分的。

合作专家：直接关系到语义表达的词，有的"而"比方是做"承接"、做"并列"，还是做"修饰"。

师2：一般表达"转折"。

合作专家：转折之类的基本上不会有什么问题。

师8：有问题。

师2：有问题，绝对有问题。

合作专家：我觉得是这样，如果你单考察一个一个的虚词"而"，还不如告诉学生注重整体语境，上下文贯通了来理解。——不是解释这个"而"字的意思，而是放在一个具体的语境里面来做整体把握。

师3：哦，要在具体的语言环境中解释。

合作专家：对，我是觉得你可以在复习阶段给学生呈现几个"而"的基本用法，然后其他的东西就引导他根据具体的语境来说。因为考试的时候有一些是考以往的，有一些就是当下的阅读材料，所以我觉得主要还是引导学生根据语境做一个探究。

师2：那是有具体说法的，"觉而起，起而归"那肯定是表示"承接"。

合作专家：现在的问题是有没有必要联系，如果这里出现很多"而"还是有必要联系一下的；但是如果只是作为虚词来讲，教学的效果肯定是有限的。

师9：我觉得没有必要每一个都非讲不可，还有就是讲一些什么样的虚词。比如这个课文中有什么不同用法，这句话是这么讲，那句话是那么讲。这份课件

> 【要点提炼】在做文言文教学设计时，老师们首先也是最为关心的问题，还是当下的教学与应对高考之间的关系。

（按:指学员备课之前从网络上下载下来作为参考的网友的课件）上举的句子就比较多,好像是把所有的虚词都列上了。

合作专家: "施施而行,漫漫而游"一句,你单单解释这个"而",你肯定不如跟学生强调"施施而行"整体是什么关系更好,对吧?

师8: 那也得解释啊。

合作专家: 这个"而"是什么"用法"、什么词性之类的辨析判断,还不如说这个"而"传达什么"语气"? 一定要强调虚词在这个上面发挥的功能,而不是仅仅解释这个字的"意思"。

> 【观察者点评】你认为"吾尝跂而望矣"中的"而"属于虚词的什么用法? 对于这个"而",你的学生又会怎么理解?

师2: 非常简单,第一个如果给你两个动词就是承接关系。

合作专家: 不是那么简单的,我给你举个最简单的例子,《劝学》里面的"吾尝跂而望矣",这个"而"是什么词性的?

师2: 我们是讲"承接"。

师8: 那就不对了。

师9: 不对。

师4: 那是"修饰"。

合作专家: 所以这时候麻烦就来了。

师6: 如果是"而"连接两个动作行为,如果两个动作一前一后是表示顺接,还有表示一主一次的。比如刚才讲的那个它主要不是要讲跂着脚,他主要是要讲"望"的状态,重点是在"望"上。

师4: "提刀而立"讲的是"立",它应该是一个修饰。

师9: 我们讲"而"的时候,如果是修饰和中心词的关系,那这个"而"肯定是表示修饰的,不管是状语的中心词还是定语的中心词。前后两个都是动词的时候,这两个动词很难分前后,这时候它是"修饰"。

师4: 这个学生难理解,主次和先后都很难分。

合作专家: 那还有一种情况是表示修饰的呢?

师9: 两个动作,"而"是连词表"并列"。

师8: "而"连接动作的时候没有"并列"的。

合作专家：肯定是有的。

师3：有表"并列"的时候。

师5：这个我也讲过，但是我就不知道它有什么用。

师2：高考考。

师5：我知道高考考，但是这个东西有什么用呢？

师9：你不知道这个你就得不着分啊。

师5：我看那个虚词，它真考。

师7：现在它是出一个课本里面的，一个选文的。

合作专家：我还有一个想法。大家都认为，高考要考这
个虚词，我们平时就讲这个虚词；高考考这些实词，我们就讲这些实
词。我就在想了：如果高考考这个实词、虚词，我平时没有讲，那又会
怎样的呢？

师9：那就不会啊。

师2：得不了分。

【反思】

王力先生论著中专门分析了虚词"也"对于行文的价值：

在古文里，"也"字可置于主格之后，表示一个休止时间(pause)。这一类
的助字，省去也可以；不省则更觉其顿挫有韵致。

例如：

雍也仁而不安。(《论语·公冶长》)

由也千乘之国，可使治其赋也。(《论语·公冶长》)

丘也闻有国有家者，不患寡而患不均。(《论语·季氏》)

今由与求也相夫子。(《论语·季氏》)

是鸟也海运则将徙于南冥。(《庄子·逍遥游》)(王力.龙虫并雕斋文集
(第一册)[M].北京：中华书局，1980.238.)

循此思路想想看，除了"也"之外，其他的文言虚词是否也有类似的功能
与价值呢？除了要应对考试得分的目的之外，是否需要在解读文本时，从表
情达意的角度对文言虚词也作一番"细读"玩味？

合作专家： 不是这样的,因为前面大家讲到的,这一篇古代散文拿来可以根据意思来讲,那我就问大家了,那我为什么要上"新诗"呢? "现代诗"还有必要上吗? 原来的高考卷还考"新诗"呢,还考选择题呢,现在考都不考了,那我为什么还学习? 一个是从语文素养来讲这个是不可缺的一块。第二个,我打个比方,一个举重运动员当然是靠手臂的力量来取胜的,同时靠腿部力量,难道你就只训练手、腿这两样东西,举重者整体的身体体质就不用加强了吗? 所以有的时候我们可能适当地要让自己解放一点,不要完全地顺着高考去做,因为有些东西你做了看起来好像它不考,不是意味着就不管它了。比方说标点符号有一些不考的,那标点符号用法我们就不管它了? 语文素养的大框架,我觉得它有时候是互相影响,互相牵制的。你如果仅仅盯着那几个所谓"考点"不放的话,你看起来是很卖力地在做,其实它发挥的效果未必真的像你想得那么有效。

还有,我觉得有很多的老师,尤其是普通学校的老师会说:"我们的学生比较差的,学习态度也不端正,你不一个一个去讲他可能掌握不了,接受不了的。"我就在想,好比我们一本书拿来,在上面做记号,我把所有的字都圈起来,等于没有圈一样的。所以前面李老师也讲了我们要有重点地去讲。所以我们哪怕在应对重点的时候,就像杭州的一位特级教师所说的:"应试也有科学不科学,也有低效还是高效。"我是这样想的。

师7： 我们那里的高考试题还是一两个句子。

师4： 我们考试的分值太大了,解释加断句加起来就10多分。

师9： 必须要讲的。

师3： 实词和虚词的讲解往往要超过对这篇文章的分析。

师4： 对。

师3： 我感觉应该怎么样做呢? 对实词和虚词的积累,还有对这篇文章。这篇文章肯定写得很好,拿出来作为咱们的典范文章供学生学习,实际情况呢? 这篇文章的写法还有情志的表达以及实词和虚词的运用,要注重这方面积累,这些东西都很重要,起码是应该并列的。

师9： 这就是说现在考试的要求和实际有点脱节。

师 3：现在考的是后面有一个选择是吧，那个涉及得少。

师 9：仅仅一道题。

师 3：就是 ABCD 这四个答案里面哪个说得对或者是哪个说得错。

师 9：对，尤其是人物传记类的古文。你只要读懂这些，人们做了哪些事，对他有什么评价，后面的题基本上就不会错。所以对古文的分析，就是跟分析现代文、散文的分析挺像，所以我觉得还是说，刚才咱们定的那个教学目标，咱们是不是不能按照那个思路来定，是不是这个意思？

师 3：定得对，咱定的不是"志"吗？

师 2：得明确他抒发的是什么样的情感，得理解题目；另外要把握他在抒发情感的时候运用的手法。

师 8：我们是 25 分的题有 6 分，是考那种。

师 2：我们必须要解释词，它有固定的给分点，它有 4 个词，你把那 4 个词的意思准确地表达出来才能给得分，大致意思是 1 分。

【要点评议】

　　从上面的讨论片段中可以看出，老师们（师 9）一方面意识到考试的要求与阅读的要求"有点脱节"，提出试图有所改变"是不是不能按照那个思路来定"的设想；另一方面，又强调实词虚词之类的知识"必须要讲的"，"你不知道这个你就得不了分啊"。——如何解决这一问题呢？一方面需要我们从认识上改变老师们长期形成的惯性，同时，我们也应该呼吁，现有的文言文阅读测试，确乎有改革的必要。高考评价侧重于对古代汉语字词解释理解的考查，确实对于文言文"阅读"教学起了一种消极的导向作用。

合作专家：这个我也清楚。我的意思是，他考是这样考，但是我们平常教不是一定就这么教，比方你讲虚词要考的，这没错。但是如果像这样来讲的话，学生拿到一篇文言文，他的想法是什么？这个是让人争辩的东西。

师 2：这个文章是有联系的，它表示描绘的状态，那个"而"表示曾经描绘的状态，就是苦中作乐呢，这个全是用"而"。

师 8：他有没有这个关系，没有"而"学生就不会。

合作专家：你讲的那个"而"是我所认同的，我不主张的是这个"而"。

师 8：您说得对。

合作专家：你刚才讲的"而"够用了，我在品味它的时候虽然没有那么精细，但是已经在讲虚词了，不是要做这样的虚词讲解。

师 2：这个我认同，你看这个"而"表示的是非常短促，就是全是用"而"顺下来的。

师 8：我们在给学生讲是重复做。

师 1：我们给学生讲归纳得好多，学生喜欢的就在这，因为他觉得老师讲的是高考能拿分的。

合作专家：其实这也是一个观念的问题，是我们给了我们学生这种观念。我们高考考这些，我们上课也要学这个东西的，这两者是对应的。我的意思是，这两者并不是那么对应的。我本人是很强调突出"文言"的，但是怎么来教这个文言，我不主张用这样的做法。如果就是为了应付考试，我为什么就得在课堂上给学生讲？我把这些一词多义的用法归类印成讲义发给他，可以吧？

> 【观察者点评】请注意：第一，学生所"喜欢的"，真的"就在这"吗？第二，如果学生真的只喜欢这个，我们是否需要加以引导呢？

师 4：我们不是一开始就这样做的，每一个字的意思，这个都是最后完成的，相当于语言现象归纳的时候，有一些活用、句式的用法就把它拉一拉。

师 1：你不归纳学生记不住。

师 8：你有归纳学生也记不住，你下次碰上的时候还得讲，要重复地讲。

师 1：这节课和上节课一样的，得问学生：这个是不是新出来的义项？

合作专家：全部语言文字讲完之后再做这个？

师 8：对。

师 4：不是一开始做的。

师 8：咱们之间有距离，我们都知道是归纳。

师 2：前面是字词，然后是阅读，这个是归纳了。

> 【要点提炼】为了顺应现有的考试评价，我们确实需要对文言文当中出现的文言字词用法作一些"归纳"整理工作，不过，如专题讲座所言，我们要"依原则区别对待文言字词"现象。上述这类归纳整理工作，属于文言文"阅读"教学之外的工作，我们宜采用"分离"的方式来加以对待，尽量避免对文本的阅读造成干扰。

(三) 课文中作者所写"景"与"所言志"研讨

师1：第一个环节就完事了，接下来怎么做？做什么？

师3：接下来应该讲景了。写了哪些景物？是怎么写的？

师8：你是怎么插入讲解的？

师5：如果不介入背景资料的话，根据这个文字表现的情绪，学生很难理解。

师9：可以根据所写的内容。

师2：创作时期的意境。

合作专家：你觉得作者大概在什么年龄写的？

师5：对。

师9：跟他实际的反差。

师1：他的作用是什么？

师5：我是这样想的，题目的"西山宴游记"能不能改成"西山游记"，或者是"游西山记"？这个是两个问题。

师2：要理解"始得"。

师5：有两个区别，一个是"始得"，一个是"宴游"。为什么"始得"呢？西山、怪特、特立这几个词，"怪特"在哪里呢？第三个问题是柳宗元为什么写"怪特"的西山？有很多好的地方，为什么单写"怪特"的西山呢？学生回答的时候有可能会有难度。这时候再补问一个：猜猜作者这时的年龄？学生根据文意能猜成什么样？大概是 40 多岁，实际上 36 岁，还是很年轻的，我不知道这个有没有用。柳宗元在永州待了几年了，年轻人竟然有了这样沧桑的心态。这是一个，还有一个说他是"怪"民，他的"怪"和西山的"怪"，这个我还没查到。

师9：这个岁数不太对。

合作专家：你有提供，是一件事情，但是学生有没有关注是另一件事情。

师9：实际上我们还要把它当"散文"来"解读"，是不是这个意思？

合作专家：对。文言文不考文本解读，那我问你，现代文的解读能力从哪里来的？我觉得它就是

> 【观察者点评】这个问题，对于课文的阅读与教学而言都非常重要，你是怎么把握的？

> 【观察者点评】在教学中你有这样的困扰吗？你是如何处理的呢？

一个系统,我觉得在这点上,我强烈建议这个观念还是要改变一下。

师 9: 可是,在实际教学当中,所有的文言文都作"解读"的话,肯定课时就不够用了。

合作专家: 所以我们有的时候就需要有一个"课程"意识,对教材与课文作一个大胆的取舍。还不如花 1 课时讲文言的,文本不管了;或者是花 2 课时都讲文言的,文本内容不管了。那么,我是不是可以教 3 课时甚至 4 课时? 完全可以把一些文本解读的东西体现出来,这样一个好的文本,我们要将它的魅力与意蕴发掘出来,让本来可能不喜欢古文的学生,能够喜欢或者接受一点。

师 2: 我赞同那个,就是让学生比较"西山宴游记"和"西山游记"的区别。

【反思】

　　本文的标题,较之于柳宗元本人的《小石潭记》,以及其他人的游记——如《醉翁亭记》(欧阳修)、《登泰山记》(姚鼐)、《满井游记》(袁宏道)都显得很不一样。原因可能是什么? 文言文阅读要关注炼字炼句与章法考究处,文本的标题,当然是不应该加以忽略的。请结合课文思考:

　　为什么要说"始得(西山)"?

　　为什么要说"宴游记"?

　　文本正文中可以找到相关的依据吗?

　　平时阅读与备课时,你有没有细致关注过课文的标题呢? ——不只是把握标题的"意思",还有其深层的"意味"。

师 4: 情感的把握。

师 3: 文章写了哪些景物,为什么写这些景物?

师 2: 我觉得这个切入比较好。文章一共就两段,第一段是最初的状态,喝醉了酒,"以为凡是州之山水有异态者,皆我有也"。我没觉得它怪,然后第二段怪是哪呢?"攀援而登"具体的形象,然后"怪特"不是就出来了嘛。然后

【要点提炼】在交流的过程中,老师们也渐渐将注意力转入对于文本所言"志"(情感)的探讨上来。

"岈然洼然,若垤若穴,尺寸千里,攒蹙累积",这个是引导分析的过程。你把这个景象描绘出来了,这个"怪特"就出来了,由远及近,色彩也出来了。"萦青缭白"、"四望如一"这个是新的方式介入,让学生关注第一段写什么、第二段写什么,这个景象的特点是什么,然后他才能理解第一次是泛泛而写,第二段写这个西山是特别的,是与众不同的。这时候作者在这个地方才真正达到一种"物我合一"的境界,他是超凡脱俗的,他被人看作"怪特",我在大自然当中找到我的支撑点与平衡点,这时候才领悟到西山的奇特是如何沟通的,所以才能写出这篇文章。通过这个设置,会让人对柳宗元的情感有一个把握。

师1: 第二是什么?

师3: 我感觉他说的是第三个台阶。

师1: 不能区别,是本身怎么写的,写的什么还没明白呢。

师3: 对。

师1: 第二是最初发表的意见就是写了哪些景物,就是这篇文章写了什么。

师3: 对,先了解写了什么再加一起。

师1: 第二个台阶就是第一步从哪个地方入手?

师3: 第一个台阶不就是和学生疏通文义嘛,第二个台阶就在疏通文义的基础上让学生感觉写的是什么,写了哪些景物。这个我感觉是自然的。下面再进一步地写这些景物,再比较"未知西山"和"始得西山"。

师1: 那第二个就是核心内容是什么,分析写的内容。

师2: 那还是太大了,那就写描绘了西山怎样的景物,这个景物有什么特点。

师6: 改成这样的问题行不行? 第二个台阶就是怎样写西山的怪特,第一步肯定知道西山的怪特了。我们这个就很具体的:怎样写西山的"怪特"?

(说明:下面一个环节的讨论,大家围绕着西山的"怪特"展开。从略)

师2: 下一台阶是哪个?

师4: 下一台阶就是通过对比表现。

师2: 对。

师4: 之所以前面的不算怪特,后面的算怪特,是它达到了怎样。

师9: 第一段不是写西山的。

师8: 第一段在结构上有作用。

师9：那我觉得可以。

师2：从第二段上起。

师9：从景开始切入。

师2：嗯，作者描绘了西山怎样的景色？

合作专家：第一段肯定是为了第二段。

师8：对啊，第一段肯定是有作用的。

师2：对，但是学生的认知到不了那个高度。

师8：没准学生上来就答了，西山有哪些景啊，他把第一段的景也答上了。

师2：对啊，那正是我们要指出的地方。

师7：可以这样设计，文章是写西山宴游记，那么什么地方是写西山的？ 这个西山有什么样的特点？ 学生很容易找出第二段。

师8：不一定。

师4：学生完全有可能把第一段当成是西山。

师2：把这个"景"给分析透了，然后"情"也该出来了不？

师1：出不来。

师2：那现在是第二段切入，然后勾连第一段了。我那个问题行不行？ 题目叫《始得西山宴游记》，如何理解"始得"二字？

师4：刚才李老师的问题我觉得可以是一个切入点，为什么题目不叫"西山游记"而叫"西山宴游记"呢？ 这就把"情"拉出来了。

师1：好。

师3：第二个台阶是啥来着？

师1：内容分析。

师2：那些景物特色是什么？

师8：学生答的时候肯定第一段答上了，那你怎么办？

师1：咱们就说咱们的思路，要不然呆会儿全班交流 5 分钟肯定说不完了。

（按："共同备课"小组讨论完成之后，要进行小组间交流，每小组自我介绍 5 分钟，其他小组质疑研讨）

师2：让他关注第一段和第二段之间的联系。

师1：目的是什么呢？

师2：为了"情"。让学生明白，抒发的是怎样的情感，为什么第一段不写，第二段写,对比和衬托嘛。

师 4：我觉得讨论半天还是原来的思路。

师 1：这个文言文就要搞这些实的东西,起码高考是很重要的一个确认内容的角度。

【要点评议】

师 4 似乎对于今天讨论的进展并不满意,有点儿抱怨,也许他期待着全新的东西出现。当然,虽然我们也希望对原有的文言文教学有所扭转,不过我们也承认,我们也不是为了"求新"而"新","文言文就要搞这些实的东西",师 1 的话还是有其合理性的。

(四) 由课文中关键字句走向文本把握的研讨

合作专家：我有一个问题想提醒一下大家,前面提过了,我再提一下:西山的"怪特"体现在哪里?

师 2：我不刚才说了嘛,就是第二段嘛。

合作专家：你不要告诉我是哪些文字,你得用自己概括的文字说出来。

师 2：首先是高峻,描绘的时候不是说了嘛,感觉是非常阔大的那种,不仅是高,而且是宽阔的。

师 6：就是这样高大、阔峻的景象都让我沉醉了。这个"怪特"就怪在这。就是因为他要表达自己的情感。

师 2："我"认为西山跟那些小山包不一样,"西山之特立,不与培塿为类"。

师 4：底下的山都是容易达到的,而这个山要过湘江。

师 2：比底下的山有浩气,"我"感觉到大自然造物的与众不同。

师 1：给作者的感觉不同。

师 2：对,我们之间是可以沟通的,山是怪特的,"我"也是怪特的。

师 1：说山高是正常的,但是有特殊的形态就会比较怪。

师 3：显然它是高大的,其他的都是小土堆。

师 4：还有一个特点就是难以达到。

师 3：之所以非常喜欢这个景物,是因为这和他内心的志向是一样的。

师8："尺寸千里"是啥意思?

师2：就是形容高嘛,我站在上面仿佛看到尺寸之间,我觉得是这样的。

师9：看看原文翻译。

合作专家：这句话我的理解跟一般的资料不一样,"尺寸千里"很多人都把它理解为尺寸的地方能看到千里之外,或者是千里之外的东西就在尺寸之间。但是大家认为"若垤若穴"是西山怪特的表现,可能我觉得还要再深究一下,这里整句话的意思我觉得要贯通起来看。

师3：在他的眼中外面的山就像一个土堆,看着就尺寸(那么大),但是实际上就在千里之外。——是这样的意思吗?

师2：对,我觉得应该是这样的意思。

合作专家：从事理上来讲是这样,但是从语言上来讲,这样处理的话,这个"尺寸千里"的表达含意太大了。"莫得遁隐"的意思就是尽收眼底。如果是这句就能说通了,"尺寸千里"也没那么复杂了。——什么东西尽收眼底啊?

师3：西山以外的山。

师8：山下所有的东西。

合作专家：站在山顶上所看到的一切。

师2：还是形容这个山是高的。

师4：千里以外的景物尽在眼前。

合作专家：怎么千里之外的景物尽在眼前呢? 如果按从简的原则,不给它搞复杂化了的话,关键是"尺寸千里"怎么解释,还有"岈然洼然"到底是形容什么东西的?

师8：前面不是说"其高下之势",就是高高低低的东西。

合作专家：不是写西山本身,是写在西山看到的东西。

师9：这应该是跟他的情感关联的。

师2：对,跟《赤壁赋》是一样的。

师3：就是"我"是最高的,你们这些世俗小人是理解不了"我"的。

师9："卓尔不群"那几个字,说的就是这个山跟自己。

合作专家：这样就很明白了,是与众不同的,但是"卓尔"到底是什么意思? 简单地来说就是和别人不一样嘛。但是我还是要问你,到底啥不一样?

这个关键地方疏通了以后,你才真正明白他的情感和感受是怎么回事。

师9: 跟他被贬在这的经历有关。

师2: 就是被贬了"我"还不屈服,"我"还是坚持"我"的操守,不就是这么回事嘛。

合作专家: 你是从生活逻辑来判断的?

师2: 不是生活逻辑判断的,而是文章中体现出来的。

合作专家: 文章中哪个地方?

师2: 西山之怪特嘛。

师3: 我感觉他是脱俗之人,远远比那些小土堆独特。

合作专家: 如果你这样来判断的话,那西山就是"我"的象征了。

师2: 有这个意思啊。

师3: 肯定有这个意思的。

师6: "心凝形释,与万化冥合",不是有这样一句话嘛。

师2: 对呀。"心凝形释,与万化冥合。"

师6: 借助这个山,山的独特、高峻就是"我"的独特。

师2: 对,他被贬以后是苦闷的、空虚的,然后看到这个山是奇特的,是高峻的,所以我们之间达成一种共识,"我"还是坚定"我"自己。

合作专家: 这个肯定很重要的,我们不一定得出结论来,但是一定要注意。现在我们的问题是,你不能抓住一两句话,这里就是这样的,那里就是那样的,它行文的时候整体的一个贯通性要体现出来。

师9: 对,深度挖掘。

合作专家: 你自己把它读出来,你自己读通读透之后,你才能带领学生读通读透。否则你只有一些外围的或者是结论性的东西,当你感觉到乏力的时候就觉得人家都这样说的,可能就这样来做了——重要的是,你怎么才能领学生一起出来,进去,然后再出来?

【观察者点评】让学生读进去、读出来,你会怎么做?师3所说的"隐藏在文字中"的感情,你怎么看?

师3: 这篇文章的感情很内敛,是隐藏在文字中的。比如"倾壶而醉"和"引觞满酌",通过这两方面的对比来体会这个情感。还有可以通过对比来体会作者情感的变化,刚开始是"归",后来是"不归",这也能让学生体会他情感的变化。为什么开始愿意归,后来不归? 还有其他的,刚开始游西山之前是"无所不至",但是没感觉。就是"到"了就喝酒,喝完酒就睡觉,睡了就回了。直至到了西山开始有"始得",这也是一种对比。通过这个对比反映出作者的情感发生了什么样的变化,这个也是引导学生理解作者情感的途径。

师 2：就是他跟它融合了,融合之后他才知道,这才是真正的游览,而且达到物我合一了,然后找到了最终点,于是有了"永州八记"。

师 4：写作的结构都差不多。

合作专家：这个我可以跟大家说一下作者当时的背景。写这篇文章的时候,是他被贬永州第四年、第五年的样子,这个时候对他来讲是最艰难的时候。因为这四五年里面,他的心没有定下来。按以前的惯例,官员任职四五年该有一个轮换,就像我们现在的领导要"轮岗"的,所以他有一个期望:四五年快到了,我可能可以回长安去了。结果这个时间"杠"过去之后,他发现没指望了,后来在这里待了大概 10 年,然后才找了一个"愚溪"安居下来。在这个时候他是没有家的,他的母亲跟他到永州半年去世了,这一点可能对他的心理冲击也很大,所以有很多源头的东西。这个就是认知的东西了,我们老师可以知道,到愚溪的时候基本上就安定下来了,准备在这里"长治久安"了。但是在写这篇文章的这个时候,他的心神是不定的。

师 2：那这个是自我矛盾自我彷徨的时候。

合作专家：这个道理是肯定没有错的,关键是,我们不是要通过一些外在的资料告诉学生:"瞧,这个有吧?"而是要通过读这个文本,使学生从文本的语言表达中体认到。有些东西可能是受限制的,把每一个东西的作用充分发挥出来,这时候学生也会感觉到。

师 9：我们对你下午的课很期待,最起码我感觉深度应该还是有的。

合作专家：我觉得很有意思。

师 9：因为一开始没有读过这篇文章。

合作专家：我想让它有点意思。

师 9：为你喝彩。

【要点评议】

　　通过讨论,老师们对于文本当中一些理解上有难度的语句,有了更深的理解。更重要的是,大家对于作者在文中所要传达的"志",以及由"志"所传达的"炼字炼句处"也开始关注,并开始往纵深处挖掘。虽然由于本次共同备课的时间制约,讨论未能完全展开,不过,我们已经从老师们的话语当中看出了一种"改变",师3的最后一次发言,体现了一种明显的"前进"。我们的主张,教师要想引导学生面对文本能够"读进去",首先必须教师自身要"读进去"。

问题研讨

　　文言文是文言、文章、文学与文化"一体四面"的经典。文言文教学首先要正确认识文言文字词句的积累与文言文阅读教学的关系,不能简单地把文言文降格为古汉语知识语料,不能把文言文阅读教学等同于古汉语知识教学。

　　文学理论家强调"文学是一种特殊的语言组织"(参见本书童志斌"主题学习"报告)。文言文的特殊语言往往集中体现在"章法考究处,炼字炼句处",而这样的地方也恰恰是文言文"言志载道"的要害之处。因此,文言文阅读教学的着力点,是通过"章法考究处,炼字炼句处"具体地把握作者"所言之志,所载之道"。

　　而发现文言文的这些"章法考究处,炼字炼句处"无疑是文言文教学解读的重要起步。教师要对文本进行独立、细致的阅读,本次共同备课教师们在反复的讨论中逐渐聚焦到课文的关键处。这个过程其实相当于每个教师独立阅读过程的外显,教师阅读时的疑惑、阻碍、联想、推论等思维过程就是极为重要的阅读经验,对这个阅读经验的审视与整理能形成阅读路径,用于指导学生的阅读实践。

　　当然,能力以知识为基础。在本次共同备课中,我们也发现,教师只有掌握更多的文字学、文章学以及文学等方面的知识,才有可能更好地发现文言文那些"章法考究处,炼字炼句处"。

任务1:下面的语句,从句式上看有什么特点?作者采用这样的表达,是否也有特殊的意味?试作揣摩品味。(提示:假如仿照欧阳修《醉翁亭记》中"也"字的运用,在这些句子中加上"也",表达效果有变化吗)

日与其徒上高山,入深林,穷回溪,幽泉怪石,无远不到。⋯⋯觉而起,起而归。

遂命仆人过湘江,缘染溪,斫榛莽,焚茅茷,穷山之高而止。

任务2:阅读欧阳修的《醉翁亭记》,思考文中作者的三种自称"醉翁"、"太守"和"庐陵欧阳修"在表达效果上有什么区别?可以互换使用吗?

从文本"炼字炼句处"读出文化意味来

——《烛之武退秦师》共同备课的启示

教学现状描述

《烛之武退秦师》选自《左传》，被收入人民教育出版社课标实验高中语文教材必修一第二单元"古代记叙散文"。

教学《烛之武退秦师》，最常见的就是把它作为一个故事来教：先扫除文字障碍，把文言翻译成白话文，然后作为一个历史故事来学，弄清楚所记事件的起因、经过和结果，最后感受烛之武这个人物形象，也就是说所教内容往往就是学生自己也能掌握的学习内容。而潜藏在文字背后的深意，隐藏在文本深处的内蕴却消失了。这样的教学浅尝辄止，在文本的表面滑行，就是所谓家常课的家常态：既没有骨感，也不见丰满。

选择《烛之武退秦师》作为共同备课的篇目，是因为，这篇文言文在教学过程中，由文言文教学必经的解字释句阶段之后，或评说历史，或评述故事，或评价人物，很容易走上一条"泛语文"的道路。在这个教学的岔路口，"往哪里去"是一个问题。其实，在这个岔路口，还有一条通向"语文"的康庄大道，那就是从文本"炼字炼句处"读出文化意味来。这样，就能平中见奇，常中见险，陈中见新，朴中见色，读出文章的生命来。

热身活动

1. 查阅工具书，对照字典，看看"壮"、"敢"、"赐"、"取"、"图"等汉字蕴含着怎样的文化意味?

    2. 阅读课文,思考:你认为是烛之武退的秦师,还是佚之狐退的秦师?

备课进程

一、教学内容整体把握

师3: 作为组长,我就先抛砖引玉。《烛之武退秦师》(下称《烛》文)是一篇散文,深入一步,它是一篇对话形式的散文,因此我们在文言文教学里面必须"文"、"言"兼顾。首先,立足我们的学生学情来说,对于这篇文言文而言,首先要疏通。我觉得诵读的方法是很重要的,特别是理解对话,因为这是一篇对话形式的散文,所以说要在诵读中理解对话中的潜台词。其次,理解文中烛之武的外交辞令的艺术,在这样的基础上再理解烛之武的人物形象。但是我觉得这篇文章的重点并不是分析烛之武以及其他各类人物的形象,而是重在语言中的机智。我发现,这个文章基本上每句话教材都有解释,都有翻译。我个人认为,根据学情的话,在课堂之中老师还是得稍微串讲一遍,让学生能够有一个清晰的阅读脉络。最后就是整理字词,这是重点。

    "落点"的话有以下几个:第一,学生参照书中的注释读懂文章,通过诵读讨论提出疑问互相交流。第二,是我们教学的重点,由题目引入烛之武智退秦师:烛之武为什么要退秦师? 他凭什么智退秦师? 怎么去智退秦师? 诵读体会讨论交流,特别是要体会语言的语境。第三,从以上的语言里面把握烛之武的人物形象。第四,按照以上的方法学生自己体会晋侯、秦伯和郑伯的形象。我曾在网上查了一些资料,像明代清代的学者,都提到了烛之武智退秦师的一些辞令,所以我们要重点关注文章退秦的辞令。我最后的感想是,郑国要在秦国和晋国的夹缝中求得生存,就必须对大国的弱点,以及它们的优点有透彻的了解,只有这样,弱小的郑国才能在秦、晋国之间生存。这篇课文就体现出了郑国外交的灵活,烛之武就是一个非常好的代表。

师5: 落点三是什么?

师3: 落点三就是从退秦师中把握烛之武的形象。前面我们一直都在分析烛之武,这个方法就是通过人物的对话语言等来分析人物形象,然后按照这个方法自己去分析一下郑伯。

合作专家：大家需要对人物性格做一个了解，也就是说他现在有的一些行为表现；而实际上人物完整的形象和性格，可以说在课文当中体现得并不充分。

师3：我们可不可以这样理解？这个烛之武并不是一个怎样爱国的人，不过对当时国与国之间的情况是非常清晰的。

师11：有没有必要面面俱到？

合作专家：这个文本如果它可发散、可取舍的地方比较多，那么它肯定有许多可挖掘的地方。

师3：对的。

师11：他讲的是"外交辞令"，如何在大国的夹缝中生存下来。

师3：学生学习的时候，可能在几个地方理解有困难：一个就是"越国以鄙远，君知其难也。焉用亡郑以陪邻"这句话，学生理解起来有障碍。因为他们不知道这个秦国、郑国还有晋国的地理位置，所以讲"越国鄙远"的时候，老师可以借助图示。第二个，第一句话是"以其无礼于晋，且贰于楚也"，第二句就是"晋侯、秦伯围郑"，学生就很费解。为什么秦国这么容易就被说服呢？我觉得在这里可以再强调一下，烛之武对全局的掌握。其实秦伯和晋侯都是为了利益而攻打郑国的，所谓的"以其无礼于晋，且贰于楚也"，只是一个借口而已。

> 【要点提炼】在确定教学内容时，老师们是从文本（体式）与学情两个方面去入手加以把握。

合作专家：王老师你这个就比较有深意了，你怎么知道的？

师3：我是这样想的。

师10：这个可以作为一个最后的教学内容。

师3：最后作为一个整理的考点，拿出来为考试做准备。因为我前面也说到，我们先"文"。

师11：所以说不是我们不了解，是因为，文言文是最基础的。

师3：对的，这是最基本的意思。而且，我们试卷里面可以发现，学生把古文的意思翻译出来之后，他根本不去想翻译出来的句子通还是不通，他只管翻译出来就可以了。——我讲的就是这些了。总之一句话，我们的关注点不是人物形象，应该是"外交辞令"。

【要点评议】

从师 3 的陈述以及其他老师的讨论中,我们可以看出,对于《烛》文的教学内容,大家普遍的是着眼于"外交辞令"与"人物形象",尤其是后者。问题在于,围绕着"外交辞令",课堂里我们要做什么? 采用什么方法、途径让学生感受到烛之武的高明呢? 师 3 自称采用的是"诵读讨论"的办法。"诵读"的当然是文本,"讨论"什么呢? 似乎大家普遍关注的是烛之武"为什么要退秦师"、"怎样退秦师"等"辞令"之外的东西,是与课文内容相关的历史事件,而非"外交辞令"本身。

二、课堂"导入"设计

师 9: 就这个故事而言,情节性还是蛮强的。

师 6: 你们会发现,重点在第二段。

师 10: 主要是对话。

师 11: 主要是在这个过程当中是一个人讲。

师 10: 比如说你把他那个三国对峙的图拿出来,你先把这个故事呈现出来,这个故事蛮吸引人的。如果你是烛之武,你会怎么样去劝说? 可以先给他一些情节,可能学生的说法会各有不同,他们不理解,你让他们看文本。

师 3: 我觉得这是一个好方法。

师 10: 我认为,如果按照学生的意识层面跟人生阅历的话,一开始不要用文言文,而是用现代文作交流。可能会有各种各样的方法,顺便也把他的背景做一个交代,这样他们看这个故事的时候也有一个基础。在这个前提下再让他们去读文言文,比你翻开书自己看要有兴趣得多。比如说这个文言字词难的老师解释一下,然后问他:读了文章之后思考,如果你是烛之武,你会怎么做。学生在表演的过程中可能对文本有了更深层次的了解。

合作专家:(向备课老师们投影呈现教学 PPT)这篇课文我之前上过,如何引导学生更好地阅读? 当时我找了这样一张地图,秦国在这里,晋国在这里。"越国"是哪个国呢? 晋国。也就是说,"秦、晋围郑",仗打完了以后,肯定就是晋国分一块。

师5：中间黄色的是哪个国家？

师3：周天子，下面就是楚国。

合作专家：秦国在这一块。有这样一个图，整个背景学生就很清楚了。课堂里面怎么呈现，你自己脑子里面会有一个想象，这个就要用你的知识来展现了。现在关键就是我们讲这个词义，词义你怎么去做？刚才老师讲用表演的方式，而表演的方式就能够更奏效吗？就是在基础阅读之后肯定会有一个提升，在表演之后提升的是什么呢？除了表演还有别的是什么呢？

师11：我倒是想，实际上拿一张地图让他们来分析一下，看学生有没有兴趣。

师10：第一层也不是表演，是让学生来想。如果在这个环境中，你就是烛之武，你没有看这个文章的时候，你会怎么去劝退秦国？一般情况，肯定是没有烛之武那么高明的。然后再让他投入到文本中去，我觉得这堂课肯定不是一节课可以完成的。我觉得在接下来这节课当中，至少有 20—30 分钟结合注解理解，然后也可以避免那种传统的读一句讲一句的呆板模式，这样的话，学生会有一种主观地想去了解文言文的意识，可能这样的收获会比我们按部就班的效果好。在翻译中不必拘泥于文本形式，这也是一种文本的校正吧？但又不是原先的那种逐字逐句地翻译，这样可能会比较好。

师6：这样行不行？就是说两个强国联合来攻打一个弱国，这个国家首先要叫一个人去劝说。劝说哪个国家比较合适呢？这个问题是首先要考虑的吧？

师11：按照课文来说的，他为什么"说秦"？有两个原因：出兵的理由中晋国是最重要的，因为郑曾经"无礼于晋"；而从秦国这里来看，则没有什么实质性的矛盾。所以要针对秦作劝说，这就是为什么是智"退秦师"，而不是"退晋师"。——这个学生可以理解。然后从这个角度去延伸的话，效果会不会更好一点呢。

师3：是的。

师8：晋除了利益之外，还有一点点祖上的恩怨对吧，两者的目的并不是完全一样的。

师3：假如说学生这样问：老师，既然晋国那么强大，秦国那么强大，干嘛晋国不单独去打郑国，干嘛要拉着秦国呢？

合作专家：如果这样去追问的话，我觉得就变成了历史问题的探究了。这样做我觉得应该谨慎一点。比如岳飞的《满江红》我们都知道,我在历史的高考试题里面看到这样的题目:"根据材料(岳飞的《满江红》),回答后面的题目"。比如"结合所学的知识评价岳飞的抗金活动"。语文老师会不会讲这些呢? 也会讲。那么我们是不是只讲这些呢? 这是历史老师做的;我们肯定要在历史老师做的工作之外,还要做一些别的。

【观察者点评】面对同一个历史著作文本,语文老师同历史老师的着眼点有什么不同呢?

师 6: 一开始要把学生的兴趣提上来。

合作专家: 是需要激发学习兴趣,可是如果依赖补充大量历史知识或者其他传记的材料,那可能就有问题了。

师 10: 如果你文本就是按照常规的方式来讲,学生是不感兴趣的。按我前面用表演的思路来做,可能会事半功倍。

合作专家: 我再问一下,是用文言文来表现吗?

师 10: 不是,是现代文。

合作专家: 如果是现代文,我请大家思考这样的问题:为什么我们要读文言文? 为什么教材编辑不把它翻译成现代文,然后直接让学生阅读这样加工过的现代文本? 如果把它翻译成现代文,我们是不是也可以直接从中获得一些滋养呢? 让学生表演的时候你用的是现代文,我们都知道,文言文和现代文的差别首先是"文言"语言上的差别。那么,我们应该怎么来对待这种语言上的差别呢? 我们经常这么说:"我们要扫除语言文字障碍。"如果"文言"仅仅是一个应该被"扫除"的"障碍",那么,我们编写教材时为何不直接编成现代文提供给学生来学习,而要让学生面对文言文来学呢? 显然,阅读用"文言"写成的文言文,与用"现代白话"写成的现代语体文是完全不一样的事情。阅读文言文,我们就应该直接来面对"文言"。如果我们现在让学生直接用现代文来"说话",我们显然就是认定,用现代文还是文言文,其表达和表演的效果是一样的。而实际上,当你用现代文去表演去体会的时候,你已经不是在体会文言文了。我不知道我这样说,大家能不能理解?

师 3: 就是怎样让学生去体会文言文。

师11：因为有些文言句式的特殊性不是表演的时候就能解决，要不你表演的时候把这个句式拿出来再讨论一下？

师4：那能不能用文言文来表演？

师3：我现在认为，我们应该把重点放在怎样让学生了解的方法上。大家可能还没有理解，我们要做的是怎样让学生体会文言，我们这篇文章到底是一个怎样的文言？

师1：实际上这篇文章是辞令，就是语言表达，那么我们更要回到文言上。

师11：比如"君知其难也"。

合作专家：实际上这篇文章，教材里也说了，是"辞令"，其实就是"语言表达"，那么我们就应该回到"文言"上来。

> 【要点提炼】经过大家的讨论与合作专家的引导，老师们接受了应该"回到'文言'上来，让学生去体会文言文"，明白"这篇文章到底是一个怎样的文言"的重要性。师3态度的转变可以作为代表。

师5：我觉得这个要分几个回合，怎么一步一步达到这个目的的，这样要让学生理解。我们前面讲的这些都是完全钻到"字"里面，我想先让学生理解。

师11：我就是说诵读法，然后在句式表达上。

师5：我觉得这个就是像现在的心理学家一样：怎么样抓住你的心理，怎么样让你信服我，让你认可我的观点。

师3：对，这个肯定要讲的。

合作专家：这个什么时候讲，怎么讲？

师3：对的。怎么让学生感受到他的高明？这个高明就是刚才我们专家老师讲的，别人讲不到这么好，只有烛之武能劝说。

师11：学生先要读一遍。

师3：最后还是要回到文本上来。

师10：字词一定要疏通的，第一次是要设置一个故事情节，这个方面是很少的时间，可能也就5—6分钟。

师5：那这个就是一个"导入"，我们现在进入"落点"的确定，我们要"落"到这个"点"上。

这一阶段的讨论,老师们起初主张要从对文本以外的因素(比如"晋国为什么不单独攻打郑国"等历史史实)的探究当中,来感受烛之武辞令的高明;甚至于主张直接用"现代(白话)文"的表达,让学生根据情境进行模拟表演的方式来作感受。因为,"按照常规的方式"着眼于文本自身的教学,"学生是不感兴趣的"。到后来,慢慢转变到对文本语言的关注上来。教学过程中,激发学生的兴趣诚然重要,可是,避开从文本自身,不是从对文言表达本身的品味探究当中让学生感受到辞令的艺术、人物的魅力,而是"为了兴趣而兴趣",显然不是一种积极的态度,也一定不是一种有效的做法。

三、主体环节设计

师11:第二次演,再来讲。

师5:我觉得,前面所讲的怎么导入呀?

合作专家:主体环节要设计出来。

师3:对。

师10:"亡郑"对他的坏处,"存郑"对他的好处,再加上"晋君"。

师3:一个前提,三个步骤嘛,一步一步分析。

合作专家:那么,几个层次?

师3:一个就是"亡郑"对你秦国是没有好处的,一个就是"晋君"这个人是不能相信的,一共有两个。

师2:第二个是你的盟友不值得相信的。

师5:我觉得第一句话更打动他:我也知道我们郑国要灭亡了,我到这里来,不是为了我,而是为了你。

师3:让学生自己来理解。

师9:因为这里有些字学生不好理解的。虽然有些可能后面有注解,可以在分析过程当中把字词疏通再来讲一下。至于个别字词,就像刚才我们老师说的,讲完了稍微要串一下,这是为了考试而准备。有些字面的意思,王荣生老师不是说了嘛,要"炼字炼句"。这其实也是《左传》叙事的一个重点。它叙事的特点是,比较跌宕的情景,用非常简洁的语言写出来。那么我想是不是也应该把它作为教学的一个典型来学习呢? 其实课文里面一开始进军函陵,后来再讲到烛之武怎么样智退秦师,它都是用非常简洁的语言来表述的,我觉得情节方面也应该作为一个重点。一个是跌宕起伏的情节,一个是烛之武的外交辞令,说话的意思,我觉得这两个特点也是《左传》叙事散文的主要特点,是不是可以把这两点都作为教学的内容?

【观察者点评】老师所提出来的这两个教学内容,你赞同吗?

师 11: 我觉得可以就一点来说。

师 9: 叙事跟烛之武的外交辞令是没有发生冲突的。这个好像是第一次出现《左传》的文章,《左传》的文章肯定要讲的,不可能一点都不讲,一定要让学生了解。

合作专家: 刚才讲的一个叙事、一个辞令两个方面,是不是都要确定为教学内容呢? 一篇文章,它的价值原本就是很多的,当它作为一篇课文出现的时候,我们要挖掘它的教学价值。理论上说,很多的原生价值可以挖掘为教学价值。岳飞的《满江红》放在历史教材里面,它发挥了历史方面的价值,在语文教材里面就不一样了。在语文里面,历史方面的发挥就不是我们的重点。当然最好的就是两个都兼顾了,对不对? 在确定教学内容时,我们还应该知道,每一篇课文都是放在一个特定的单元、教材系统里面的。在我们现在的人教版教材里面,它是放在哪个单元的呢?

师 4: 必修一。

师 3: "叙事散文"这一块吧。

师 1: 要结合它这个,我觉得是挺好的。我们确定一下哪个比较好? 放在旧版的教材里面,它是按照文学史先后的,就是先秦,那个是历史的问题。在新版教材中,现在我们看到的这个是放在必修一里面,在"叙事散文"单元里面出现的。我们毫无疑问就要讲叙事散文,那么放在叙事散文的话就要关注作者的写作。如果是辞令,不是作文怎么写它,而是烛之武他本人怎么说的。在讲到这些的时候,可能我们要注意一点:不是说作者很高明,而是烛之武说得很高明。从这篇课文来说肯定是叙事,如果不考虑它所在的单元整体的话,其实我们可能就真的会有点纠结。叙事不能忽略,辞令好像也不能忽略,那怎么办呢?我们就讨论一下,这两个点哪个更重要一点?这两个都讲,很可能就会互为牵制。那么有没有可能,抓住辞令更合适一点,更集中一点,把它做得更充分一点。或者我们不管叙事或者辞令取哪个选哪个,我们讨论一下,如果是叙事怎么教,如果教辞令我们怎么教?我们可以这样讨论,我们把它分成不同的层次来看看。

【观察者点评】一个"辞令",一个"叙事",你会怎样取舍呢?

师3: 其实教辞令怎么教,我们刚刚已经讨论得很充分了。

师10: 这个辞令要表现这个人物的语言,这些看起来是烛之武说的,但是在不同的文本表现是不一样的。不能光从人物上来讲,这样有可能会把语文课上成历史课,忽略了语文课的功能。

合作专家: 因为现在要做的是"阅读",是文言文阅读。如果我们要学习的是劝说别人,该怎么劝说,如何像烛之武一样劝说成功,那这个任务就不一样了。我们是在阅读一篇历史散文。我们认为文言文中是"一体四面",就是文言、文章、文学、文化。学习文言文前提是学习文言,实质上体认古人所言的"志"和"道",最终的落点是"文化"的传承与反思。学习文言文要研习文章谋篇布局的章法,炼字炼句的方法。在这篇文章里面,就是烛之武的"炼字炼句"。讲解文言知识,目的是为了更好地理解课文,这一点跟很多老师实际操作是不一样的。因为我们把眼光都盯在考试上的话,那么知识本身就是一个目的的所在。如果真的要讲解文言知识来应对高考,放到高三复习阶段也是可以的。

师2: 高三复习当然管用了。不管用谁高兴复习呢?

合作专家: 既然这样,我们没必要在平时进行文言文阅读教学的时候,就一心想着高考题目。我们可以老老实实地把这个做好,先脑子里可以有高考这根弦,但是不要一一地对应它;我们着眼于培养学生对文言文亲近的一种兴趣,而不是一味做机械的操练。一开始把这个文言文上得生动有趣一点,至于整理、知识的归纳我们可以放在高三去做。还有一点,文言文教学中要力戒逐句翻译,需要翻译的地方往往是文言特殊句法的语句。很平常的表达,其实不需要去翻译的。我前两天在听实习老师上课,然后也听实习老师的指导教师上课。有一个实习生教《师说》,他逐字逐句分解完了就翻译,然后问同学们这里有一个什么特殊的句式呢? 我当时就想了,语句解释也解释过了,翻译也翻译过了,最后为什么非要问这是什么特殊句式呢? 我们知道这个句式的

目的是为了更好地理解这句话,现在你已经理解了这句话,有必要再准确地认定出这是一个"被动句"句式吗?

师5:考点就是这样考的。

师10:三个判断句,一个倒装句,就是这样的。

师2:他可能会这样考,师者可以传道授业解惑也,这个字词翻译一遍。

合作专家:那么如果这样讲的话,是不是每一句都要讲呢?

师5:我们就是这样教过来的。

师10:刚才这种情况就是以前我们的老师给我们教过来的。

师4:好像有一次课后练习题上也是这样的。

师1:如果每出现一次就要讲一下,就要回想一下,就要整理一下,你就耗费了很多时间,这样的话很多别的事就没有办法做了,对吧?

师3:不要特别关注这个。

师11:这个也是容易读懂的。

合作专家:我们建议,是不是围绕着文言、文章、文学、文化这四个维度来作落实,看是不是可以有点作为? 我们不要从概念上理解它,我们在落实

【要点提炼】从老师们的话语当中,我们可以看出,平时大家教学文言文时,虽然也关注"文言",却往往是一心盯着高考试题,在阅读教学过程中将注意力放在"古代汉语"的学习上,文言知识的归纳整理上。比如,大家费较多时间在讨论"焉用亡郑以倍邻"是读"bèi"还是"péi"? "夫晋,何厌之有"的倒装句特点,等等。——也就是说,是就文言探讨文言,而仅仅对于同文学、文化关系密切的文言字词现象的关注,显然不够充分。所以下面的讨论环节,合作专家有意识地作了一个引导转向。

的时候,还是可以有一些具体的东西。

师 3："文言"就是字词疏通。

师 2：根据情况,假设一个学情,有哪些是可以讲的,有哪些可以去掉?

合作专家：我们筛选一下,如果我要备课,哪些字词我们要强调一下。我们现在
可以按顺序来梳理一下。

师 3："以其无礼于晋,且贰于楚也"。

师 9："贰"要讲一下。

(由"贰"的理解开始,学员跟专家围绕课文当中部分理解上有难度的字词、句式展
开了讨论。从略。)

四、文本"炼字炼句处"研讨

师 3：还有一个刚才说的,作者的炼字炼句,还有烛之武的炼字炼句。

合作专家：烛之武的炼字炼句体现在哪里?

师 3：对,体现在哪里?

师 8：主要就是几个回合。

师 5：第一就是体现他的立场,好像是在他的立场上说话的。

师 7：我觉得这个语言就是从外交方面来讲,一个是从文字表述上来说。

师 11：它的句式、语气,还有站的角度。

师 8：对的,主要是从这个方面来讲的,文言都是这样的,还有一种叙述的角度来
讲的。

合作专家：我举一个例子,看看大家能不能接受?"既东封郑,又欲肆其西封",这
句话什么意思呢? 课文注解 29 和注解 30 是这样说明的:东边的领土
扩张了,又想要什么呢? 扩展它西边的领土。——是不是这样?

师 3：对。

合作专家：请问,根据教材的注解,"扩张"了东边的领土,又"扩张"它西边的领土,你听到这句话的时候,感觉就是东边也扩张西边也扩张了。可是课文说的是"东封郑,又欲肆其西封",为什么?"肆"这个文字它传达的意思是什么? 这个字的古今含义没有太大的差别,"肆"可以解释为"延伸和扩张"。那我们

【观察者点评】同样表示"扩张"的意思,为什么前后分别用了"封"与"肆"两个不同的字眼儿?

体会一下，烛之武为什么说"肆其西封"，而不是"广其西封"之类？就好像"春风又绿江南岸"，有一个用字的推敲过程。不管烛之武当时有没有作这样的推敲，我们来读它的时候是不是可以读出一点意味出来？因为，汉字"肆"，我们看到的是可以想到那些词语？

师5：放肆、肆无忌惮。

师4：晋君的这个"欲"已经充分表现出来了。

师3：但是就这一个字，其他的我们还能再找几个字出来吗？

【反思】

师3这个问题相当地耐人寻味："其他字我们还能再找几个字出来吗？"——理论上说，类似的"陌生化"、"前景化"的特殊语言构造，在文学作品（尤其是经典作品，特别是惜墨如金的古代经典作品）当中，肯定不会是个别偶然现象。下面来自《阿房宫赋》的语句，在措辞上是否也值得细细玩味呢？

六王毕，四海一。蜀山兀，阿房出。

戍卒叫，函谷举，楚人一炬，可怜焦土！

假设将原文改成下面的表达，效果有什么不一样呢？

六国灭，天下定

陈涉起，咸阳破

在教学其他文言文时，你是否这样关注过文本的语句表达呢？

合作专家：或者这样说，与其每个都讲，不如把部分重点讲透。课文那么多的文字，你都能一一讲完吗？

师3：我觉得这里"若亡郑而有益于君，敢以烦执事"，这个"执事"，就是对对方的敬称。

师8：这样会不会表明他对君王的恭敬态度？

合作专家：这个地方，假设是有道理的，但是我们能不能把它梳理清楚？如果我们自己都不能搞明白，我们就不能带学生搞明白。

师10：对，为什么说"敢以烦执事"？意思就是这个事情你完全可以操作的。

师3：我觉得这个"执事"就更加示弱。王老师你觉得呢？

师6：我倒是觉得，好像是谦虚的语气。

合作专家：其实就是你放手去干吧，我就把亡郑这个事情交给你去做吧。我们是肯定完蛋了，麻烦你了。——他是这样的语气。

师3：对。

师10：那"敢"怎么解释？

合作专家：就是"请"，"敢问路在何方"，意思差不多。

师5：意思就是，我做这个事情完全站在你的角度，不是在说其他的。

师3："越国"，然后讲到了"亡郑"对秦的坏处。

合作专家：反问的功能不是我直接宣讲，而是让你思考，你就想想看，没那么简单的。

师11：其实就是给他一个问句。然后说"夫晋，何厌之有？"，你想一想。

合作专家：其实这个是有文章可作的。前面大家说了它的思路，大家归结为三层意思，第一层是说？

师5：四层。第一层表明立场。

合作专家：表明立场先不管，后面是哪几层？就从"越国"这儿开始。

师5：亡郑是没有好处，先是有益，后面是有害的。

师3：其实是说没好处。

师10：没好处，没好处你还干。

师3：有害就不能干了。

师10：所以这就是亡郑的结果，先讲"亡郑"，再讲"存郑"。

合作专家：但是最后面你说的肯定不是"存郑"。第三层讲什么？

师10：晋国跟秦国的利害关系，跟郑国没有关系了。

师2：概括地说，第三层是什么呢？

师6：如果晋国强大了就会危害到秦国。

合作专家：其实都是为郑说话，但表面上处处为秦。他要掩饰，有意淡化，隐退到后面去。所以烛之武应该是让秦君听起来是这样的印象：我们不要说郑国存亡的事儿了，我们现在假设一下郑国已经灭亡了，然后我们再来说说秦国能够得到什么好处。他不说郑国，因为郑国已经完蛋了，下面我们就专心来讨论郑国灭亡以后，大家如何来分割和瓜分。

师8：那怎么样分层次比较好呢？

合作专家：我还是比较认同先说无益，再说有害。

师6：这里有好处呀。就是说有所害了，那我觉得言下之意其实是有好处的，你这样做下去，以为东道主是有好处的。实际上是不是这个意思呢？

师3：还有一句，"且君尝为晋君赐矣"，他觉得自己得意，也就是说晋国一家独大，这样的话满足了秦国的欲望。然后为下面说"既东封郑，又欲肆其西封"作准备，就是说本来你好好的。

师11：有好处。

合作专家：你可以说有好处，但是好处有多大？似乎也没有多大。换句话说，还不足以打动秦伯。

师3：就是秦晋之间的关系。

合作专家：我们要明白一点，烛之武要想说服秦国，是想保全郑国，要秦国退兵，就只有离间。这个地方讲了"有益无害"。最早"见秦伯，曰"，看到秦伯就说了，说完了秦伯就"悦"，我想没那么简单的。郑一个小国，秦国将要灭亡它，秦伯对他是可见可不见。当然烛之武肯定揣测过秦伯的想法：老头子（烛之武）来见我干什么？肯定猜测得到其来意。烛之武高明的地方，就是他不直接说晋国坏话，而是说"越国以鄙远"，"越国"这个"国"指的是"晋国"，把它改成"越晋以鄙远"，看起来似乎也可。后面说到"邻之厚，君之薄也"，这个"邻"是谁呀？

【观察者点评】你觉得"赐"字有什么文章可做呢？

师5：就是晋国。

合作专家：其实就是说"晋"。烛之武每次说到晋国，都不是指名道姓，而是有意地隐掉，然后慢慢地挑起历史往事，你对它有恩。在"赐"这个字上有文章可做。"赐"课本解释为"恩惠"。请注意，"赐"在古汉语中，是指"上对下"的。烛之武想说：您想想看，晋君他当时多落魄，还不是老大您帮了他嘛，现在他跟您平起平坐了，他是什么东西？——这个地方就有点意思了，是不是？

师3：有意思。

合作专家：然后到后面烛之武就"原形毕露"了。前面是有意地隐掉，慢慢一出来之后就放大了，就是越刺耳越好。这样的话秦伯就会反感晋国，以后就进一步强化它。其实这个"取"字也有文章的。"取"的字面意思是什么？能不能翻译出来？——"取得"，那如果我把"取"换成"得"呢？有什么不一样？翻译起来意思一样吗？可以说。"得"是一个被动地得到了，或者收获了，而"取"呢？

师8：有"夺取"的感觉。

合作专家：它有一个主动，"攫取"了。而且"取"的字形，左边是耳朵，右边是手。大家想想看，这个汉字的本意是什么？就是古代打仗的时候，把战俘的耳朵割下来。他就是要强化后果很严重了，有时候我们讲"切肤之痛"，耳朵被割掉了，有痛感。这个"取"也需要这样做文章。

【观察者点评】你觉得"取"字又有什么文章可做呢？

——所以，这个语言文字看起来是文字，其实大有深意，甚至是文化意味在。所以说我们不能轻易地把它翻译成现代文，就是说原有的效果会完全丧失了。我觉得老师要做的是什么呢？"焉取之"，他到底是什么意思呢？这就是学生未必会懂得本意，获得文化意味。为什么要拿文言文给我们读，而不是现代文？如果把它读为怎么"取得"，包括"肆其西封"，这就是很有意思了。那我们在读的时候是不是也应该关注这样的词？

【反思】

从字形的角度来揣摩字句，也是阅读文言文的重要路径。平常在教学当中你是否有这种意识与习惯呢？

比如前人这样赞誉《秋声赋》（欧阳修）："秋声，无形者也，却写得形色宛然，异态百出。"（《古文观止》）。文中有这样的语句：

初淅沥以萧飒，忽奔腾而砰湃，如波涛夜惊，风雨骤至。

你有没有从中感受到"形色宛然"、"异态百出"？建议你关注一下"惊"与"骤"这两个汉字的繁体字形，然后再结合语境加以品味，看看是否有新的发现。

师5：我们在教的时候确实没有这样教，我们都是分几步。

师6：这个是没有去做的。

合作专家：王老师讲"文化"的东西，我觉得我们可能会这样想：当然有文化了，比如说秦"伯"或晋"侯"，这些当然是文化。我们现在试图从语言、文字的角度来讲，就比较好了。我们很多人可能以为语言文字就是文字，其实语言本身就是文化最重要的组成。

师11：这个还是走向文化的。

合作专家：对，走向文化。但它是从哪里走向文化的？从文本从语言文字走向文化的。刚好这篇文章告诉我们要强化词意，尤其从他的措辞、讲话用意来讲。这是我个人的意思。

师3：我们平时讲能讲这么细吗？给自己慢慢练，而且自己一个人还不够，必须要好多人一起。

师7：是真正的文本的"研究"了。

合作专家：对的，因为平常我们备课也没有那么长时间，是不是？

师7：今天的备课效果特别好。

师10：层次比较高。

合作专家：因为这篇文章我自己上过，是不是每篇都可以这样，我也不敢肯定，但是这样的办法应该是可行的。

师7：这就是要让我们以后朝这个方向来做。

师8：这个方向是可行的，我觉得这个方法很好的。

师6：我觉得这个里面的文化还是比较好的。

师11：这是对文本理解有价值的。

师3：好，那我们第二个"终点"怎么写？学习烛之武辞令中的……？

师6：学习精彩的人物语言。

师4：从烛之武的语言看文化。

师7：不要烛之武了，学习文言的精彩。

师3：第二个"终点"是品味精准的人物语言。

师11：精准，还有呢？

师4：他写了意味深长，还有描述什么的。

师11：我觉得他的语气。

（接下去，学员们按照"共同备课"活动的规范要求，将讨论的成果整理在一大张白纸上。大家最终明确了"落点一：激发兴趣"；"落点二：疏通字词，把握文意"；"落点三：探究语文的精妙"。从略）

【要点评议】

经过合作专家有意识的引导，学员们对于"肆"、"取"等包含丰富的文学意味和文化内涵的文言字词有了全新的认识。大家不仅表现出对于这几个具体的文言字词的内涵挖掘的认同，而且，普遍表现出对于这种由语言到文化的文本解读与文言教学方式的认同。纵观整个备课过程，学员们对于《烛》文教学内容的把握有了明显的改变，对于文言文阅读教学内容的确定问题也有了新的认识。

问题研讨

读出字里行间的文化意味，是文言文教学的重点，也是当前文言文教学的软肋。究其原因，一是汉字简化后，作为表意符号的汉字的文化功能逐渐弱化，学生很难从简体字中窥见文字蕴藏的深意，如"赐"的繁体字为"賜"，"贝"部简化为"贝"后，已经很难见出古代"货贝而宝龟，周而有泉"的象形；二是当下社会对文化意识的回归不够，教师仅有的一点文化热忱反而在商品大潮中逐渐被稀释，相互训诂、切磋的文化现象逐渐式微。在教学实际中，我们往往把背景的历史性叙述当作文化，把主题的扩展性提升视为文化，然而，还有更为重要的文化，真正的文化意味的获得一定是立足文本、立足语文的。实际上，抛下语文另起炉灶，不仅是文言文教学的误区，而且是语文教学的百年之痛。字句间本就蕴藏着文化，为何舍近求远？因声求气，因气悟文，因文解言，是一条路径。只有着眼字词之间，着力于文本的罅隙之间，进而探寻文化的内蕴，方能寻得文言文真正的文化意味。

后续学习活动

自从烛之武被载入史册，后人不断地赋予烛之武以不同的情感。阅读下面的诗作,想一想这些诗作中含有"烛之武"的句子抒发了诗人怎样的情感? 这些句子分别对应着《烛之武退秦师》中的哪些句子? 这些情感与"臣之壮也,犹不如人"中的"壮"字(繁体字为"壯")有什么关系?

（甲）

赵季茂通判惠诗走笔奉和十篇

岳 珂

天巧与天宜,雕锼焉用诗。

冥鸿吾自爱,隐豹彼何知。

牧笛方堪听,胡笳不奈吹。

伤时烛之武,老矣不能为。

（乙）

剪白须

仇 远

临镜忽自哂,公然白纷如。

稚女眼最明,为我剪白须。

髟髟如素丝,不堪绉破襦。

参差茁秋草,蔓衍不可除。

明知我已老,既白难再乌。

无肉令人癯,眼昏妨读书。

颜驷烛之武,吾非斯人徒。

（丙）

和刘后村杂兴

胡仲弓

近学时妆越样新,空遗畎畎处忠臣。

烛之武老未为老,刘伯龙贫可是贫。

造物不应推若辈,江山亦合助诗人。

挂冠神武当年事,明哲从来要保身。

（丁）

上尚郎中

刘 鉴

衰年何用响铮铮,一错元来铸不成。

为役谁怜烛之武,浮言枉累铁元城。

铄金有口难从众,赣釜无羹枉怨兄。

一点红炉属君手,放教跃冶要分明。

在文本"细读"中品味作品"前景化"的语言

——《桃花源记》共同备课的启示

《桃花源记》选自人民教育出版社义务教育教材八年级上册,是脍炙人口的经典名篇。由于这篇文章故事性强,学生的学习兴趣相对于其他文言文要高一些,但是,教学中如何帮助学生从虚境实写的笔法中分辨出虚构并领悟作者的假托寄意,并非易事。解码任何文本都要依据言语事实,在细读文本中发现作者留下的密码,倾听作者的心声。密码便是作品中"前景化"的语言。现代文体学理论告诉我们,文学性语言运用一定的策略将语言"前景化"突出,达到陌生化效果,引起审美关注。文本细读就是用敏锐的双眼捕捉作品中"前景化"的语言,从"前景化"的语言出发,抵达文本的思想情感内核。

选择《桃花源记》进行共同备课,不仅因为这篇文章具有深厚的文化承载,更因为想通过这样一篇相对熟悉的经典文章的解读示例,引导教师们体会运用现代文学理论进行文言文本细读的过程与效用,从而在教学中有意识地去发现文言言语现象与文言主旨的关系,提高文言阅读能力。

热身活动

1. 圈出课文中你认为能帮助学生理解文本的重点字词句,发现作者着意突出的言语内容。

2. 初步确定本文的教学内容,并依据对学情的估计,思考设计 2—3 个学习活动,来完成对所定内容的学习。

备课进程

一、教学整体设计初步研讨

师 1:桃花源,真是一个美丽的地方。假如我要说它很美,这应该是怎么的美法?

师 2:我让学生去做角色扮演,就比如说你是桃花源的居民,就让你来给我们讲一下,桃花源它到底有多美。

师 1:就是说你来设计情境,然后让学生扮演?

师 2:我是说让学生去扮演老人、小孩、女人等角色,我设计这个环节的目的,就是为了让学生去理解陶渊明所设想的这种理想的境界,而不是让学生单单从文本上对《桃花源记》有一个理解。

> 【观察者点评】师 2 所说的两个"理解",相互之间是什么关系呢?你认同他的主张吗?

师 1:你刚刚不是说语言很美吗?

师 2:我说的是两个问题。

师 3:想突出什么?我看到就只有"怡然自乐"。

师 1:所以就要请学生假设了。

师 3:让学生想象他自己是老人?让他觉得这一块是什么样?

师 1:让学生明白,为什么让他扮演老人,就可以走进桃花源当中的生活,或者说你在桃花源里的生活感觉怎么样。就好比说我是一个现代人,然后穿越到了这个时期来到了桃花源里。

师 3:学生不可能以那种身份去体会到桃源中的生活,因为他们从文章中所读到的信息有限。

师 1:我当时和他们说,其实桃花源就是一个理想的小区。

师 3:这样就和现代学生的想象接近了。其实如果不离开文本的话,里面的内容全部都夹杂着一些短句子,这样明朗的句子和优美的语言,也可以让我们了解到,作者看到了这样一个美丽的景色。所以说,就是要学生从作者的这种语言美,了解到生活中传递出的那种怡然自乐的心情。

师1：你的切入点，就是从文章中的短句？

师3：我觉得不应该从一个短句开始切入，我觉得应该从一个句式，从一个整体开始切入，从整体语言的用字，整体语言的每个用字开始切入。因为学生自己诵读古文获得的信息，要远远大于老师所讲的信息，古文需要学生去反复读，这样他们就会有一个整体的感觉。如果从学生最初的感受入手，这也应该比较好进入，并且也比较贴近学生自己。

师4：我挺同意她的看法，学生对《桃花源记》的整体感知方面应该不是很难，完全可以让学生在读的过程当中感受到桃花源，就是我们生活中所向往的地方，让学生们感觉到那里很好，没有外面那种争吵与妒忌。

在学生获得这样一个整体感知的情况下，在学生获得对桃花源向往之情的情况下，在翻译方面，我们完全可以用学生合作的形式进行翻译。当然他们不可能完全翻译得那么准确，这个过程就需要老师适当地去点拨一下。在一些重要的句式、词语的使用，还有古今异义方面，需要老师去帮助学生整理一下，这样的话这篇文章学生们就应该可以过了。

师1：我觉得在文章的理解上，大家应该都没有什么很大的疑问。

师4：就是要让学生获得一种"那里有个美好的桃花源，我也想去那里生活"的整体感知，这样也就可以了。

师2：像你说的这样是挺好，但是咱们应该怎么展开？

师4：我感觉可以从文章的内容入手，让学生可以感受到桃花源这个地方，还有桃花源这种美，这应该是阅读整个文章的感受。但这种东西，稍微有点难以落到实处。

师2：我们老师一般好像都是以"说"为主。

师4：这个我想过一点，如果不是单纯地去教学生阅读或者翻译，就比如说学生们写作文，都喜欢用到陶渊明，但是他们写的作文当中，根本没有关于陶渊明的内容，所以我想在对作文的了解方面，应该让学生更加充实一些。

学过了这篇课文之后，可以让学生写一篇作文，让学生把自己拟作陶渊明，到了桃花源之后都看到了什么，在作文里学生们就发挥了自己很多的想象。

师1：我想在学生们进入采访的时候，能不能让他们以古代人的身份，用原文去介绍桃花源？

师4：或者就算学生不用原文，也要用那种有古文感觉的语句。

师1：对，就是这样！我觉得这样也既符合学生天然对古文的兴趣，也让学生们自己直接去体会古文所带来的感觉。

师4：虽然像你介绍的这样上的时候，学生们可能用的不是原文，但如果让他们用古文的话，可以让学生基本感受到古文的那种语感。

师1：针对这种方式，我其实也有过一个想法，就是让他们去写关于桃花源的日记，不过我当时觉得这种写日记的方式，可能不会那么理想。

师4：为什么日记会不理想呢？这里有这样的几个原因，首先这是一个非常美的文学作品，日记它本来就比较通俗大白话，所以日记这个形式可能不合适。

【观察者点评】"用口语化、日记的形式去'背诵'古文"，如何操作？

师1：其实我觉得，学生在背诵的时候可以用这种日记的形式，用口语化、用日记的形式去背诵古文。

师2：我原来的想法是这样，让学生就针对一个小环节去进行背诵。

师4：我想应该让学生先去读，然后再去背诵这篇《桃花源记》。因为在背的过程当中，才可以让学生充分理解到，什么是"读书百遍，其义自见"。这样在背诵的过程当中，学生又可以进一步去加深对课文的理解，这其实也是促进学生积累语文知识的过程。

【要点评议】

从上面的讨论可以看出，老师们对于文言文阅读及文言文阅读教学的认识，还是有不少值得肯定的地方。比如注重"从语言的每个用字切入"（师3），"让学生感受到古文的那种语感"（师4），同时注重采用具体的方法（比如虚拟古人的身份进行采访），让学生尽量接近古人的生活、文本的世界（师2、师1），从而让"学生获得一种'那里有个美好的桃花源，我也想去那里生活'的整体感知"（师4）。当然，学员之间在意见上也还是有些分歧的，比如同样是虚拟情境，有人主张"理解陶渊明所设想的这种理想的境界"，进行想象表演（师2）；也有人主张让学生着眼于《桃花源记》文本自身，让"学生从作者的这种语言美，了解到生活中传递出的那种怡然自乐的心情"（师3）。

二、课堂教学设计研讨

（一）课文整体把握研讨

师 1：我们先定目标吧，先定最基本的一个过程。

师 4：像这种很美的散文，就应该让学生全部都背下来。

师 2：它应该和《小石潭记》一样，虽然它不是一个游记。

师 3：这是他写的《桃花源诗》前面的一篇序文。

师 1：我觉得如果定目标的话，肯定就是它的文体，它本身是用这个来"明志"的。

师 4：但是后来很多人，都把它给当作了一篇散文。

师 1：这个陶渊明的志向一定要放到最后，因为陶渊明的志向，是要让学生最后去理解的目标，也就是说要让学生理解到，桃花源就是陶渊明自己的理想世界，是他自己的一个世外桃源。

师 2：我觉得，其实这些对学生来说不难理解。

师 1：恐怕不那么简单。这篇文章里面还有成语，有很多很多的成语，还有古今异义的部分。

师 3：我记得我们以前在备课的时候，就把"古文教学"给当成了"翻译教学"，而且我的重点在桃花源的"源"字上。

> 【观察者点评】师 3 表现出了相当可贵的反思意识。你有这种将"古文教学"当成"翻译教学"的倾向吗？

师 1：我们要确定一下目标，现在对学情也很了解了，这种阶段性的目标，应该就是从最基础的文言角度然后再往上的过程，看看大家会有什么问题。

师 2：就是教学内容，就是我们要让学生提什么问题。

合作专家：老师们，请大家想一想，让学生学什么？这个学习内容是怎么来的？我刚才一直在认真听大家说。有一个问题可能大家还没有关注。王荣生老师说过，"缘体式，定终点"，"缘学情，定起点"。你们一坐下来就开始探讨学情，实际上应该先明确这篇课文的学习，要教学生什么，这个你们也都还没有开始探讨。

师 2：因为我们教过这篇文章，所以我们觉得从学生的角度来说，学生们看到这篇文章，他们都会有一个大致的了解。我们刚才也在想：从学情出发我们应该教什么？要让学生明白陶渊明想要什么？陶渊明的理想世界是什么？

合作专家：你的文本分析出来了之后，你才能知道你要教什么，然后去选择内容、设计活动。——备课环节应该是这样一个步骤。

师 1：应该先把值得教的点找出来，然后再结合学情去考虑要教什么。

合作专家：对。比方说需要教的"点"可能有 10 个，但是 10 个里面学生已经掌握了 5 个，那么还剩下 5 个。剩下的这 5 个里面可能还有 2 个，是我们不需要去要求学生的"点"，到最后我可能会教学生 3 个"点"。应该是这么来做，对不对？你现在就开始说学生要知道什么东西，问题是你脑子里面还没有要教学生的那 10 个东西。

师 2：有道理。

合作专家：首先你要分析，这个文章有哪些可能是值得去教学生的？像字词，如果学生看一遍之后，他基本上也可以理解了，像这样的也就不需要去教学生了。还有就是学生看了一遍文本之后，他也基本上可以知道，像这样的内容我们也没有必要去教了。

因为我们在定目标的时候，有些可能更深的内容，像大学里可能还有一部分人，他们会专门去研究《桃花源记》，可能会从社会学、文化学、美学很多角度去分析《桃花源记》，像这样的我们也就不需要去教给学生了。对于一个初中生来说他需要知道的是什么？明确了之后，我们就应该定这样的目标去教学生。

即使是教文言，教哪些语言点，不论是你教词、教句式还是教什么东西，该抓哪一些、以前学过哪一些，这个需要抓哪一些、需要教哪一些也是定好的，而且要非常具体，要落实到这篇文章里面。作为我们备课的内容来说，我们要把它全部列出来。比方说要教"古今异义"，那么你就要找出这一篇课文里面都有哪些古今异义，学生已经学会了哪些，或者学生借助注释能够看懂哪些，或者是这些注释哪些还不足，我还需要哪些补充，这样才能够清楚，这样才能够到位。

(二) 课文"细读"研讨

师 1：那么，我们就先仔细看一下文章吧！

师 4：这篇文章，可能在让学生想象的时候，会有一定的难度。

师 3：学生借助翻译可以基本读懂这篇文章，第二段描绘世外桃源里面的所有景象，学生也是可以理解的。我们这里面有一个难点，就是希望学生可以理解到陶渊明描述出来的这个场景。

师 1： 在我们现在看来这个场景很普通，但在当时来说，它非常特别。我的意思就是要突出，在古代人看来，桃花源是一个不存在的地方，这是一个非常理想化的世界。但我觉得，学生是没有办法理解这一点的，学生会想：这个为什么会特殊？

师 3： 学生们自己感觉不到，桃花源里面居住的是什么人。因为后面有一句，"问今是何世，乃不知有汉，无论魏晋。此人一一为具言所闻，皆叹惋"，就是说这个渔人他到底说了什么，让其他人都"叹惋"，其实就是"此人一一为具言所闻"，这里他到底说的是什么，才能对比出来他"叹惋"的是什么。

师 4： 是他们也向往外面的世界，我觉得是"叹惋"外面世界中人们的一些生活情况。

合作专家： 刚才的这个"点"提得很好，就是这个渔人他到底说了什么？这个问题如果不作细究，我们肯定是不知道。但是这里"叹惋"这个词是值得回味的，既然是"叹惋"，那就绝对不是"认同"，而是惋惜，觉得外面的这个世界怎么会是这个样子？

到了这个地方我想再讲一下我的看法。"文本背景"总是有两个：一个是外在的背景，你可以给学生加进去一些东西，给学生们介绍东晋、汉末的那种乱象。还有一个就是文本内的背景。文本内的背景，它是从文本内读出来的东西。刚才你说的这个"叹惋"，其实就是文本给我们提供的一个背景。文本给我们提供的背景，就是外面的事情会让桃花源里面的人叹惋，这就说明外面的世界是一个值得"叹惋"的世界。

那么，还有没有其他的证据证明这点？我看文本里面还有一些别的证据，像这样的证据至少还有几处，你们看看还能不能找得

【要点提炼】从这里开始，学员们慢慢"沉入"到文本内部，而不再像先前一样，围绕着粗读文本所获得的阅读感受，在文本外部进行探讨。如王荣生老师所言，我们要抓住的是"个性化的言说对象"（陶渊明笔下的理想社会"桃花源"），而非"外在的言说对象"（人们心目中虚幻的理想社会）。师 3 关注到了文中"叹惋"这一文本用词，包括下面接着讨论到的"太守即遣人"中的"即"，均属于我们所强调，要求"深入"探究的、与文本所言之"志"和所载之"道"密切相关的"炼字炼句处"。这些其实也就是潜在的教学内容。

出来?

师4: 后面又提到了太守的事。

合作专家: 这个是一件事,能不能看出来?

师1: 到了最后说"未果,寻病终"。

合作专家: 嗯对,这也是一个。"不足为外人道也",又是什么意思? 刚才有老师说了,他们羡慕外面的生活。你从这句话看,他是"羡慕"外面的生活吗? 这其实是说不要让外人知道我们里面的生活,不要让他们外人来打搅我们现在的生活,我只想继续保持现在这个安宁的状态。从这个地方你可以看出来,他一点也不想到外面去,里面的人不想走出去,也不想让外面的人进来。这就是文本内的背景,这说明还是我们目前的状态好,这是一个可以证明的地方。

刚才有老师谈到了渔人出去以后的情况,就是去找太守的问题。这个问题要怎么才能说明? 里面的环境比较好,它和外面的环境不一样,这个我们应该怎么来说明?

师4: 可能说明这个渔人,他本身就背信弃义了。

合作专家: 他为什么会背信弃义?

师4: 因为外面的这种生活,不如里面的那种生活。

师1: 他应该是太向往里面的这种生活。

师3: 我记得我当时备课的时候,是说明了一下,为什么太守又要派人去找这个桃花源?

合作专家: 这就是一个很关键、很核心的地方,这个地方实际上很关键。太守为什么去找?

> 【观察者点评】太守为什么派人去找?

师4: 太守可能是为了想去管理这个地方。

师7: 桃花源它本身是虚构的一个地方,包括设置太守这也是虚构的事,然后我们应该怎么去解释它?

合作专家: 只能再用现实去解释它。

师5: 可能是想说明,他现在就是这么一个身份,这样身份的一个人,可能也会向往这样的一个地方。

合作专家: 这是一个很关键、很核心的地方。平民、高官、隐士,他们对这个地方有一个共同的认同,就是说不同身份的人,他们都对桃花源有这种向往。从这里你就可以看出这个地方的美丽和吸引力。你们看这个太守很关键，"太守遣人"，漏了一个很重要的字，一个值得体味的字。

师1：他说的是"太守即遣人"。

合作专家："即"是什么意思？"马上"的意思，这表明了太守听了这个事——

师1：反应很激烈。

合作专家：对，听了马上就派人去，所以这个"即"很重要，不是可有可无的字。就比如说咱们现在反映个事上去，如果领导不关心，就算拖上三个月，也不会有人理你。所以这个"即"很重要。"炼字炼句处"就在这里。太守的那个心情和心境，就在这个字上反映了出来。一定要让学生关注到这个"即"字，如果不体会到这个字，学生就体会不到太守急切的心情。太守听了以后很急切地想去，这说明了什么？说明这个地方太有吸引力了。还有刘子骥这个人物，我们也应该去探究一下。

师4：刘子骥，他应该是当时很出名，很有影响力的一个人。

合作专家：这个不一定，他是不是一个虚构的人物，这个我们谁都不知道。

师4：还有设计太守找这个地方，但是没有找到这个地方。作者是不是也要告诉我们，刘子骥他是一个大人物，为了让人想象一下，这到底是怎么回事？

师3：为什么"后遂无问津者"？

合作专家：他就是为了让你想象，让你到这里就停止了。"欣然规往"，教材里"欣然"被翻译成了"高兴"，我感觉好像应该比"高兴"的程度更厉害一些，而应该是很兴奋的样子，就是听了之后他的兴趣非常大。

> 【要点提炼】"欣然规往"细读。

师1：他应该是从内到外的一种状态。

合作专家：就是他的兴趣很大，他有一个很大的兴趣，而且是"规往"。

师1：就是有规划性地做了一定的准备，而且还做了一定的筹划。

合作专家：对，这样一来，"规"这个字就凸显出来了：他是要精心的准备，而且你可以看出来他是志在必得的。如果是"欣然往之"，这就不一样了。它为什么要有这个"规"？他的这种意图、这种目的性，就显示出来了。

然后我们再看前面，渔人他是怎么进入桃花源的？他是误打误撞进入了桃花源。这个地方它还有一个对比，最起码有这样一种效果。前面说到了"忘路之远近"，他进去时是无意识的，是误打误撞进入了桃花源。而出来的时候他有了这个意识，所以他留记号。而刘子骥也是有计划、有目的地要进去，结果他却进不去。

【反思】

　　这个讨论环节，参与共同备课的老师们有意识地将注意力放到课文当中的"字句小节"处（而实际是事关文本"所言志""所载道"的精髓处），在探究的过程中，"太守即遣人随其往"、"欣然规往"等一般人眼里不起眼儿的字句表达，也变得生动有意味起来了。按照同样的思路，是否可以对下面的语句（包括措辞）作一番细致的玩味，看看有什么别样的发现？

　　村中闻有此人，咸来问讯

　　此人一一为具言所闻，皆叹惋

　　余人各复延至其家，皆出酒食

师4：我感觉这个地方很奇怪，为什么做了计划还进不去，而误打误撞就可以进去呢？

师1：这应该是作者暗示的伏笔，实际上作者是为了突出，桃花源这个地方根本就不存在，他在前面埋下了伏笔，然后到了后面又做了这样的比较。

合作专家：这样就可以去解释，桃花源为什么是一个想象和虚构的场景了。前面误打误撞进去的时候是一个伏笔，说明了进去不容易。后面太守他们去找找不到，刘子骥有计划地再去找，到最后还找不到，到了最后就没有人再去问桃花源了。就是说所有的东西，都是为了说明桃花源实际上是一个不存在的地方。这点学生能理解吗？

师1：他们自己应该可以理解。

合作专家：这样我们讨论要教学生什么，不就出来了吗？这个点应该归纳概括为

【观察者点评】师4的这个问题，你怎么看？

什么点？是要让学生理解什么东西？

师4：文章的那种虚构。

合作专家：这三点联系在一起，就是为了让学生去理解桃花源为什么是一个理想的世界，是一个想象虚构中的世界，或者是怎么把它归结到一个"点"上，而这个"点"又是什么？

师4：很多东西都只能看作想象。

合作专家：我们刚才概括的这几个点，就是要说明"桃花源"它是一个不存在的东西，它是一个虚构的东西。怎么让学生来理解这一点？

师4：要调动学生原有的生活经验，比如说童话中的主人公，他为了不迷路在路上撒面包屑，因为他可以跟着这个面包屑回来。

合作专家：这个点就是要教学生，怎么来理解《桃花源记》是虚构的，是不是要教这个？我们现在先讨论这些个"落点"，实际上还有很多这样的"点"。我们现在来讨论一个，落实一个，讨论一个之后先把它记下来。这些确定下来之后，然后再讨论要如何去教给学生。

王荣生老师也谈到了怎么去教，这个就要去设计活动了。我们要先教这个点，然后我们要知道怎么来理解《桃花源记》是虚构呢？我们可以从三个点去教，一个就是渔人的进入，另一个是太守的寻找，最后是刘子骥的寻找。我们可以通过这三个点来证实，它实际上是一个虚构的东西，是一个不存在的东西，到了最后要做的就是让你找不到，因为你本来也就找不到。我们要把这个"落点"先定下来！

【要点评议】

这个讨论环节，可以比较明显地感受到"共同备课"研修方式的独特魅力。整个讨论过程中，几乎全部的学员都积极参加了。而且，大家所讨论的问题，也都是随着讨论的进行渐次"生成"的。对文中的"即"、"规"的细读探究都相当细致，角度也很新颖。此处以及此后的许多文本细读成果，均来自大家的集体智慧。

（说明：接下去的讨论环节，围绕着"桃花源是怎样的一个'理想社会'"？"为什么

渔人会觉得这里跟外面的世界不一样?"等问题展开。从略)

师4: 这里没有解释在渔人的眼中,这里的人的和外面的人,衣着上是不是一样。

合作专家: 我在这之前,看到了很多讨论,研究者们都在争论这个问题。他们在好几年以前,就一直在谈这个"外人"到底是不是和我们一样。

【要点提炼】"外人"等主语的细读。

师1: 那么,他们既然都在争论的话,我们就先悬着这个问题,咱们继续往下走。

合作专家: 这个上面的解释和我们一样,因为他里面一共有三个"外人":"与外人间隔",还有"不足与外人道也"。后面的这两个"外人",指的都是桃花源以外的人。那么这个地方是不是也指桃花源以外的人? 这个问题咱们就先悬着。如果我们意思统一的话,我们也可以认为是和桃花源外面的人一样。这个咱们先不管它,这可能也不是一个很重要的点。

师4: 我感觉第二段的"外人",是站在渔人的角度来说和我们不一样;后面的"外人"主要是从桃花源里面的人说的。

合作专家: 你这个是从站着的立场来看待这个"外人"的问题。

师5: 里面的世界好,这个"我们"可以理解了。关键是,这个人,他为什么认为,这里面的世界要比外面的世界好。——这是不一样的概念。

师1: 但是,我觉得在考虑这个问题之前,要把桃花源的这些元素先提炼出来。我们把所有的元素先提炼出来,如果我们从这里入手,我想我们就会发现它和外面世界的不同。所以我们先不讨论这个,我们继续往后去讨论。我觉得我们就从第三段开始,这一部分里面有一个主语转换?

合作专家: 对,谁见了渔人?

师1: 一直到"皆叹惋"这一部分,一直到"辞去",都有主语这一部分,它都有一个主语的转换。这个要给学生讲出来,这个其实可以作为一个课前的知识点。

合作专家: 这可以是个知识点,就是在读文言文的时候,你要注意主语的省略,主语省略是文言文里常见的一个现象。阅读的时候,一定要搞清主语,我觉得这个点是可以教的。一直到渔人"停数日",这

【要点提炼】请注意"主语的转换",下面的研讨即围绕此问题展开。

个主语才被转换了回来。

师1："具答之"这个地方是个主语，还有"便邀还家"，这里的"便邀"就是"设酒杀鸡"。我觉得这个地方的"设酒杀鸡"，也可以给学生带一下。可以告诉学生设酒杀鸡，这是一个非常隆重的仪式。对于一个陌生人而言，桃花源人没有随便拿一点粗茶淡饭去招待他。所以从这点上就足以说明，这里的人们都非常地好客。

师2：我的感觉不是说明他们"好客"，而是说明他们非常地"富足"。

合作专家：很好，好客和富足，应该都是这里的原因。

师1：而且他们有酒。

合作专家：这个很重要，如果有酒的话，就说明他们这里有多余的粮食。

师2：这样的话就与前面的良田、美池之类有一个呼应的效果，因为渔人所看到的都是这样的东西，因为他是一个普通人。

师4：到了这里面，学生自然而然就会产生一个联想：如果你走在外面的世界，走在大街上不可能有这样的人。

师1：当时我说的就是这样。比如说你们小区来了一个陌生人，然后他找你问路，他又对你说我口渴了，你能不能给我一杯水。你会给他水吗？肯定不会。

师2：这不是一般的小区，渔人来到这里的时候，已经是非常地震惊了。

合作专家：它是另外一个世界。

师3："外人"这个概念，能够吸引我们现在学生的注意力，但他不是一个别的小区的人。

合作专家：但如果现在像你这么说的话，那个"外人"就又没办法去解释了。如果穿着不一样，一看就会认为怎么来这么一个人？如果穿着都一样的话，就没有什么可"大惊"的了。

师4：我"大惊"是因为，你是从哪来的？

合作专家：可以说明来了个陌生人，所以他们才会"大惊"。

师1：可以说明他们长期封闭在这里，所以没有见过这样的外乡人。

合作专家：就是说突然来了一个从来没见过的人，所以大家才会"大惊"。

师2：因为这个小区，不是一个变革的感觉。

师4：来了一个外人之后，大家都来问讯，这就证明大家都很熟悉了，而且这个村子可能不大。

师1： 从解释上来讲，这里是一个很小的环境，只能说明这个村子，它已经和外界封闭了很长时间，要不然不能说是"都来"。

合作专家： 也说明这个村子不是很大。

师4： 我觉得"咸来问讯"，其实可以说明这个村子里的人，他们都是一个整体。

合作专家： 它里面用了很多类似的词，我觉得这个学生不一定能体会到。要让他们知道，作者为什么用了这个词，包括后面好多的词语，都说明大家的行为比较统一。

师4： 不能说他们村里的人少，应该把他们固定为是一个整体。

师5： 而且，是"谁"见渔人，而"这个人"就从始到终都没有出来过，他就是村中的一个人。

师1： 我觉得不需要"这个人"。

合作专家： 为什么不需要？

师4： 因为这个村子不需要某个人代表，这个村子就是这个整体。

【观察者点评】这个人究竟是"谁"呢？

合作专家： 我觉得这个也很重要，为什么这个见的人，他不是具体的某一个人？这个也很重要。

师1： 这个"自云先世避秦时乱"是谁说的？

师4： 我觉得不需要追究。

合作专家： 为什么不需要？这个地方是个艺术，这是个语言点。

师4： 我觉得这个桃花源里的每个人，他们都代表着幸福、美满、和谐的整体，所以他不需要说"这个人"是痛苦的人，"那个人"是悲哀的人，或者"那个人"是幸福的人，所以就没有必要说谁去谁家吃饭。

【要点提炼】在研讨过程中，老师们不断有"灵感"闪现。

师5： 这给了我们一个启示，我们不能以我们的主观感受来面对文本，而要体会作者的一个整体的意思。

师4： 我们在读这个《桃花源记》的时候，一定要把自己放到那个环境里面去。

师3： 这是在这个语境当中，表达出的一个特殊的意思。

合作专家： 还有好多这样的词语。

师4： 就说设酒杀鸡做食，学生就可能会问：谁杀鸡？这时我们就不需要去问这个谁了。

合作专家：那么，学生就会接着问：为什么？

师 1：这样我们就可以设计这样的主语转换活动，其实是渔人和村人这样的角色转换。你刚好可以说这里面，应该是哪个村中人？是一个老人，还是一个小孩？然后就可以引出来你的那个，他实际上是一个个体，他代表着一个整体。

合作专家：还有一个"皆"字。

师 4："余人各复"也差不多，表示的是一个"余人"。

合作专家：这些都说明了这里是一个整体。其实他们的这个整体非常地和谐，他们在思想、意志上都非常一致，都融为了一体。

师 4：所以这样我们就可以设置一个问题：在《桃花源记》当中，为什么没有体现出"村中人"的某个个体？

合作专家：这个实际上是它的最高表现，它最高的表现就是融为一体。我觉得在这个地方教主语相当好。这个地方特别能体现《桃花源记》里人的思想、行为、精神层面的和谐一致，而在一个社会当中，这是一个最佳的状态。

【反思】

至此可以对前面第一处"反思"中提出的任务作一个明确的了断。从共同备课活动的展开来说，正好比课堂教学一样，将现成的结论直接传递给学生（"授之以鱼"）是很方便的事情，而实际对促进学生学习的效果极为有限。同理，教师的共同备课，其价值与魅力也恰在于老师们不断地在思维的相互碰撞当中，不断地自我激发，自我否定，相互否定，也相互吸纳。是否可以从上述备课过程当中，找出哪一位老师自我否定（同时也是自我提升）的事实来？看看他的变化过程对你有什么样的启发？

师 4：但这也是不可能的事。

合作专家：所以说它是个理想，社会为什么会有冲突、有战争？就是因为不统一，不协调。

师 4：也可以用现在的"和谐"，来做一部分解释。

合作专家： 用"和美"吧，中国古人喜欢用这个词。这种"和美"，实际上是表现在方方面面，包括"鸡犬相闻"也是"和美"的表现。

师4： 理想社会，就是像这样"和美"的环境，这样"和美"的气氛。

师3： 他已经把理想社会，给我们分析到了这样高的一个程度。

合作专家： "理想"可能还是相对比较空的，用"和美"，就可以具体说明环境、社会、人都已经达到了非常好的境界。

师1： 应该是因为人"和谐"，所以这里也非常"和谐"。

师4： 所以我们前面就不用那么纠结了，直接说他感受的是这个环境美而已，并不是外面就一定没有，因为我们也不知道外面有没有。

师2： 第二个整体感受，就是不用去管外面，外面好，这里也好。

师4： 就算是外面的人更富足了，依然达不到这里的这种境界。

师1： 但是我觉得学生会不会问：也许就是这样一时的集体性？

师3： 不是说一时的整体性，大家只会想到自己是一个整体，而不会想到自己是一个个人，你的意思是意识统一好不好？

师1： 你一定要涵盖到集体里面，这就是你理想中的社会？

师4： 咱们的重点不在这里，但是这里有启发性。

师3： 这些学生肯定会问到，比如说听课的时候，其他老师肯定也还会问这些问题。

师1： 他就会问你，你讲的这个理想化，理想化就是必须是个人和集体融为一体。

师4： 他讲的是人和人的关系。

合作专家： 而且后面也说，"余人各复延至其家"，这说明各人有各人的日子，他的重点不在这里。

师2： 这里的"前景化"意味太强了。

合作专家： 什么叫"前景化"？

师5： 就是说某些词语，它可以更好地去体现背后的意思，就是会说关注一些词语。我觉得我们把这个"前景"这里再往前走一步，就是他说的那种了。

师4： 再往前走一步，就是在讨论中国人的那种和谐，那种整体。

合作专家： 文言、文化、文学一体吗？

> "前景化"是穆卡洛夫斯基提出来的概念。本次共同备课之前，"合作专家"童志斌老师在"主题学习"中跟老师们讲到了"前景化"的理论。

师 3：但不是集体的那个意思。

合作专家：什么是整体？

师 2：好像通过"咸"这个字，大家的感受好像都不一样。

合作专家：不仅仅是"咸"，还有"皆"，文中还有好几个"皆"。

师 3：我感觉这里有巨大的好处。

【要点评议】

　　上面这整个讨论环节显得有点"长"，因为它始终是一个整体，几乎是"一气呵成"的，无法打断、切分的。几乎全部的学员都积极参加了，大家的思维相当地活跃；而且，大家所讨论的问题，也都是随着讨论的进行渐次"生成"的。并且，所有的问题都是基于"文本"，基于文本独特的语言表达，即关注"炼字炼句处"。而且，可以明显地感觉到，在讨论过程中，学员与学员、学员与专家的思想不断地互相碰撞，质疑，启发……他们的思想在不断地更新，前行。

　　师 1 所提出的"主语转换"的话题，就好比整个讨论的"催化剂"，有力地推动了整个讨论的纵深推进。师 4 注意到了"在《桃花源记》当中，为什么没有出现体现'村中人'的某个个体？"这个相当有意思的问题。与渔人接触的"这个人"，"他从始到终都没有出来过，他就是村中的一个人"，师 1 称："我觉得不需要'这个人'"。最终大家得出了这样的共识："这些都说明了这里是一个整体。其实它们的这个整体非常地和谐，他们在思想、意志上都非常一致，都融为了一体。"——意味着学员们对于文本阅读的认识往前进了一大步，而这种进步源于对于文本中看似细微、不经意而实际上恰是"炼字炼句处"的品味探究，弥足珍贵。

　　（说明：接下去的讨论，围绕着文本当中写到太守"即遣人随其往"［字面意思是"马上就派人"，显示其内心的急切］等语句，体会其中呈现出来的包括太守、高尚士在内的桃花源外面的人对于桃花源内世界的向往。从略）

　　师 3：所以我觉得，像你这种采访桃花源里头的人，有点不太妥当，因为他自己无法说出，他们这里好在哪里。

师1：或者可不可以这样，从桃源人的角度，去给外人介绍桃花源？

师5："叹惋"什么这块，我觉得可以有一些说法。

师2：他既然已习惯了这里，所以也不会有一个对比，而且所谓的"好"是陶渊明眼里的"好"。

合作专家：还有一个问题，这个"叹惋"，"叹惋"的是什么东西你也不知道。因为你不知道他们是在"叹惋"外面很糟糕、很悲哀，还是"叹惋"时间变化好多、好快，这么多年过去了，发生了这么多的事情。

师1：可以让学生从这角度去考虑，然后让他们根据自己的猜想把这些写一写。

合作专家：是不是在感慨时光的流失，现在转眼之间都过去了两百年。

师2：这些都可以让学生自己写写。

合作专家：像这样的地方，文本就有空间了。

师3：可以让学生自己去发挥，他这个理想的世界，我们看看有几个点，我们可以落实到，刚才我们也逐句地过了一遍。

合作专家：实际上备课的时候，先这样"走一遍"是相当重要的。然后再跳出来，接着再去讨论。

师2：咱们把桃花源，它理想中"和美"的组成部分给提出来。

合作专家：对，这个肯定要提出来。

师1：我觉得第一个是可遇不可求，应该从前往后。

师2：通往桃源之路也是美的。

师5：渔人、太守、高尚士他们都代表着不同的人群。

合作专家：我们刚才已经说了普通人、官员、高尚士。

师3：他们急切地向往这桃花源，也可以说是他们在追求着这种理想的社会。

师4：我觉得正面的话，就需要学生去体味这些语言，然后靠自己感受出来，这种社会好美、好理想。

师5：老师应该总结一下，把那个点给落实下来。

师1："屋舍俨然"，肯定证明了有过规划，所以可以给他们发一个房子的照片。

师4：我觉得学生可以知道当时外面的世界发生了动乱。

师1：然后他可以找出，这里的环境很美，知道这些都是哪些句子。然后它的社会很安定、和平，这个学生们也都可以找出来；然后生活很和美，这个学生们也都可以找出来，其实生活就是怡然自乐……这些学生们都可以自己找出来。

重要的是这里的人，所以我觉得第三段应该作为一个重点，这是一个入手的钥匙。因为这个人，前面的那些景才能成立，就是你最后要通过这一系列来告诉学生。

师4：我觉得最美的就是前面。

师2：这个意思就证明这个环境，还有他所居住的环境是不一样的。

师5：他等于是把前面所有的都打通了，我们在解读的时候所有的东西都通了。

师1：剩下的就是环节上的设计了。第一个环节就是学生，可以按照最基础的把东西给找出来。比如说生活、自然、人文找出来，这个是最基本的东西。我现在就有个问题，第三段怎么让学生去理解，为什么要突出里面的人？这里的人为什么和外面的不一样？

合作专家：先主语就可以了，先主语的这个很好，然后这样的话图片布局也就出来了。

师5：就是说集体属于的这种主语，它的意图点是什么，对吗？作为这种集体属于的主语。

师1：作为进入文章情境的一个切入点。

合作专家：我们今天就结束吧！大家回去以后可以继续思考。（结束）

【要点评议】

此前的讨论，主体任务是对文本的解读，即由"炼字炼句处、章法考究处"去体认作者所言之"志"、所载之"道"。通过讨论，对于《桃花源记》文本，大家都有了更新的、更深入的认识。可以相信，老师们对如何着眼"炼字炼句处、章法考究处"的文本探究来设计教学环节，也有了新的认识。师3坦诚地指出本次备课开头师1所提出的通过想象，采用采访的方式，"采访桃花源里头的人，有点不太妥当"。通过对文本的梳理，"把前面所有的都打通了，我们在解读的时候所有的东西都通了"（师5），"剩下的就是环节上的设计了"（师1）。

问题研讨

文言文的阅读教学设计始于何处？估计很多教师也和本次共同备课的学员一样，

在粗粗浏览了课文之后就会开始设想各种教学活动,甚至在某个细节上运用什么技巧都已经设想好了。而问题往往也就在此时埋下种子——未经审视的教学内容和教学方法常常带有主观随意性,经不起实践的检验和学理的推敲。文言文的教学设计首先是对文本进行教学解读,通过细读文本确定文本的要紧处、关键点。在本次共同备课中,经过合作专家的提醒,学员们终于从"凭经验"、"拍脑袋"的随意状态转向对文本的细读,而且成果显著。中国古代写文章本就讲究炼字、章法,批注细读恰恰是对路的传统读法,学员们于无疑处生疑,终于打开了文本的空白点,找到了解码文本的钥匙。可以说文本细读是语文教师的基本功,这次共同备课的过程是一次很好的示范,有助于大家今后在实践中不断研修提升。

后续学习活动

请仔细比较下面两组词语,完成后面的任务:

第一组

自云先世避秦时乱

此人一一为具言所闻

此中人语云

诣太守,说如此

第二组

男女衣着,悉如外人

黄发垂髫,并怡然自乐

村中闻有此人,咸来问讯

此人一一为具言所闻,皆叹惋

余人各复延至其家,皆出酒食

任务 1:从词义的角度对这两组词作一整体考察,看看这两组词在词义表达上有什么共性与差异。

任务 2:从文本解读的角度对这两组词进行考察,看看这些含义相近的词语在同一个文本当中先后出现,是不是体现了一种特殊的意味?

追求文言文教学中"言""文"的真正统一

——《黠鼠赋》共同备课的启示

《黠鼠赋》是苏轼的作品,收入上海教育出版社初中语文教材(沪教版)七年级下册。

虽然教材注释已经比较详细,不过,课文的语言难度还是相当大,其中像"惊脱兔于处子"、"乌在其为智也"等难解的字词语句不少。在教学时,一般教师会花较多时间去进行文言字词的解释与翻译。但是往往会平均用力,对于重点字词语句着力不够,对部分语句的结构与语意的探究难以到位。尤其是,由于文言字词方面牵制较多,造成对于课文的深层寓意的玩味、对这篇"赋"的文学美的感受着力更少。加上课文删去了原文当中的议论段落,使得文本主题的揭示与"赋"的文体特征的体现都不够充分,客观上加剧了阅读与教学设计的难度。

选择《黠鼠赋》这篇课文来进行共同备课,是因为这篇课文的阅读与教学设计,可以比较充分地将老师们在文言文阅读与教学中的困难与问题反映出来。让参加共同备课的老师们来一起面对并思考这样的问题:教学阅读难度大的课文时,如何抓住重点文言字词,如何处理好"言"的教学同"文"的教学的关系。——这也正是阅读本书的老师们应该加以关注思考,并想办法解决的问题。

热身活动

1. 在课文当中圈出你认为应该在课堂里着力探讨的重点字词语句。

2. 这篇课文标题显示文体是"赋",结合你自己的经验,看看从原文当中你可以感受到哪些"赋"的特征?

备课进程

一、备课开始

合作专家:董老师,我就把这个"主持"交给你了。

师 2:好的,我先说这个文言文的理解。我认真地看了,可能我还是学浅,对这个
   第二段文言句子的理解,我觉得有点难度。我们是否请老师先把这个说一
   下。首先,我们这个环节就是理解文言句子,然后我们再讨论。

合作专家:我建议,我们先不要借助于别的参考资料,我们老师"读进去"的过程,
   也正是需要我们着意揣摩的,学生自己阅读时可能会面临类似的问
   题。我们大家先自行看一看,不一定像上次的现代散文一样,要形成
   一个比较成熟的思路再来交流。第一步,完全可以是片断的、零碎的。

   (大家边看边讨论)

二、疑难字词探究

(一)"异"字研讨

(说明:下面的环节,大家讨论并明确"是方啮也"与"覆而出之"中的"是、方、覆、
出"等字词的意思。具体过程从略。)

师 6:这个"异"怎么解释啊?

合作专家:哪个"异"啊?

师 9:下面那个"异哉"。是"怪哉",是不是啊?

师 6:奇怪。

师 9:"异"是奇怪。

师 2:特殊吧?

师 6:它"怪"啊,这是一只真"奇怪"的老鼠啊!

合作专家:嗯这个地方,你要注意它整个是一个感
   叹句。"异"在"此鼠之黠也",也就是
   "黠"很"异"。

师 5:"狡猾"得很,不是"奇怪"。

> 【要点提炼】老师
> 的问题是"异"字怎么
> 解释,其实际疑问其
> 实在于对"异哉,是鼠
> 之黠也"这句话的理
> 解,尤其是对这里倒
> 装结构的把握。这个
> 问题,是老师备课时
> 的疑问,肯定也是学
> 生阅读的疑难所在。

合作专家："异"哉,此鼠之智!

师9:是不是一个倒装句?

合作专家:是一个倒装句。

师9:强调这个老鼠的怪异。

合作专家:这个老鼠的"狡猾""异"哉!

师5:对。

合作专家:不是"奇怪"的意思,意思是太"特殊"了,或者"太让人惊讶"也可以。

师6:惊讶、特别,两个情感当中可以捕捉到。

合作专家:它的"狡猾"实在令人"吃惊"。

师5:惊讶。

师9:这只老鼠的"狡黠"真是让人感到"奇怪"。

合作专家:如果你要把这"异"理解为"惊讶",就是"人"的一种反应了,"我"很"惊讶"。如果从他描述的本身事实理解,可以理解为"太不寻常了"、"太非同一般"了。

师5:对。

师2:然后是感叹。

合作专家:对,这句话里面包含了"我"的惊讶。

师6:对,这个句子的意思不仅仅是一个,可能学生会有好多种想法。

合作专家:肯定是值得讲的一个点。

师6:学生不知道是倒装的话,他们说"奇怪"啊,好像是个感叹,自己感叹;而不是这只老鼠狡猾,真的让人觉得"不同寻常"啊。

合作专家:其实可以参照一下《愚公移山》的"甚矣,汝之不惠",两者几乎是一模一样的结构。

师9:对,是有这句话,"你简直太不聪明了"。

(说明:下面的环节是对于"吾闻有生,莫智于人。扰龙伐蛟,登龟狩麟,役万物而君之"句子当中局部字词的意思的讨论。具体过程从略)

(二)"虫"字研讨

师9:"卒见使于一鼠",最终。

> 【观察者点评】在备课与教学时,你会作这样的新旧联想吗?

合作专家：“卒”是最终，被老鼠所蒙蔽。意思就是这样解释，如果稍微给他口语化一点，就是"被它给耍了"。

师5：就是被它利用了，被一只老鼠利用了。

师10："堕此虫之计中。"

合作专家：掉进了这只老鼠的圈套中。

师6：学生可能会问这个"虫"是指什么。

合作专家：应该是这只老鼠。

师6：那有没有说这个"虫"是指动物啊？

师9：这个"虫"在文言文中应该是指老鼠吧？

合作专家：我们可以联系一下，《水浒传》当中的"大虫"，是"老虎"吧？——"虫"是泛指动物的。

师9：这个小虫泛指动物是不是？

合作专家："虫"泛指动物。

师6：那教材为什么不作注解啊？

合作专家：从静态的意思来讲是泛指动物，在这个地方肯定是确指老鼠。

师4：但是作者之所以不用老鼠，而用"虫"，肯定有意识的。他泛指这些小动物，像老鼠一样的小动物。

师5：对。

师9：还有其他的小动物。

师5：对的，不仅有老鼠，还有其他的小动物。所以这个"虫"不一定指老鼠，是这一类小动物。

师9：扩展了。

师6：这个地方可以让学生去追问一下，为什么用"虫"而不用"此鼠"。

【反思】

　　对于课文中的"虫"字，除了把握"虫"有泛指"动物"的词义之外，是不是可以像师6那样，探究一下，文中为什么用"此虫"而不用"此鼠"？请阅读下文，看看三处"鼠/虫"应该是"鼠"还是"虫"合适？选择你认为正确的打上"√"，并说说你的理由。（可以结合"扰龙伐蛟，登龟狩麟，役万物而君之"句）

苏子叹曰："异哉,是(鼠/虫)之黠也!闭于橐中,橐坚而不可穴也。故不啮而啮,以声致人;不死而死,以形求脱也。吾闻有生,莫智于人。扰龙伐蛟,登龟狩麟,役万物而君之,卒见使于一(鼠/虫);堕此(鼠/虫)之计中,惊脱兔于处女,乌在其为智也?"

(三)"惊脱兔于处女"句子研讨

师6: 这个解释那么长啊。"惊脱兔于处女",应该说是"动如脱兔",是吧?

合作专家: 对,动如脱兔。

师2: 这个"惊"是兔子的"惊"呢,还是人对老鼠的感觉"吃惊"?

师5: 这个"惊脱兔"就是讲这个老鼠的。

师6: 是比喻吧,像个虫子一样地安静,像兔子一样地动作快。

师5: 对,这个像个兔子受惊一样快。

师2: 那么后面这个处理就不好理解了。

师5: 它起初像虫子一样沉静,后来像受惊的兔子一样快。

师6: 对。

师9: 这个"于"怎么理解?

师2: 这个"于"应该是个介词,表对象。"于是"不是"像"。

师9: 好像讲这个"像"没有这个存在。

师2: 这里只能表示这种对象。

师9: 做什么对象呢?

师6: 从像虫子一样很静,然后变化到受惊了以后兔子一样快。

师7: 原来是虫子的状态,到受了惊以后快速跑了,像兔子一样。

师9: 是不是个省略句?

合作专家: 究竟是谁"惊"?"惊"的是谁?然后这个"于"怎么落实。是不是相当

【观察者点评】你觉得是兔子"惊"还是人"惊"呢?

【观察者点评】"像虫子一样沉静",这个意思是原文中固有的吗?

于前面的那个"异"？是"惊异于它的敏捷"，还是说"惊动了它"？这个"惊"的意思要好好琢磨。这个"于"怎么落实。问题这个地方，教材这个解释只是将句子的大意表述了一下。

师6：有异议。

合作专家：对啊，我们能不能把它理出来啊？

师2：另外有一种说法就是"动若脱兔，静若处子"。我现在要表达这个意思，就是他在这里说是像虫子一样静，有点令人费解。

师7：这个倒没关系的。

师6：我觉得他对这个老鼠是很喜欢的。

师5：他把它比喻成一个美女了。

师6：从前到后我就觉得他对这只老鼠很佩服。我觉得"惊脱兔于处女"，它是有来源的，就是蒙骗他的过程。起初像处子一样安静，使他放松了警惕；然后兜底翻倒的时候，老鼠跑掉了，他是有指向的。

合作专家：注释17这个地方的注解不对，解释不对。

师6：它也只是解释了一个大意。

师5：但是它下面有一个，指老鼠由静到动的突变，是说从静到动的，它两种都说到了。

师3：有这么一个成语，叫"静如处子，动如脱兔"。

师6：它这里主要是讲老鼠的变化。

合作专家：我想作这样理解看行不行啊？就是从处女一样安静的状态，就是诈死——即"无生"的状态，即"无所有"的这个状态——从这个状态变为脱兔迅捷逃亡的状态，然后把这个"惊"字加进去，怎么加？

师5：兔子只有在受惊的时候逃跑得最快。

师7：有两种可能，第一种可能就是那个老鼠是静若处子的安静状态。

师6：对。

师7：受了惊吓以后，像逃跑的兔子一样快，这是第一种。第二种就是，从原本处

教材课文注释如下：

[脱兔于处女]起初像处女一样安静，使对方不作防备；然后像逃跑的兔子一样突然行动，使对方来不及出击。这里指老鼠由静到动的突变。

【观察者点评】作者苏轼"喜欢"这个老鼠？你同意吗？

女一样沉静的状态,一下子就突变到像受了惊吓的逃跑的兔子一样快。

【反思】

对于"惊脱兔于处女"的理解,师7提出了这样两种思路:

A. 老鼠原本静若处子,受了惊吓以后,像逃跑的兔子一样快;

B. 老鼠原本静若处子,一下子突变到像受了惊吓的逃跑的兔子一样快。

本环节开头师2提出了这样的问题,究竟是谁"惊"?

A. 这个"惊"是兔子的"惊";B. 这个"惊"是人对老鼠的前后动作变化感到"吃惊"。

请圈出你认同的思路,说说你的理由。

合作专家:"于处女"这个怎么说?

师7:就是从这个状态到另外一种状态。

师9:但是这个"惊吓"变成把"惊脱兔"当成是名词性偏正结构,总是觉得有点美中不足。

师6:那它强调前面的"惊脱兔"。

合作专家:我们直接判断"惊"是动词性的还是形容词性的?

师6:形容词做动词也可以啊。

师5:受惊逃脱的兔子啊。

师6:对啊。

师5:就是受了惊吓逃跑的兔子。

合作专家:不可能这样理解的,为什么呢? 因为你后面有一个"于处女"是一个介宾结构。你现在变成是一个名词性的结构和介宾结构直接组合,这是不符合语言事实的。

师7:我的感觉是这样,"惊"是动词,"脱兔"是它的宾语。

合作专家:找另外一个句子参照一下。

师7:主要是前面有一个"脱"。

合作专家:对啊,肯定有个动词,比如"伤人于十步之外"。

师7:"伤"后没有动词啊。

合作专家："伤"是动词。

师7：对，"伤"是动词，这个"惊"是动词。

合作专家：如果是这样来讲的话，就是指老鼠。

师7：对。

师6：你是说"惊"单独啊，"脱兔于处女"啊。

合作专家："惊脱兔"是一个动词结构。

师7：然后呢？

合作专家：先不要管"于处女"，就是"惊脱兔"，能解释吧。因为我们前面是把那个"惊"解释为受惊吓的。因为它这里没有惊吓，它是主动逃走的。

师5：不是，就是在动物当中，兔子什么时候跑得最快，是受惊吓的时候，这是一个自然现象。

合作专家：不是，这里肯定不是自然现象，因为他说"堕此（虫）之计中，惊脱兔于处女"。

师7：他这个意思是什么呢？强调它的动作突变。

师5：变化快，快到什么程度呢？就像那只兔子受了惊吓逃跑时那么快。

师7：对。

合作专家：这个跟前面衔接不起来，"堕此（虫）之计"。

师5：就是诈啊。

师6：突出"诈"。

合作专家："诈"之后呢？

师5：它还有后面，跟后面联系起来，它哪里来这样的智慧啊。

师7：对。

合作专家：你这个解释有问题了，你再看一下。

师9：这个"于处女"是不是一种外在环境的。

师5：它这里确实是讲兔子的变化，逃跑快。

师6：意思我们都能够明白，就是要把它讲出来，蛮难讲的。

> 【要点提炼】已经讨论了好久，老师之间、老师与合作专家之间的分歧还是很大。可以想象，"惊脱兔于处女"这句话对于学生来说理解难度有多大。

> 【要点提炼】请注意，声称对这句话"意思明白，就是讲不出来"的老师，正是前面最早提出这句话的理解有疑问的师6。

师9： 在这样的环境当中，在外人的环境当中，这个老鼠作出什么样的反应。——就是这样。

师7： 原本这个老鼠不存在受惊的问题，相反，全部在它的预测之内。

师6： 就是这样的。

合作专家： 它是主动的嘛，好像不存在受"受惊吓"的意思。

师5： 应该是兔子，兔子受惊吓的时候跑得最快，它胆小嘛。

合作专家： 这句话我们慢慢讨论好了，考虑到待会儿我们要拿出整体设计来汇报，这个问题可以上课的时候再讨论。

【要点评议】

对于文言字词，我们主张要"依原则（区别）处理"，其中，"集中体现作者情意和思想的章法考究处、炼字炼句处"，这是文言文阅读教学的重点，"要由表及里，深入挖掘，引导学生充分领会"。所以，对于"惊脱兔于处女"这个语句，大家花了相当长的时间来讨论。但是讨论到最后还是未能完全弄明白，只好被迫将问题暂时搁置。不过，在讨论过程中的来往思想的碰撞甚至是"交锋"，推动了全体学员们展开思考。"共同备课"强调"过程"、强调"思考"与"对话"的特有品质，在这个环节体现得相当充分。哪怕是"合作专家"，最终也未能给出一个让大家信服的结论，这也是"共同备课"过程的自然现象，也刚好印证了"合作专家"作为一个与全体老师平等的合作参与者而非仲裁者的角色定位。——当然，这个问题最后还是在下面讨论"乌在其为智也"句子意思的过程中，出现了戏剧性的转机，并获得了圆满的解决，也让我们看到了"共同备课"活动方式的效用与威力。

（四）"乌在其为智也"句子研讨

师9： 后面一句"乌在其为智也"怎么理解？

合作专家： 这个"乌在其为智也"，刚才张老师你说过。

师5： 我当然就说这个"乌"是哪里啊，这个口语化的，"它怎么这么聪明的！"

合作专家： 你是说这个句子是感叹句？

师9： 它的聪明是从哪里来的呢？

师 5：这个反问,感叹也可以。

师 9："它聪明在什么地方呢?"

合作专家：张老师,您把这句话放到前后文当中,可能
　　　　　　就能理出来了。如果只看这句话,可能是一
　　　　　　个感叹,还是一个疑问,难以确定。

师 6：这是讲人的,意思是"哪里说人有它这样聪明"。

师 7："人的聪明在哪里呢?"

合作专家：所以它的结构应该是"其为智乌在也"。

师 6：如果是这样讲的话,那么这个"惊"可能就是人"惊"了,人对这个老鼠从静到
　　　　快的动作感到惊叹。

合作专家：哦,这样讲就通了。也就是说,本来他以为人是万物之灵者,是最厉害
　　　　　　的,最有智慧的,结果碰到这个小东西,被它耍了,被它耍了之后怎
　　　　　　么样?

师 5：这里有"童子惊曰"嘛。

合作专家：被快速逃跑的小老鼠吓到了。

师 5：受惊了,人是被吓到了。

合作专家：吓到了,本来这个小东西还是被我
　　　　　　控制的,前文有"童子惊曰"。——
　　　　　　呵呵真厉害! 这样这句话的意思
　　　　　　就理出来了。

师 7：对。

合作专家："惊脱兔于处女"就是,被老鼠由处
　　　　　　女状态到脱兔状态的整个过程或
　　　　　　者行为,那种反常的表现吓坏了。

师 5：因为前面也写了人"惊","童子惊曰",
　　　　也可以前后印证了。

合作专家：大家认为这样可以吧?

师 7：对。

师 2：我刚才就提到了这个"惊",我问大家,
　　　　这里的"惊"是"吃惊"还是"被惊"?

【要点提炼】到了这里,"惊脱兔于处女"的结构与意思才真正地"理出来了"。原因其实很简单,前面大家讨论了很长时间,基本是"就句论句",而未能如合作专家所说的,只有把句子放到"前后文"(语境)当中,才有可能理得顺,这其实是阅读理解相当重要的一个原则、策略。——特别需要指出的是,在刚才的环节中,受到"乌在其为智也"句意触发,最先"反应"过来的仍旧是最早提出疑问同时也是思维最为活跃的师 6。

合作专家：陈老师可以吧，"吃惊于这个老鼠由处女到脱兔的那个敏捷"？

师 7：对。

合作专家：然后后面再一个感叹：人真惨，真落魄，被小东西耍了，搞得那么惨！你哪里有什么聪明表现出来呢！

师 6：这也是倒装，是吧？

合作专家：是啊，他的结构类似于"异哉是鼠之黠也"，讲课的时候完全可以把它放在一起来讲。

师 7：这个人被老鼠的行为惊到了。人为什么感觉惊讶？是因为对老鼠发出这个突变的过程感到吃惊。

合作专家：对，吃惊或者惊吓更好一点。

师 5：那个不是惊吓。

师 6：他是很吃惊。老鼠是刚开始在咬，现在没有老鼠了。

师 2：有点惊讶。

师 9：童子"惊"的是这个老鼠的表面现象，而这个苏子的"惊"，是"惊"在它的内涵。好了，下一段。

三、课文"文体"研讨

（一）课文"文体"类型研讨

师 2：大体内容我们都知道。

师 9：大体内容我们过一下，主要是内容。

师 2：我们现在说思路，先有了思路，再把操作的具体过一遍，再进行。第二个就是定这个文本，我们来看一看它属于哪一类文体。

师 2：第一段我认为叙事，第二段是对这件事的看法，我们可以把它定义为叙事说理。这个应该是复杂记叙文。

师 6："赋"是一种文体，古代的一种文体。

师 9：带有议论性的文体。

师 6：可以说明，可以记叙，可以议论。

师 9：它不是纯粹的记叙文。

师 2：那就是说文体是"赋"了，是古代的一种文体。

> 【要点提炼】下面讨论的两项内容：一是课文的整体思路；二是课文的文体类型。

师9：赋是古代的一种文体，相当于今天的什么形式？

师2：学生发问呢？"老师，古代的文体，这个'赋'又是什么？"

师6：这可以查到的。

师9："赋"是可以查到的，它应该是有什么特征呢？"汉赋"的那个"赋"，如果从文学上面来讲，它肯定有一种形式上的特征的，比如《阿房宫赋》。

合作专家：对，《阿房宫赋》的那个"赋"，然后从"赋体"这种"赋"的手法来讲，他是一种铺陈的写法。——大家有没有注意到，这篇文章基本上每句话四个字？

师6：有一些的。

合作专家：其实它是有一种特殊的形式的，这个要不要在课堂里讲？就看具体情况了。——不过，我们老师应该要对文体有这个意识。

师7：它介于诗和散文之间。

师9：是写景叙事的，是不是带有一种议论式的？

合作专家：应该是一种情感表达，会有议论，会有抒情。因为在共同备课之前，我们合作专家团队与王荣生老师进行过讨论，就是说当教材把最后一段删掉了之后，这个赋的特征就体现得不太充分了。就像我们朱震国老师讲的《为学》，你假设只把"蜀之鄙有二僧"这个故事拿出来，那就不是《为学》这个文本了，因为它不是阐述观点的东西了。

师2：我刚才说的先定一定这个，在下一个环节能怎么样教，教什么内容可能要好

【观察者点评】你觉得"赋"这种文体有什么特征呢？

《黠鼠赋》中被教材编者删去的末段文字是：

坐而假寐，私念其故。若有告余者曰："汝惟多学而识之，望道而未见也。不一于汝，而二于物，故一鼠之啮而为之变也。人能碎千金之璧，不能无失声于破釜；能搏猛虎，不能无变色于蜂虿。此不一之患也。言出于汝，而忘之耶？"余俯而笑，仰而觉。使童子执笔，记余之作。

关于本文删节问题的讨论，可参看上海"东方网"《上海初中课本苏轼〈黠鼠赋〉被删节教委称有用意》一文。地址：http://society. dbw. cn/ system/2010/12/22/052894920. shtml

一点,避免到时候你自己也搞不清。这一点我觉得应该还是要确定的。

师9: 如果说这段删掉了,就这两段而言是一个什么文?

师6: 记叙文。

师2: 按照现在的说法应该属于记叙。

(二)"文体"重点研讨

师2: 我们说这一段的叙事没有问题是吧? 第二段是议论,可以说就是作者发表自己对这件事的看法,引发了自己的认识。他可能就是想告诉我们一定的道理,人类本来是聪明的,在生灵当中应该来说是智谋比较高的,被一只小小的老鼠耍了,就告诉我们一个什么样的道理。我觉得是否可以定为第二段是这篇文章的核心所在,重点就在第二段。前面的叙事为后面的议论服务,或者说是后面议论的基石,没有前面的叙事可能就引发不了后面的议论。所以在教学当中,是否重点在第二段? 大家有没有什么不同的看法和建议?

师6: 我觉得第一段里面的动词应该重视。那么细致地刻画它整个过程,就是我们怎么被这个老鼠所骗的过程,好几个动词,"举烛",还有"见闭不得去","发"、"视","举烛"的"举"、"索";还有侧面描写,"童子惊曰"。

师9: "惊"上面一个,下面一个,有两个"惊",实际上前后是有升华的。

师6: 就是以"惊"来串起来。

师2: 这个重点摆放在议论上,不知各位有什么高见?

合作专家: 就是说,重点要摆在第二自然段吗?

师2: 对,第二段,老鼠这件事引发的议论、看法。

师9: 第二段的最后一句,是不是这样的?

> 【观察者点评】古代的文体"赋",现代的文体"记叙文",你觉得在文言文教学中应该如何处理这两者的关系呢?

【要点评议】

这个环节,大家集中探讨的是文本"体式"的问题。本文标题为《黠鼠赋》,可见属于"赋"(文赋),文本的形式特征也印证了这一点。可能是考虑到初中学生的接受水平因素,沪教版教材编者有意将《黠鼠赋》中直接传达作者思想的第三段文字删掉了,这样一来,"赋"的"体物写志"的特征体现就打折扣了。不过,大家还是从文本内容着眼,确定将带有议论色彩的第二段视为文本自身与文本教学的重点。这是有其合理性的。

(说明:下面的环节,每位老师发言,谈自己初步的教学环节设计思路。大家普遍认同的是,第一环节采用讲故事的方式作为课堂的"导入"。从略)

四、"三个台阶"教学设计研讨

(一)教学重点研讨

师1: 那按照共同备课汇报的模式,刚才我们每个人说了一下自己的想法,包括陈老师也说了。我们现在大体定一下,按照这个模式,来设计"三个台阶"。

师7: 我个人觉得,两段都是重点。第一段的重点在叙事,有情趣,第二段重道理。那么导入怎么解决呢? 就是讲故事,讲故事我们是把"文"和"言"并在一起的。当他讲故事讲得不好的时候,实际上是他对文章词句的理解有问题,然后再不断地丰满、修正。这个修正的过程,就是使这个故事不断地丰富、生动的过程,实际上还要借助对词句的理解。所以这个"文"和"言"是联结在一起的。

第二个就是理解道理的问题,刚才赵老师有三个梯度,第一个梯度是看到这样一个事件,最低级的反应像童子一样,就是有点惊讶。第二个反应就是感叹老鼠的聪明,我想把第二段也不舍掉,给一个"苏子叹曰",叹什么呢? 学生可能想到这个老鼠太狡猾了,再往下想就想不到了。第三个是什么呢? 就是由老鼠到人,人的"乌在其为智也",这样想到人。第三个思维层次是什么呢? 是追问。人为什么在这个老鼠面前显得笨了呢? 又引出另外一个,第三个问题了。这样的话,"道理"方面我觉得存在四个层次,这四个层次学生可能会停留在老鼠的狡猾上,是事和理这样的方式。

四个层次,第一个是童子的层次,就是看到这个老鼠是惊讶,这是童子的反应;第二个是苏子叹的前半部分,鼠之黠,这老鼠真是狡猾。

师6: 他知道内容,就是童子可能不知道内容,这是一个很轻松的表达。

师9: 第一个就是苏子的叹。

师 7：对,苏东坡叹的前半部分。

师 5：一直到"以形求脱也",就是老鼠"黠"。

师 7：对,"以形求脱也"。第三个是后面,由鼠到人。

师 9：也是苏子的叹。苏子叹了两个层次。

师 7：对,两个层次,从鼠到人,从本文讲这是第三个层次了。

师 9：第四个呢?

师 7：第四个就是从"乌在其为智也"到最后的一个反思,就是人为什么在老鼠面前显得笨了呢?

师 9：就是人对自我进行审视,反思。

师 6：人一向对自然应该有反思的态度。

师 9：因为外物触发,人本身来进行反思。

师 7：可以的。

师 6：我觉得学生走出课堂是有收获的,他一下子从这件事情能够悟出这么多,他能读出这么多深刻的意义出来。

【观察者点评】你平常备课、教学时,跟师 6 一样有"以学的活动为基点"的良好意识吗?

师 9：于老师,关于你说的这个两段同样重要,文言文的"文"和"言",你如何处理其时间关系? 这两段的时间关系怎么处理?

师 7：基本上觉得差不多对半开。本来我觉得两节课最好。当然如果公开课一节课的话,这个也有点危险。

【反思】

　　对于《黠鼠赋》这样的文言文,你是如何处理教学当中的"言"与"文"的关系的?"言"与"文"的教学,两者在教学时间上的分配,你会选择哪一种呢?

　　A."言""文"对半开;B."言""文"三七开;C."言""文"七三开

　　或者,你认为,"言"与"文"教学的时间分配,并非可以三七开或对半开这样来简单量化、进行比例切分的?

师 6：这篇文章有些字是很难的。

师 5：还有就是最基本词义,不读的话也很难的,我们老师自己读了半天还要看拼音。

师6：读熟就好了，预习就是读熟。

师5：读熟基本上能够理解意思了。

师6：主要是熟读课文。

师2：你先说呢，还是等到陈老师这里？

合作专家：我们就按照陈老师这个方案，定下来，我差不多已经把我的想法说了。

（二）形成"三个台阶"教学设计

师9：我讲一下，经过小组讨论研究，得出一个教学内容的问题，首先我们确定教
　　　学内容重点在第二段。那么在处理关系的时候，时间的处理是一个平行的
　　　关系，第一自然段和第二自然段是一个支撑的关系。我们取了一个教学的
　　　重点，就是这个故事引发的道理上面。那么整个故事的引发，对学生认识的
　　　提升我们分四个层次。

　　　　　第一层次的提升就是在这篇故事当中，这个童子为什么感到惊奇，感到
　　　惊讶。然后跟着就上升到第二个层次了，就是苏轼是如何感叹的。苏轼的
　　　感叹又是两个层次，分为前后两个层次。跟着又上升到第四个层次了，通
　　　过这个故事，通过苏轼的感叹，由一点小事引入到我们人，这个外物到我
　　　们人，我们人对自己的审视和反思。这就是我们教学的目标和终点，是这
　　　样吗？

合作专家：我们一起来明确一下，我们第一件事情干什么，是疏通语言文字还是
　　　什么？比方说第一个台阶疏通全文的语言文字，第二个台阶讲第一自
　　　然段，第三个台阶讲第三自然段，第三自然段里面包含了四个文本的
　　　阐述，然后第二自然段四个层次。比方说是这样的，我们现在这样可行
　　　吗？台阶一干什么，台阶二干什么，台阶三干什么？

师9：我们讲的第一步是熟读课文，是基于学生对文和言的理解，这个是他的起
　　　点。首先第一步，起点是基于对文和言的理解，对课文进行熟读。第二步就
　　　是教学的起点，第一步让学生讲故事。我们为什么让学生讲故事呢？落点
　　　是让学生对文言文的"言"进行理解，我们采用的方法是学生讲故事。当然
　　　讲故事的方法有小组讲，有推荐优秀的组员讲，这是方法。下一步就是比较
　　　童子、苏轼和学生本人的感受，我们的落点是基于对课文内容的理解，我们
　　　采用的方法是比较。比较就是我们要抓住文中的"惊"和"叹"这两个词进行

评析。第三个,在实现上面两个内容的基础上,我们注重苏轼"叹"的内容。这个"叹"有三叹,叹鼠之黠,叹人之愚,叹自己。这同时也是一个"悟"的过程。

合作专家:你直接把"叹"改成"悟"?

师9:三个是叹鼠之黠、叹人之愚,还有就是上升到学生自己。

师6:惊、叹、悟。

合作专家:叹人之愚我看不要专门加,他也没说愚,也就是对人的智有一个精细的评判,就是悟之智。

师6:对,就是叹人的智慧。

合作专家:叹鼠之黠、悟人之智,可不可以?

师6:智慧的智,人的智慧他可以质疑了。

师9:悟人之智,我们人的聪明在哪里?

师6:对,聪明在什么地方?

师5:这是苏子第一次悟,接着我们学生们再来悟。

师2:叹鼠之黠,悲人之愚,用一个悲,感到悲哀,人都被小小的老鼠耍了。

师9:我们刚才不是已经讲了苏轼有两个方面叹,这感觉上还有一点冲突。

师7:他是"叹"了两个内容,"叹"完以后还有个"悟"嘛。

师9:叹鼠之黠。

师6:"悟"并没有明白。他没明白啊。

师1:这个"悟"不是觉悟,不是说对人对自己的思考。

师5:惊叹、思考,别叫"悟",叫思考。"悟"好像结论一样,这个"思"是还没有形成共识。

师1:"悟",你不要把它理解为觉悟的那个"悟",就是去"思考"的意思。

师6:惊、叹、悟好像更好一点,但是惊叹,思也有一点。

师1:惊、叹、悟,前面那个"惊"是指童子的"惊"。

师6:对。

师1:我的意思是说,前面你讲的第一个台阶,讲故事之类的,主要是指向"言"的把握,也有对文本第一自然段的事件,这个故事的把握。后面重点讲叹、悟的时候主要是针对第二自然段。

师7:要不然这样,"惊"是童子的惊,"叹"是苏子的叹,"悟"是学生之悟。

师6：也可以。

师1：把苏子的两个变成一个。

师7："惊"是童子的惊，"叹"是苏子的叹，"悟"是学生的悟。因为这里"悟"没有嘛，我们补充一下。

师5：从这里"悟"出来了什么？

师2：这个"悟"应该加上师生之悟，不一定学生才有这个悟，老师也应该有悟。

师3：刚才想到了这个地方，如果要好说的话就这样说吧：一惊二叹一思，把那个"悟"直接改为"思"算了。一"惊"就是童子的惊异，是不是？

师5：嗯。

师3：二叹，苏东坡有两叹是不是，前半部分的一个叹，后半部分的一个叹，那么就是二叹，然后再加上一思。"一惊二叹一思"，这个行不行？

师1：这个不要紧的，我们汇报的时间很短，不要斟酌得那么完美。不要忘了剩下还有后续，就相当于课后作业。

师9：我的意思是说总体得衔接上。

师6：不用那么完美的，就照着这么讲，预习考虑，读书考虑。

师1：我的意思第一个教学过程或者教学板块，或者教学环节，是针对第一自然段的，用讲故事的方式，其实主要就是熟悉这个事件；然后第二个环节也就是第二个台阶，就是第二自然段了，用那个比较的方式。

师5：第一自然段也讲了童子的"惊"。

师1：你讲童子的"惊"实际上就是相当于把一二两段衔接一下。是不是可以从这个角度上来这样表述？

师5：刚才这个故事当中，童子的表现怎么样？肯定就是"惊"。

师1：其实童子的"惊"我觉得不是我们讲的重点了。

师5：但是会再引入下面的。

师1：对，因为我们现在有两个事情是比较纠结的，一个就是你想比较一下苏子跟一般人不同的睿智，这是一个点。但是重点不在于相对同样一个生活琐事，两个人不同的思考。重点是讲他思考什么东西，而不是比较。重点不在比较苏子超过普通人的地方，而在于讲他思考的本身。重点不在于他讲看问题的差别的比较，而就在于他讲思考什么东西。因为于老师讲的那三个层次，这其实是两件事情。

师2: 现在陈老师说的是,如果按照这个三大块来说有点不好说。

师1: 可以的,你再看看整理一下。

师9: 分三大块,第一块是学生讲故事,学生讲故事我们落实,这是学生对"言"的理解。

师1: 其实也包含对文本的看法,侧重点在第一段。

师7: 对。

师1: 其实我们两个板块里面都兼有言和文,是不是? 第一个台阶侧重于第一自然段的梳理跟把握。

师7: 对。

师6: 侧重第一段的叫什么? 对文与言的把握。

师9: 方法就是小组讲故事。

师1: 方法你待会儿再组织,第二个板块马上记下来,就是第二个台阶。

师9: 第二个台阶是什么?

师5: 比较童子的"惊"和苏轼的"叹"。

师6: 你就写侧重第二段。

师9: 重点摆在第二段。

师6: 对,侧重第二段,这不是文言把握了,侧重"文"的把握。

师1: 侧重第二段"文"的把握,然后你可以顺便说一下,就如我们刚才讲的,由"叹"到悟什么之类的。

师9: 用不了几分钟,两三分钟就完了。

师1: 没完,还有后续作业。

师2: 还有教学反思。

师1: 好,我们可以整理东西了,一边整理东西,一边进行下去。

【要点评议】

　　这个环节,大家共同讨论教学设计的初步框架"三个台阶"。由最初提出的"惊、叹",到后来的"惊,叹,悟",直至最后的"一惊二叹一思",大家对于文本的把握,以及对于教学设计的思考不断地走向细致、深入。——而这一成果的取得,是建立在本次共同备课的全体老师的积极参与基础上的。

文言文教学中的"言""文"关系处理问题,是一线教师特别关注的问题,往往也被视为改变文言文教学现状、提升文言文教学效益的最为重要的"抓手"。可是,大家往往将"言""文"关系问题简单化为在教学时,实现"言"与"文"的简单"拼合",既有"言"也有"文"就皆大欢喜了;或者简单化为在教学时间上分别给予"言"与"文"一定的时间比例,便大功告成了。关于这一问题的认识,随着本次共同备课的推进,老师们有了一定的改变。不过,距离我们所倡导的"一体四面"的文言文教学,实现"言"与"文"的内在的统一要求,也还有一定的差距。这也显示出"言""文"统一问题的复杂性,真正实现文言文教学"言""文"统一的艰巨性。而具体到"赋"等古代文体类型与具体课文时,这一问题的解决会表现得更为复杂与困难。

后续学习活动

下面分别列出了《黠鼠赋》与杜牧《阿房宫赋》两个文本的散行排列与分行排列两种形式,请认真比较阅读,完成后面的任务。

（甲）苏子夜坐,有鼠方啮。拊床而止之,既止复作。使童子烛之,有橐中空,嘐嘐聱聱,声在橐中。曰:"嘻!此鼠之见闭而不得去者也。"发而视之,寂无所有,举烛而索,中有死鼠。童子惊曰:"是方啮也,而遽死耶? 向为何声,岂其鬼耶?"覆而出之,堕地乃走,虽有敏者,莫措其手。

（乙）苏子夜坐,有鼠方啮。

拊床而止之,既止复作。

使童子烛之,有橐中空,

嘐嘐聱聱,声在橐中。

曰:"嘻!

此鼠之见闭而不得去者也。"

发而视之,寂无所有,

举烛而索,中有死鼠。

童子惊曰:

"是方啮也,而遽死耶?

向为何声,岂其鬼耶?"

覆而出之,堕地乃走,

虽有敏者,莫措其手。

（丙）妃嫔媵嫱，王子皇孙，

辞楼下殿，辇来于秦，朝歌夜弦，

为秦宫人。明星荧荧，开妆镜也；

绿云扰扰，梳晓鬟也；渭流涨腻，

弃脂水也；烟斜雾横，焚椒兰也。

雷霆乍惊，宫车过也；辘辘远听，

杳不知其所之也。一肌一容，尽

态极妍，缦立远视，而望幸焉；有不得

见者，三十六年。

——杜牧《阿房宫赋》

（丁）妃嫔媵嫱，王子皇孙，

辞楼下殿，辇来于秦，

朝歌夜弦，为秦宫人。

明星荧荧，开妆镜也；

绿云扰扰，梳晓鬟也；

渭流涨腻，弃脂水也；

烟斜雾横，焚椒兰也。

雷霆乍惊，宫车过也；

辘辘远听，杳不知其所之也。

一肌一容，尽态极妍，

缦立远视，而望幸焉；

有不得见者，三十六年。

——杜牧《阿房宫赋》

任务1：请找出（甲）（乙）两个文本在语言形式方面的共同特点；并思考，除了句子匀整的形式特点外，还有没有其他方面的形式特点？（提示：请关注每一行句子的尾字）

任务2：试揣摩（丁）文本中两个加点的句子，尝试对它们进行加工，使它们在句子形式上与前后的句子保持一致。并思考，作者创作时，是不是有意在整句铺排当中设置这样的错落语句？这样的"炼句"，有怎样的表达效果？

任务3：作为阅读者，要读出文言文所固有的辞章意味来；作为教学设计与组织者，更要基于文本体式与学情实际，设计出教学活动来。试结合上面的两项任务，为《黠鼠赋》的教学设计出两个教学活动，以促进学生更好地欣赏这篇课文。

课例研究
工作坊

从文言文的"炼字炼句处"打开文本

——童志斌《始得西山宴游记》课堂教学研讨

执教教师简介

童志斌,基本情况见前文专题相关内容。

热身活动

1. 对照《始得西山宴游记》课文,圈出你认为重要的、准备在课堂里跟学生一道进行重点分析探讨的文言字词语句。

2. 请对课文标题"始得西山宴游记"进行"细读",结合全文内容,重点揣摩"始得"、"宴"字的深沉内涵。并思考,如果你来做教学设计,针对课文标题,你可以设计什么教学活动?

3. 课文开头一句话很值得玩味。"恒惴栗"三个字,很可能是打开整个文本的钥匙。教材注解称"恒惴栗"的意思是"常常忧惧不安",你觉得是不是还有更深层的意味?

课例导读

《始得西山宴游记》是柳宗元散文的名篇,是著名的"永州八记"的第一篇,选入江苏教育出版社必修教材(必修一)"像山那样思考"专题。

一般老师教学《始得西山宴游记》时,往往从语言上进行字字落实、句句翻译。对于字词,要求明确说出其"意义"和"用法"(语法词性)为目标,不仅要理解字词在当下文本中的意义,而且要求从词汇的意义上对(多意义、多用法)字词作全面的梳理、掌握。对于句子,则以能够用现代汉语翻译为目标,要求"直译""字字落实"。"文"的教学,往往脱离具体的语言表达、篇章结构,架空地分析谈论作者思想感情、作品艺术特色。这样的阅读与教学,学生的收获往往很有限,更难以获得在阅读方法方面的指导。

文言文教学的"一体四面"——文言、文章、文学、文化,在阅读教学当中如何落到实处? 如何从文本的"炼字炼句处"、"章法考究处"入手,获得文学美的感受,并在此过程中把握"所言志、所载道"? 本课例都有较为明显的展现。

教学实录

第一课时

一、导入

师:我们今天来学习《始得西山宴游记》,作者是柳宗元。回想一下,之前有没有学过柳宗元其他的课文,包括初中阶段?

生:《小石潭记》、《黔之驴》、《捕蛇者说》。

师:《捕蛇者说》开头一句话是"永州之野产异蛇"。我们今天要学的这篇课文,作者所指的地点是永州。我们现在走进它。

二、疏通文字

师:先一起读课文。(生齐读。教师听读,在黑板上板书课文中的部分字词语句)

1. 纠正误读

(生齐读时,"醉则更相枕以卧"与"梦亦同趣"两句有字音误读。师生共同明确"醉则更相枕以卧"与"梦亦同趣"中的"更"、"趣"的读音)

2. 疑难讨论

(老师组织全体同学以 6—8 人为一小组,把全文的语言文字作一疏通。若有疑问,首先小组讨论解决;解决不了的问题,提交给全班一起来考察。时间约为十五分钟)

3. 共同解疑

（生提出的第一个问题是："凡是州之山水有异态者，皆我有也"中的"有"是不是通假字，通"游"。师生作了明确，此处并无通假现象。从略）

生3："今年九月二十八日，因坐法华西亭"的"因"怎么理解？我觉得没有这个字也挺通顺的。

师：你觉得加上这个"因"字，不好落实？哪位同学来试试看？

生4：这句话应该把它连起来看，就是"今年九月二十八日，因坐法华西亭，望西山，始指异之。""因"和后面的"始"应该是相关的，就是因为坐在那个地方，才发现它那个奇异的山水。

师："因"和"始"这两个字是前后呼应的，很好的意识。理解一句话，不要只盯着这句话，还应该把上下文贯通起来。前面是"以为凡是州之山水有异态者，皆我有也"，本来以为是都被我拥有了，却发现还有例外，是不是？

生5：我们对第一句话不是很理解，作者在永州为什么感到一直忧惧不安？

生6：我觉得是因为他是被贬永州，当时的永州其实是个蛮荒凉的地方，他是一个人，心里抑郁，所以"恒惴栗"。

师：你怎么知道？

生6：因为在永州他写过一篇《捕蛇者说》，我觉得永州应该蛮荒凉。

师：被贬一般不会流放到很富裕的地方！还有一个原因是什么？

生7：因为他很孤独！

师：这个依据是什么？

生7：因为被贬的话，应该是他一个人被贬，没有人愿意陪着他。

师：这个问题很大，涉及对整个文本的把握。我想把这个问题留在最后来作探讨，应该是最有意义最值得讨论的问题。还有没有其他的问题？

生8："始得"的"得"是什么意思？

生9："得到"。

生10："发现"。

师：从哪里推测？

生10：《桃花源记》里面中"林尽水源，便得一山"中"得"是"发现"的意思。

【观察者点评】请问你平常有没有引导你的学生养成这样良好的"语境"意识呢？

师： "得到"，其实就是一个"发现"的过程，所以这个"得"字据我们初步的一个判断，很可能是"发现"。到目前为止我们有些问题已经当场做解答，但是有两个问题我们是留在这里：一个问题是"恒惴栗"是怎么回事？还有"始得西山宴游记"的"始得"是什么意思？这堂课我们先解决语言文字的问题，然后再来看整个文本的全局问题。

生11： "然后知吾向之未始游，游于是乎始"，前面的文章描写了很多景象，那就代表他已经有过了，为什么他还要说从现在这刻起才是游历？

生12： 我觉得这句话的意思是他游览西山之后，觉得以前游览的风景都不算了，从西山这时候才是真正的开始。

师： 事实上去游览过没有？

【观察者点评】"游景"、"游心"的概括相当精彩。如何让更多的学生获得这样的阅读感受？

生12： 游览过其他的景色，但比起西山来说，其他的景色不算游。

生13： 我觉得这里的他在西山看到这个风景结束了，而后面是对自己内心的，就是前是游景，后是游心！

师： 非常精辟，先是"游景"再是"游心"。请大家记住这两个词语。——暂时语言文字告一段落，下节课我们一起继续对文章进行深入解读。

【要点评议】

本环节，童老师组织学生以小组讨论的方式展开合作学习，自主解决疑难；然后，针对学生确有疑难的地方，集中展开探讨，避免了逐句解释、翻译的繁琐，突出重点，注重实效。同时，也有利于学生养成自主探究、团队合作的学习习惯。

第二课时

一、细读文本

1. 品味"恒惴栗"

师： 上节课同学们提出了很好的问题："恒惴栗"是怎么回事？为什么是"始得西

山"？为什么是"吾向之未始游,游于是乎始"？（停顿）请同学们回想一下,"恒惴栗"的大意是什么？"常常忧惧不安"。再问你,"恒"是什么意思？（生自由:"常常"）"惴"是什么意思？（生自由:"不安"）

哦,"惴"就是"不安"。那么"栗"是什么意思?

生: 害怕。

师: 用"栗"字组词。

生: 战栗。

师: 再组一个四字成语?

生: 不寒而栗。

师: 很好,所谓"不寒而栗"是天不冷但是发抖打哆嗦。

柳宗元为什么"打哆嗦"? 对,他害怕。内心会害怕

到打哆嗦的地步? 什么东西那么可怕? 我们来看一下材料:

（PPT）柳宗元入朝为官,积极参与王叔文集团政治革新,迁礼部员外郎。

永贞元年(805)9月,革新失败,贬邵州刺史;行未半路,11月加贬永州司马。次年王叔文被赐死。元和十年(815)春回京师。

师: 从背景材料上我们可以发现他害怕的原因。王叔文是政治领袖,柳宗元是政治同盟。王叔文的政治革新失败,王叔文被革职,柳宗元被贬为地方官。王叔文的结局是被赐死了,次年死的,因为这次革新王叔文的集团遭到了惩罚,包括柳宗元、刘禹锡在内的八个官员同时被贬为"司马"。柳宗元最初被贬为邵州刺史,"刺史"相当于今天一个市的市长。但是还没有到任,路上被追加贬为司马,"司马"相当于一个普通的办事员。大家看出什么来了?

生（自由）: 这个事情还没有结束。

师: 很对。这个惩罚没有一步到位,换句话说,皇帝政府对这个革新集团的愤怒与惩罚还没有终结。第一年王叔文下岗了,第二年他的命丢了。——设想一下:王叔文被赐死时,柳宗元在哪里? 在永州。当长安城传来消息,说他们的老大被处死了,柳宗元会有什么想法?（生自由:恐惧。）还有一点,我们再看下面这段话。

（老师以PPT补充柳宗元《寄许京兆孟容书》"宗元于众党人中,罪状最甚,……此诚丈人所共闵惜也"背景材料）

师: 这段话中每句话都有一个什么字?

【观察者点评】不妨猜想一下,童老师对"恒惴栗"的表达作细致探究的目的是什么?

生："罪"。

师：文章第一段话说"自余为僇人"。"我"是一个罪人，政治上犯了错误。这个犯错误可能是政府认定你犯错误，而"我"并不以为然；但也可能"我"真心认为"我"有罪。柳宗元是哪一种呢？看一下他说"宗元于众党人中，罪状最甚"，最重，或者说最深。后面一句话是"世亦不肯与罪人者亲昵"，是不是说他是一个孤独的人？下面这句话我做一个简单的解说，"恐一日填委沟壑"就是表示生命终结，被埋葬在泥土里面。"旷坠先绪"什么意思？古人的观念，不孝有三，无后为大。因为柳宗元曾经娶过妻，但无子女，他妻子去世，他现在孤身一人。担心死了之后断了香火。所以后半句，"每当春秋时飨，子立捧奠"。什么叫"子立"呢，"子"是孤身一人的意思。祭祀祖先的时候，"顾昄无后继者，憪憪然欿歜惴惕，恐此事便已"，担心香火要断，"摧心伤骨，若受锋刃"。——能理解吗？这与我们古人传统观念有关，没有子嗣，他内心是一种什么样的状况？"摧心伤骨，若受锋刃"。

【观察者点评】老师连续引入那么多背景资料，你认同这样做吗？老师的目的可能是什么呢？

他还有什么心事？请大家看一下他给母亲写的墓志：

[老师以 PPT 补充柳宗元《先太夫人河东县太君归祔（合葬）志》"呜呼天乎！太夫人有子不令而陷于大僇，……尽天下之辞，无以传其酷矣"背景材料]

【反思】

平常文言文阅读教学时，你是不是也会像童老师一样在课堂里向学生呈现了"背景材料"（习惯称作"拓展"）。引入这些课外"背景材料"的目的是什么？请作出选择：

A. 拓宽学生视野；B. 帮助理解语句；C. 促进文意把握。

你觉得，童老师的意图与你的是否相同？"背景材料"会不会"干扰"阅读与教学？

师："太夫人有子不令而陷于大僇"，我们尊称对方的父亲要称呼令尊，对方的儿子叫令郎，这个"令"的意思就是美好，"有子不令"，这个儿子怎么样？不好，柳宗元到永州赴任，他的母亲跟着他到永州，当年就死在了永州，作为儿子他非常自责。可以看出来，他说"徙播疠土"，就是到这个蛮荒之地；"医巫药膳之不具"，医疗条件很差，导致母亲有病不能医治。接着"以速天祸"，他认为不是老天降下的灾难，那责任在谁？前面说"有子不令"，称自己为"恶子"，可见他的自责，"苍天苍天，有如是耶，有如是耶？而犹言犹食者，何如人耶？已矣已矣！"这段话是说像我这样罪孽深重的人，居然还有脸活在这世上，还要吃，还要睡。——现在我们再回到课文里，什么叫忧愁，什么叫害怕得发抖？外在的因素是什么？怕政治上的打击。内心的是什么？一种自我责备。有一个字我们大家不要忽略了，"恒惴栗"的"恒"是什么意思？

生：常常。

师：什么叫"常常"？比如说今天"惴栗"了，明天、后天有没有"惴栗"？我们都学了英语，请问，"常常"用什么英语单词对应？（生：often。）除了 often，还有什么单词意思很接近呢？（生自由：always、usually。）好，现在我们有 3 个词语：always、usually、often，你认为"恒惴栗"的"恒"用哪个更加准确？

生（齐）：always。

师：为什么？always 跟我们汉语哪个词是一致的？对，"总是"。usually 跟哪个汉语词语是对应的？"通常"。often 是什么意思？"常常，经常"。经过刚才的对比我们可以判断，应该是 always。如果是"经常"，古文可能会用"时惴栗"来表示。对不对？——所以，他不是隔三岔五"常常"地"惴栗"一下，而是"一直地，持续地"。看词语"恒心"的"恒"就知道，"恒"是持续不变的意思。现在我们明白了，是说今天、明天、后天"惴栗"，天天"惴栗"，无时无刻不处在"惴栗"的状态中。明白了这个问题，我们才真正体会到了柳宗元真实的内心。

> 【观察者点评】讲解文言字词时引入英语单词？有必要吗？发挥了什么作用？

【要点评议】

　　上面这个环节，童老师与学生一道，表面上看起来只是梳理对"恒惴栗"三个字的理解，从原先的"常常忧惧不安"的"意思"修正为"总是忧虑害怕到极点",而实际上,这里包含了如何着眼于文本"内部"、文本"语言"进行文学欣赏的道理。文学理论家指出,"文学是一种特殊的语言构造",作者有意采用"陌生化"的特殊语言表达,来传达一种独特的情思,即前面"主题学习"报告中提到的文言文的"炼字炼句"所在。"恒惴栗"就是典型的例子。

2. 品味"始"

师:什么叫"始得西山宴游记"?最简单的可以怎么表达?"西山游记",或者"游西山记",或者更简单,"西山记"。为什么说"始得"?请大家在文章中找出包含"始"的句子,读出来。

生:"而未始知西山之怪特","然后知吾向之未始游,游于是乎始"。

师:"未始"的"始"是什么意思?我们先往后看,"望西山,始指异之"。这个"始"什么意思?副词,才。还有全文的最后面,"游于是乎始",真正的游览是从现在或者这时开始的。那么这个"始"解释为什么?

生:开始。

师:对于"而未始知西山之怪特"中的"未始"这个词我们合起来解释。对应哪个词语?

生:未尝。

师:更通俗点就是"不曾"的意思,"未始游"就是"未尝游、不曾游"。这样我们"始"字明确了。我们再来考察"然后知吾向之未始游","然后知道我先前不曾游"。——那事实上,先前我有没有游过?

生:游过。

师:哪个地方有依据?读出来。

生:"以为凡是州之山水有异态者,皆我有也。"

师:"皆我有也"。文章的开头"其隙也,则施施而行,漫漫而游"可以更明白地表达之前有没有游。有没有游?有,虽然"施施""漫漫"地,但是事实上他游了,怎么游的?去了哪些地方?

生:"日与其徒上高山,入深林,穷回溪,幽泉怪石,无远不到。"

生:高山、深林、回溪、幽泉怪石。

师：山是高的山，林是深的林；回的溪，蜿蜒曲折的溪；泉是什么样的？幽深的；石头呢？奇怪的石头。——它们的共性是什么？

生：风景美丽。

师：没错，"山水有异态者"。还有呢？这些地方都是什么所在？

生：**偏远的地方。**

师：太对了！你怎么知道的？

生："无远不到"。

师：什么叫"无远不到"？意思是"任何遥远的地方我都到过了"。那为什么"我"要找"远"的地方去"游"呢？在人多的地方"我"会有什么样的感觉？

生："惴栗"。

师：很好！换句话说，柳宗元为什么要出游？不是闲情逸致，游山玩水，而是生活让他感到"惴栗"，所以他要远离现实，忘记那些令他"惴栗"的因素，寄情于山水。那么我们讲游山玩水，作者有没有告诉我们他在第一段看到了什么风景？只是笼统地说有高山深林幽泉怪石，有对风景的具体描绘吗？没有。那他到了这些风景所在，都干什么了？

生："到则披草而坐，倾壶而醉；醉则更相枕以卧，卧而梦，意有所极，梦亦同趣；觉而起，起而归。"

师：对，到了这个地方就披草坐下来，"披草而坐"的"披"是什么意思？"披荆斩棘"，"披"是分开的意思。本来是杂草丛生的，把杂草分开了坐在那里。接着就"倾壶而醉"。就是坐下来喝酒喝醉了。喝醉了之后躺下来睡了。睡了做梦，梦醒之后回家。因为身处在人群当中他忧惧惴栗，所以要远离，事实上他有没有远离让他不安的因素？没有，因为他始终在这里循环，"觉而起，起而归"，回到生活当中他仍又处在"惴栗"状态。到了西山又不一样了，就像前面同学说到的，在西山他"游心"。

3. 品味"倾壶"与"引觞"

师：同学们请想一想，到西山做的事情和到西山之前的游览有没有相同的事情，什么事情是相同的？

生：喝酒。

师：是的，前面后面都喝酒，而且都喝醉了。这是相同的。我们先看喝酒。在到西山之前作者怎么写喝酒的？

生："到则披草而坐，倾壶而醉。"

师：到了西山，他喝酒怎么喝的？

生："引觞满酌，颓然就醉。"

老师（板书上述两个句子）：游西山和游别的地方，我们看两者有什么差别？相同点是都喝酒而且都喝醉了，不同的是前面是"倾壶"，后面是"引觞"，换句话说，喝酒盛酒的容器不一样啊？

> 【观察者点评】作者两次写喝酒，在措辞上有"壶"、"觞"之别，有"倾壶"与"引觞"之异，你注意到了吗？

生：前面是壶，后面是杯子。

师：很好，大家有没有学过《兰亭集序》？古人有一个活动叫"曲水流觞"。就是一些贵族士大夫列坐在弯弯曲曲的小溪两岸，有人在酒杯中斟酒，放到水里，酒杯就顺着水往下漂浮，酒杯停在谁的面前，谁就吟诗作赋，如果作不出来就喝酒。这是古代文人雅士的一个行为。可见，"觞"是一种特别小的酒杯。我们现在知道，"引觞满酌"和"倾壶而醉"不一样。然后看动作，什么叫"倾壶而醉"，"倾"是什么意思？

生：倒出来！

师："倒出来"？好像不准确。我们用"倾"字组词看，成语。

生：倾盆大雨。

师：倾盆大雨，就是把盆里的水底朝天地倒出来，说明不是一般地倒。再举些成语。

生：倾巢而出、倾家荡产、倾囊相授。

师：大家有没有看出来"倾"的意思？都表示完全没有保留，一点不剩。那再看什么叫"倾壶而醉"，我们可以想象，在游西山之前喝酒是满壶地灌。那"引觞满酌"是怎么喝？壶里的酒一点一点斟在酒杯里面。然后把酒杯拿过来喝下去。同样是喝醉了，前面是什么原因醉的？

生：灌醉。

师：酒精麻醉。在西山是什么原因喝醉的？是慢慢地，一口一口地品。当然也有酒醉，但更主要是眼前的风光让他醉了。游西山时作者有没有被西山的风光陶醉？我们把这段文字读一下。（生齐读"攀援而登……不与培塿为类"）

　　　阅读文言文,如果将阅读目标仅仅定位于"理解词句含义"(见《高中语文课程标准》),或者定位于"将文言语句翻译成现代汉语"(见《高考考试大纲》),那么,我们就会满足于将"倾壶而醉"、"引觞满酌,颓然就醉"理解为"倒出壶里的酒喝醉"、"端起酒杯来喝得大醉"。童老师的上述环节启发我们,要想把握文言文"所言志"、"所载道",必须立足于对文本"炼字炼句处"等文言语句的细致品味,才能保证文言、文章、文学、文化的"四位一体"。

师:这里有对景物的描写,我们品味一下。西山的"特立"体现在哪里,文章里出现了好几次,"西山之怪特,望西山,始指异之",还有"然后知是山之特立,不与培塿为类","培塿"是什么?

生:小土堆。

师:小土堆和西山的差别是什么?

生:西山高。

师:文章中如何体现?

生:"遂命仆人过湘江,缘染溪,斫榛莽,焚茅茷";"穷山之高而止"。

4. 品味"箕踞"与"坐"

师:换句话说,后面见到的所有的景象都是作者站到西山山顶上所见,因为站得高所产生的一种感受。这篇文章还有一个细节,"攀援而登,箕踞而遨"。"箕踞"是古代的一种姿势。第一段里面也写到了,"披草而坐",第二段为什么要专门写到他"箕踞"而坐?来看一下"箕踞"和"坐"的区别。

(PPT 呈现"坐"的篆书、楷书字形)

师:"坐"这个汉字,里面有两个人,面对面坐在地上。古人席地而坐,膝盖着地,臀部压在脚跟上。

(PPT 呈现多张古人"坐"的图片)

师:虽然坐着没那么舒适,但是古人的坐姿是比较有讲究的,尤其是在他人面前。那么,我们想象一下,柳宗元在西山上是怎么坐的呢? 什么叫"箕踞"?

(PPT 呈现《礼记·曲礼上》:"立毋跛,坐毋箕,寝毋伏"等关于"箕踞"为"不雅的坐姿"的文字材料)

师："箕踞"是很不雅的坐姿,臀部着地,腿部向前伸开,一般情况下我们是不会这样坐的。那么,在古代,什么人在什么情况下会"箕踞"呢?

(PPT)(荆)轲自知事不就,倚柱而笑,箕踞以骂。(《战国策·燕策三》)

唯阮籍在坐,箕踞啸歌,酣放自若。(刘义庆《世说新语·简傲》)

师:这里有两个句子,一个是刺秦王的荆轲失败了,箕踞而骂,有意用这种坐姿表达对秦王的一种侮辱,维护自己尊严。第二段话是"唯阮籍在坐,箕踞啸歌"。我们都知道阮籍这样的魏晋名士,在生活上是相当狂放不羁的。换句话说,"箕踞"这个坐姿,一般人在普通场合是不会采用的。那么,柳宗元在西山上,他是怎么"坐"的呢?

生:箕踞。

(PPT 呈现"阮籍醉酒图"绘画作品)

师:大家觉得,柳宗元是不是像这幅画上的样子坐着? 还是前面古人常见的"坐"? 为什么?

生:他很随便,很放松。

师:对啊。坐在西山顶上,面对眼前的风光,柳宗元的内心处在一种相当松弛的状态,也就是文章里写到的——

生:"心凝形释"。

【反思】

平时教学时,你是不是也苦恼于如何实现"言"、"文"的统一? 什么是对文言字词的"理解"? 此处关于"箕踞"的探讨,是不是给你新的启发呢? 请填写下面的表格。

"箕踞"的教材释义	"箕踞"的词典释义	"箕踞"在课文中的意味
古人席地而坐,呈簸箕状,称"箕踞"。	坐时两腿前伸,形如箕,是一种倨傲无礼的表现。(《古代汉语词典》697 页,商务印书馆 1997 版)	

5. 品味"得"

师：我们再回到课文标题。"始得西山宴游记"这个 "得"字,什么叫"得"西山? 前面我们作出的解释是 "发现"和"得到"的意思。大家回想一下初中学习 过的课文,欧阳修的《醉翁亭记》? 是不是也有这个 "得"字?

生："得之心而寓之酒也。"

(PPT 呈现《醉翁亭记》:"太守与客来饮于此……山水 之乐,得之心而寓之酒也"文字材料)

师：对呀。什么叫"得"? 就是进入人的内心。文中第一段中上高山、入深林、穷 回溪,这些景物有没有进入到内心?(生自由:没有)虽然他以为"凡是州之山 水有异态者,皆我有也",但是这些风光是外在于他 的;而我们可以感觉出来,西山的风景是真正进入 了他内心,也就是同学说到的"游心"。所以,他说 "得",到了西山才真正"始得"。

6. 品味"宴"

师：最后我们来看一下标题当中的"宴"字。什么叫 "宴"?

生：酒席。

师：文章里面有写到摆酒席吗?(生:有)一般来说,"宴会"、"酒席"应该有哪些元 素?(生自由:好多人,很热闹;饭菜很丰盛)大家看看,课文当中有没有"宴" 的场面呢? ——我们仍旧来看一下《醉翁亭记》里面也有"宴"。

(PPT 呈现《醉翁亭记》:"山肴野蔌,杂然而前陈者,太守宴也……觥筹交错,坐起 而喧哗者,众宾欢也"文字材料。)

师：大家看出来了,这是真正的"宴"。现在这篇课文当中有这样的场面吗?(生: 没有)那为什么柳宗元也说"宴"? 我们一起来看一下汉字"宴"是怎么构成的。

(PPT 呈现"宴"字的篆体字形)

师：大家回想一下,宝盖头加"女"是哪个字?(生:安)那么,在"安"字里面再加一个 太阳呢? 日照入屋,说明天朗气清,此时是一种安逸静好的状态,人的心情也 会愉悦,因此,"宴"有"愉悦、快乐"之意。我们现在明白了,在西山上,作者把原来挂在心上那些得失和让他害怕、让他不安的东西全部抛开了。现在我们可以回答，为什么这篇文章不叫"西山游记"，而叫"始得西山宴游记"。对不对？

【要点评议】

　　与一般课堂上所做的字词释义、白话翻译不同，本课例中，童老师引用多种文字学和文献材料，重点挖掘"恒惴栗"、"始"、"箕踞"、"坐"、"倾壶"、"引觞"、"得"、"宴"等字词的特殊意味，从"炼字炼句"中把握作者在文本当中的"所言志，所载道"。

问题研讨

　　文学理论家强调"文学是一种特殊的语言组织"（参见本书童志斌"主题学习"报告）。而文言文阅读的要点，是集中体现在"章法考究处、炼字炼句处"的"所言志，所载道"。文言文阅读教学着力点，是引导和帮助学生通过"章法考究处、炼字炼句处"具体地把握作者的"所言志，所载道"。而这些，要落实到理解和感受"章法考究处、炼字炼句处"的文言。（参见本书王荣生、童志斌"主题学习"报告）本课例，体现了对上述理论主张的践行。

　　教师紧紧扣住作者散文语言的精妙之处，从抓住"恒惴栗"中每一个字"恒"、"惴"、"栗"的辨析开始，通过对先前游众山的"倾壶而醉"至游西山"引觞满酌，颓然就醉"语言的区别品味，比较在众山"披草而坐"和"攀援而登，箕踞而遨"，由"坐"与"箕踞"两种不同的坐姿，去把握作者的心灵脉搏。整堂课，自始至终在做的事情是对文本中字词语句的细细品读、切磋琢磨，而这样的过程，其实正是带领学生深入文本，"打开文本"，也是"打开"作者内心世界的过程，学生由此获得对柳宗元细腻而丰富的内心情怀的深切体会。这样的语言分析，不是简单的"词句含义"的理解，而是将"文言"的理解同"文学"欣赏内在地融合为一体，"文章"与"文化"的成分，也自然地包含于其中了。

资源链接

1.［美］勒内·韦勒克，奥斯汀·沃伦，著.文学理论（第十四章）[M].刘向愚，等译.北京:文化艺术出版社,2010.

2.[英]特雷·伊格尔顿.二十世纪西方文学理论(导论)[M].吴晓明,译.北京:北京大学出版社,2007.

3.赵毅衡.重访新批评[M].天津:百花文艺出版社,2009.

4.王毅.文本的秘密[M].武汉:华中科技大学出版社,2009.

5.童志斌.细读文本,因字解文——《始得西山宴游记》文本解读[J].语文学习.2011(12):43—46.

本课例当中,师生探讨过的文言字词语句有如下这些:

凡是州之山水有异态者,皆我有也;

今年九月二十八日,因坐法华西亭;

自余为僇人,居是州,恒惴栗;

到则披草而坐,倾壶而醉;

引觞满酌,颓然就醉;

攀援而登,箕踞而遨;

始得西山宴游记

任务1:请对照自己的课前"热身活动",圈出上面哪些语句与你本人所圈定的重点字词语句相同? 有哪些是本课例中师生在课堂上作重点探讨而你本人未列为重点的?

任务2:本课例第二课时先后探讨了"恒惴栗"、"倾壶而醉"、"引觞满酌,颓然就醉"等不同词语,看起来课堂结构有点松散甚至零碎。试着梳理一下,看看这些字词语句的探究,对于整篇课文的阅读来讲,是不是可以构成一个有机的整体?

任务3:下面的语句,从句式上看有什么特点? 作者采用这样的表达,是否也有特殊的意味? 试作揣摩品味。

日与其徒上高山,入深林,穷回溪,幽泉怪石,无远不到。……觉而起,起而归。

遂命仆人过湘江,缘染溪,斫榛莽,焚茅茷,穷山之高而止。

在语境中理解字词语义,由字词"细读"把握文本内涵

——童志斌《项脊轩志》课堂教学研讨

执教教师简介

童志斌,基本情况见前文专题相关内容。

热身活动

1. 读课文,圈划出文章行文的脉络以及你认为要重点教的文言字词句。

2. "婢"、"呱"、"庭"、"周"、"当"、"注"等重点字词的读音与释义,假设让你来做教学设计,你如何设计教学活动?

3. 许多教学设计都是围绕文中"亦多可喜,亦多可悲"这一句来作为把握作者情感的关键,你认为还可以拿什么作为教学切入点来"打开"文本?

课例导读

"言"、"文"并重的观念在文言文教学中已得到普遍认可,但如何做到这一点则是众说纷纭。实际教学中,教师所谓的"言文并重"只是"言""文"各为一家,"言"与"文"还是分离的存在。不仅如此,"言"的教学如何令学生有效地掌握,"文"的学习如何体现古典文化内涵,两者如何真正实现有机结合等等,这些都是文言文教学中需要教师

长期思考的问题。童志斌老师执教的《项脊轩志》，虽然在课时安排上也将"言"、"文"分开，但并不是机械地分离，而是有意识地将"言"、"文"融合在一起，并各有强调。其中，在"含义"教学中独特而有效的迁移教学法，在"含意"教学中将文学的丰厚意蕴恰当地引入，都为我们开展文言文教学研究、实践"言"、"文"真正结合的教学提供了较好的示范。

第一课时

一、课堂导入

师：大家平常在语言里有没有看到过这个词（板书"含义"）？"含义"，看到过，很熟悉吧？

师：（板书"含意"）那——有没有看到过"含意"这个词？

（生纷纷摇头）

师：这两个都是规范的词。如果细究起来的话，两个"含 yì"，是有差别的。一个"含 yì"（"含义"）指的是语言它本身固有的内涵；第二个"含 yì"（"含意"）的意思是生成的内涵，我们有个词叫"意蕴"。我想这种"含意"，一定程度上是在语言文字之外的，额外传达出来的内涵。我们现在面对的《项脊轩志》是

【观察者点评】你读出这篇文章"含义"与"含意"分别是什么了吗？

一篇文言文，也是一篇文学作品，所以我们在面对它的时候，要注意两个"含义（意）"。今天的两堂课我们准备从第一层"含义"进入到第二层"含意"。这第一堂课，我们准备做的事情是把握这篇文言文的"含义"。我们先从总体上感受一下这篇文章的语言，请同学们把文章念一遍。（生齐读全文）

二、读字正音

师：大家读得都很投入。有两个地方需要提出来，请看第三自然段的这句话，"妪，先大母婢也"，（板书"婢"）其中的"婢"字怎么读？

生：bì。

师：有些同学马上会想到"奴婢"这个词，还有个成语叫"奴颜婢膝"（板书），有些

同学可能会误读成"奴颜卑膝"，课文中的"先大母婢也"也一样。这点请大家注意。第二处需要注意的仍是在第三自然段，顺数第五行，"汝姊在吾怀，呱呱而泣"。有一个词（板书"呱呱坠地"）"呱呱"应读作"gūgū"，专指"婴儿的啼哭声"。"呱呱"（guāguā）可不是指婴儿的啼哭，是另外一个小东西的声音了。

生：青蛙的声音。

师：还有另外一个词语，请大家注意——"yáyá学语"，那么是哪个"yá"呢？

生："哎呀"的"呀"。

师：不对，（板书"牙牙学语"），什么叫"牙牙"呢？专指"幼儿学说话的声音"。"呱呱坠地"和"牙牙学语"这两个表达，我们在平常生活中会经常接触，同学在书面表达中也会经常使用，但是它的发音很容易被疏忽。

【要点评议】

　　字音纠正不是停留在简单的提示修改上，而是抓住学生错误产生的原因，深究字词背后的语言根据。既加深了学生印象，也扩充了语言知识。

三、学生提问，课堂明确

师：上面我们初步地感受了课文，一起解决了两个虽然很小，但是显然是很有价值的问题。下面给大家几分钟时间，邻座之间交流一下，把你在课前通读的过程中遇到的问题，一定程度上解决掉一些。如果邻座交流还不能够完全解决，那么呆会儿在讨论这个环节结束之后，提出来，我们一起来讨论解决。这个环节大家可以利用工具书，也可以直接交流。（生讨论交流）

师：好，时间差不多了，下面请同学提出问题，然后我们一起来解答。

生：96页的第三行，"前辟四窗，垣墙周庭，以当南日，日影反照，室始洞然"，筑墙挡住南边的太阳光，室内的光线反而会亮起来，这是为什么呢？

师：这个问题是有点费思量，课本注解告诉我们什么是"以当南日"？

【观察者点评】以学生的问题为研判学习起点和基准点的依据，将文言文教学中"言"的教学落到实处。

生：挡住南边的太阳。

师：这座房子的特征是朝北，朝北就有个缺陷，采光不足，室内就比较昏暗一些。如果想让室内明亮一点该怎么做呢？先说"垣墙周庭"（板书）。"庭"是什么？

生：院子。

师："垣墙周庭"呢？

生（照着注解念出）：院子周围砌上墙。

师：哦，注解很明白。那么"周"怎么落实呢？

生：在周围。

师：更确切一点，不如把"周"理解为动词——

生：环绕。

师：对，"环绕"的意思。整句话的大意就是"环绕着院子砌上墙"。"砌"是从何而来呢？既可以理解为省略了动词，也可以说"垣墙"这个名词在这里活用了，这两个理解都是符合这个语境的，我们可以灵活把握。那么，在院子周围砌上墙是为了——？

生："当南日"。

生：（零星的）挡南日。

师：当南日（板书）。有同学说是"挡"。本来这项脊轩采光就不好，大体表示一下（黑板上画项脊轩草图），现在，在它周围砌上墙，然后还要把这太阳光给"挡"住了。什么叫"挡"住了？（画光线示意图）光线照过来被挡在外面，是这样吗？——这是一个很好的问题，这既是语言的问题，又不仅仅是语言的问题。太阳光被挡住了，室内反而会更明亮么？

生：（摇头）不会。

师：实际上，这"当"怎么来落实比较好？这墙可能起什么作用？

生：反照。

师：日影反照。什么叫"日影反照"？

生：反光。

师：太阳光照在墙上，然后反光到室内（教师在黑板上画光线示意简图）。然后再看"以当南日"，"当"实际上是"面对"的意思。《木兰诗》中有"当窗理云

> 【观察者点评】这种"以点带面，由此及彼"的教法，在你的教学实践中，是否也常常采用？

课例研究工作坊　　173

鬟,对镜贴花黄","当"和"对"是同义的。所以"垣墙周庭"的目的是为了让太阳光照在墙上,然后反射到室内去,室内才会变得"洞然"了。——什么叫"洞然"?

生:明亮的样子。

师:平时的语言中有没有接触过类似的表达,"洞"表示"明亮"的意思?

生:别有洞天。

师:哦——这里的"洞"是"洞穴"的意思。

生:洞察。

师:嗯,这个例子很好。什么叫"洞察"?从洞里看吗?是透彻、清楚地观察到的意思。相应地还有另一个成语"洞若观火",意思是看得很清楚,像看火一样地明白。——很好,还有其他问题吗?

【反思】

每一篇文言文均有内容详备的字词注释,学生学习时可资参考。不过,我们显然都应该树立这样的观念:包括课文、注释等助读材料在内的"教材内容",仅仅是阅读与教学的凭借,或者可以称作教学的"素材"。在实际组织教学时,必须根据当下学生的实际学情,进行必要的教学内容的"重构"。比如上面讨论过的这句话:

前辟四窗,垣墙周庭,以当南日,日影反照,室始洞然。

本实录所用的人教版教材只对"垣墙周庭"及"以当南日"作了注释,而对"垣墙"到底是省略了动词还是活用为动词,教材未作清晰解说,学生也并不了然;其中的"周"字并未作解释。其他如"日影"、"洞然",教材均未作解释。学生依据其已有的"语文经验",要想准确地把握语义殊非易事。这些文字所在,是不是在教学时应该着意加以重点突出强调呢?其他文言文当中是否也有类似的现象?

生:97页第5段倒数第二行"余久卧病无聊",这里"久"是翻译成"经常"还是"很长的一段时间"?还有"聊"是不是翻译成"依靠"?

师:"久"应该解释成什么?

生：长久。

师：就是长期卧病。什么叫"无聊"呢？《祝福》里面有一句话，"则无聊生者不生，即使厌见者不见"里的"无聊"。还有"百无聊赖"，"赖"是什么意思？

生：依靠。

师："聊"也是"依靠"的意思。只不过这是专指什么方面的"依靠"呢？

生：精神方面的。

师：所以什么叫"无聊"呢？精神没依靠，空虚嘛。那么"久卧病无聊"就指的是长期身体不好，精神空虚。至于精神为什么空虚，待会儿我们讨论第二个"含意"的时候会涉及。

师：好，还有没有其他问题？

生："汝姊在吾怀，呱呱而泣"到"吾从板外相为应答。语未毕，余泣，妪也泣"，这句话的用意是什么？他哭了，他的祖母也哭了？看不懂。

师：很好的一个问题。不过这个问题还是属于我们讲的第二个"含意"，给我一个机会，下一堂课再让我表现。

师：还有没有语言方面的其他问题？

生：第一段的第二行"雨泽下注"的"注"是什么意思？

师：非常好的一个问题。谁来试着解决这个问题？

生：老师回答。

师：哦。还是信任我。"雨泽下注"是形容什么的？形容一个小房间漏水，漏得很严重。不是说"雨水下滴"，"雨泽"是水流，那么"注"是什么意思呢？

生：灌。

师：嗯，有同学查到了，是"灌"的意思。还有一个成语也用到了这个字——

生：血流如注。

师：非常好！如果说血流如"滴"，那就不稀罕了。什么叫"血流如注"呢？我查过工具书，上面有两个解释。一个解释是说鲜血像"喷"出来一样，还有一个解释是鲜血像"倾泻"出来一样，无论是"喷"还是"倾泻"，都强调流量很大。文中说雨水直倾泻下来，可见环境相当糟糕。

【观察者点评】在最大可能地调动学生的体验时，童老师运用了什么方法呢？

【要点评议】

从学生的的理解和认识实际切入，是"以学定教、因学施教"课堂的生动体现。"教学生不懂的"，这是任何有效教学的前提。

四、教师提问，课堂探究

师： 有些地方看似解决了，没有疑问了，但是事实上疑问还是存在的。我提一个问题，任意请一个同学来解答。（请一同学作答）请看 96 页的最后一行，"吾儿，久不见若影，何竟日默默在此，大类女郎也？"请你翻译一下。

生： 我的孩子——

师： 很好，不是"我的儿子"。

生： 很长时间没有看见你的身影了，为什么竟然整日默默地在这里，很像女孩子？

师： "何竟日默默在此"，刚才她翻译成"为什么竟然整天默默地在这里"，我想追问一下，"整天"的意思是哪里落实出来的？

生： 日。

师： 哦，"日"是"整天"？

生： "竟日"是"整天"。

师： 实际上，"竟日"的整体意思是"整天"，"竟"是"终了"、"完了"的意思。所以"有志者事竟成"，不是"事情竟然成了"，而是"事情最终会成"。这里的"竟日"相当于"终日"。"竟然"这种惊讶的语气好像也有，不过是语境传达出来的，而不是从"竟日"落实出来的。

师： 我再提一个小问题，"余自束发读书轩中，一日，大母过余曰"一句，"束发"我们有没有印象？

生： 把头发扎起来。

师： 表示脱离了儿童阶段，按照习俗是指 15 岁左右的年龄。那么"一日，大母过余曰"的"过"怎么落实？（生迟疑）

师： 你先把整句话翻译一下。

【观察者点评】除了"教学生不懂的"以外，童老师这里还在教什么？

生：有一天，我的祖母过来看我。

师：哦，"过"是"过来"，"看"从哪里落实？

生：还是"过"。

师：确切说，"过"究竟解释为什么？

生：来看我。

师：很好。按照工具书，古汉语中"过"有个基本义项是"拜访"。唐代孟浩然有两句诗"故人具鸡黍，邀我至田家"。那首诗的标题叫——？

生：《过故人庄》。

师：（板书"过故人庄"）那，"过"是什么意思？

生：拜访。

师：非常好，请注意，若是按照现代汉语的表达，"过故人庄"就是"经过故人的农庄"，那么诗句中的"故人具鸡黍，邀我至田家"该怎么理解呢？所以事实上，我是受邀而来，专程拜访，绝不是"不速之客"。

师：最后还有一个小问题，"娘以指叩门扉曰"，请翻译这句话。

生：母亲用手指击打门。

师：击打门？（生笑）

生：哦，敲着门。

师：我的问题是"扣"是什么意思？

生：敲击。

师："扉"是什么意思？

生：门。

师：很好。我们学过一首短诗，"应怜屐齿印苍苔，小扣柴扉久不开。"什么叫"扣柴扉"呢？敲柴门嘛，至于为什么"久不开"呢？标题说"游园不值"，就是游园没遇见园子的主人，吃了一个闭门羹。这里的"值"是"遇见"的意思。

师：好了，今天我们落实了很多语言上的问题，那么下堂课我们进入第二个"含意"层面，下课。

【要点评议】

　　"言"的学习借助于学生已有知识为基础，借助已学知识形成迁移，从而理解所要学习掌握的新知识,这是一种行之有效的文言学习策略。文言文中的常用词语是新课标要求的"读懂浅易文言文"的关键,理应是教学的重点。教师往往耗费大量时间要求学生记忆文言字词,效果却并不理想;而基于学情,适时激活、调用学生原有文言储备,是达成学习目标的有效路径。

第二课时

一、"室"、"轩"意味品读

上节课,我们对第一个"含义",也就是对语言文字的把握,我们注重的是准确。这堂课主要是对第二个"含意"的把握。这篇文章的题目是《项脊轩志》,那什么叫"志"呢?

生:记。

师:记,记项脊轩。这篇文章写的是项脊轩,或者是和项脊轩有关的人和事。这篇文章称这个项脊轩名称的时候,除了这个项脊轩的"轩",还有什么另外的名称吗?

生:室。(师投影呈现突出原文中"轩"、"室"二字的语句。)

师:文章里有称"室"的,有称"轩"的,作者是很随意的用这两个字的吗?

【要点提炼】引导学生关注"室"、"轩"有别,情寓其中,为理解项脊轩作为绾合全篇思想感情的一个纽结点,开了个很好的头。

生:不是。

师:就是说是有一定的讲究和意图在里面的,他的意图是什么?

生2:一下用"室",一下用"轩",是有感情基础吗?

师:有感情的变化在里面。

生2:"轩"就是对那个阁子特别有爱意的感觉。

师:称"轩"的时候特别有爱意,包含着感情。如果称"室"呢?

生3:就是一个普通的室。

师:很好。称"室"的时候作者着眼的就是作为一个建筑的外在存在,而称"轩"的时候,其实是对它满怀着特殊情感的。

　　我前面已经提到了,是不是一开始它就是一个特殊所在呢,不是,那是从什么时候开始? 读书是吧。我们前面提到了,"余自束发读书轩中"。就是从束发读书轩中开始称"轩"了。而在这之前,作者在讲到这个阁子的时候就是称它为"室",后来就称"轩"了。那又是为什么呢?

生: 外部修了。

师: 请注意,当他称"轩"的时候,这个房间有着特殊的情感和意味。在成为书房之前它就是一个普通的建筑物,而当他因为妻子去世,冷落了这个地方,它又恢复为一个普通的建筑物存在。

【要点评议】
　　作者的感慨和情思都是因人事而生的,他怀念的是人,却不从人落笔,而是借轩写人,借轩抒情。教学中对情的把握也不是从情入手,而是从包含特殊情感的建筑名称"轩"称"室"之不同切入,何其妙也! ——妙的根源在于,作者在字句上的锤炼考究处,为读者提供了莫大的解读空间。

二、"轩"内的喜与悲

师: "轩"充满爱意,作者对它饱含感情,为什么呢? 因为这个小阁子里有他特殊的生活内容。我们看一下,文章里面哪个地方写了在阁子里面的特殊生活内容呢。我们把这段话读一下。

齐读: 借书满架,偃仰啸歌……

师: 好,同学说环境很幽静。除了环境以外,这里的生活怎么样呢?

生: 偃仰啸歌,冥然兀坐,万籁有声……

师: 偃仰啸歌,冥然兀坐? 我们都有似曾相识的感觉吧:有个非常优美的环境,一个小小的空间,里面是一种悠然自得的生活状况。有同学提到了另外一个古人的文章——

生:《陋室铭》。

师: 刘禹锡的陋室与归有光的项脊轩有很大的共性。我们对比一下这两个环境和空间。陋室嘛,"苔痕上阶绿,草色入帘青"。有一个优美的环境,当然是宁静的。那后面有"可以调素琴，阅金经"也是一种个人的自由自在的生活吧。下面还有一段，陶渊明的《归去来兮辞》中的"园田居"（出示 ppt）：

> 三径就荒，松菊犹存。携幼入室，有酒盈樽。引壶觞以自酌，眄庭柯以怡颜。倚南窗以寄傲，审容膝之易安。
>
> ——陶潜《归去来兮辞》

师： 陶渊明的园田居，刘禹锡的陋室，归有光的项脊轩，它们有那么多的共同特征：有优美宁静和谐的环境，还有悠闲自在的个人生活。但是又有不一样的地方，为什么？

【观察者点评】此处引入陶渊明的园田居、刘禹锡的陋室，除了比较情感不同外，客观上还起到什么作用呢？

陶潜也好，刘禹锡也好，他们都可以摆脱那种比如说"丝竹乱耳，案牍劳形"这种外在的烦扰，可以完全沉浸在个人的小天地里面。归有光也能够像这两位前辈一样，完全沉浸在个人的自由天地中，两耳不闻窗外事，整天就是"偃仰啸歌，冥然兀坐"吗？（生自由：不能）

他在这里面只有逍遥自在吗，显然不是。还有什么？有其他的情感成分吧。我们看一下，里面有句话"然余居于此，多可喜，亦多可悲"。"可喜"的是什么。因为我们拥有这样一个美好的个人空间。那"可悲"的是什么呢？这段话在结构中起什么作用啊？

生： 过渡作用。

师： 承上又启下。看看是什么让他感到"可悲"呢？我想请一个同学来把这句话读一下。（生读课文）

师： 能不能告诉我们，你在读的时候，觉得可能用什么样的情感来把握比较好呢。

生 4： 有点伤感。

师： "庭中始为篱，已为墙，凡再变矣。"意思我们已经明确了，什么叫"凡再变"？已经变了两次了。为什么说"庭中始为篱，已为墙，凡再变矣"他就感到伤感呢？

生 5： 因为刚开始是一大家住在一起，后来分家了，房子就隔开了，就不怎么来往了，就觉得悲伤。

师： 就是说这个家庭原来是一个大家庭，"庭中通南北为一"，表明最初的时候整个大家庭是欢聚在一起的。那后来这个家庭出现了什么情况呢？

生：分家了。

师：分家了，分崩离析是吧。那么"庭中始为篱，已为墙，凡再变矣。"为什么讲到这个事实就内心充满伤感呢？最初是篱笆，篱笆是很简陋的，现在砌成墙了，表明了什么？

生：隔阂就更深了。

师：哦，由篱笆变为墙表明这种隔阂越来越深，非常好。从这个细节中传达出一个信息：家内部之间的人际关系由原先的其乐融融变成了内心之间充满隔阂，好像是陌路人一样，所以他伤感。这个家族，原先可以说很光耀的，在当地可能是名门望族，但是到这代可能衰落了，让人伤感、惆怅，在这个家族里面只有归有光一个人忧心忡忡吗？

生：不是。

师：显然不是，还有文章中写到的大母。"儿之成，则可待乎！""他日汝当用之！"这话是用什么样的心情说的呢？

生：激动。

师：对归有光怎么样？满怀着一种殷切的期望吧。为什么前面是"泣"，后面是"长号"。什么是"长号"？

生：大哭。

师：嚎啕大哭。什么叫"泣"？

生：小声的。

师：小声的，这个时候的情感是怎么样？有意识地压抑着，那到后面怎么样？

生：爆发。

师：哦，爆发出来了。从内容上来讲前面一段回忆的是谁？

生：老妪。

师：具体回忆谁啊，他的母亲吧？想到他母亲的时候当然伤感。母亲去世了，怀念她。但后面是怀念谁了，大母吧？为什么想到母亲的时候是"泣"，想到大母的时候是"长号"？

生6：他妈妈只是关心他日常琐事，后面大母问到他读书，并且联系到他整个

【观察者点评】

"篱"、"墙"有别，你在阅读时注意到了吗？

家族。

师：你的意思是，前面回忆的是母亲对什么方面的一种关注呢？

合：日常生活。

师：哦，生活方面的，"儿寒乎？欲食乎？"我们平常想到的，就是嘘寒问暖。母亲的表现集中为对晚辈的生活的呵护上，而大母的话更加触动他的心情。

刚才有同学讲到了，母亲对他的期望可能和大母对他的期望不一样，是不是这样呢，我们来看一下投影：

> 有光七岁与从兄有嘉入学，每阴风细雨，从兄辄留，有光意恋恋，不得留也。孺人中夜觉寝，促有光暗诵《孝经》，即熟读，无一字龃龉，乃喜。
>
> ——归有光《先妣事略》

【观察者点评】引入这则材料来说明母亲对他的关心不限于生活上，你觉得有必要吗？

从这两个细节里面可以看出来，并不是只有大母对他怀着殷切期望，其实母亲也对他怀着殷切期望。只不过因为有另外的专门回忆母亲的文字，而在这篇是集中回忆大母了。所以大母的这种期望和期待给了他很大的压力，他想起来长号不自禁。——有压力就行了吗，还要有什么？

【要点评议】

将母亲之"泣"与大母"长号"二者比较，家庭的衰败、亲人的早逝、自身的命运与责任感等多种情感相互碰撞、糅合在一起，从而让作者"长号不自禁"，使学生从多个角度体悟到作者在"悲"字背后所深藏之意。这种引导学生对文本更为深入的理解以及对作者情感更为真切的体悟，使课堂呈现出别样的风采。

生：有行动。

师：那么他有没有呢？是有行动的。"竟日默默在此，"闭门苦读。后面还有一个细节："余扃牖而居，久之能以足音辩人"。在房间里待的时间长了，能够辨别出外面走过人的声音。那表明什么呢？对，在房间里待的时间确实很长，很专注。

那么,他仕途的前途到底怎么样呢?我们来看这段文字:(PPT)

项脊生曰:蜀清守丹穴,利甲天下,其后秦皇帝筑女怀清台。刘玄德与曹操争天下,诸葛孔明起陇中。方二人之昧昧于一隅也,世何足以知之?余区区处败屋中,方扬眉瞬目,谓有奇景。人知之者,其谓与坎井之蛙何异!

【要点提炼】这段被删去的原文最后一段话,在此处适时补入,以理解归有光"竟日默默在此"闭门苦读的动力源泉,相当有效。

师:这是教材中删掉了的原文当中最后一段话。一个是蜀清,一个是孔明,原先都是"昧昧一隅",什么叫"昧","拾金不昧"的"昧"就是"隐藏"的意思。名扬天下之前是怎么样的?大多是默默无闻的,不为人知的。他想到这两个历史人物,可能也想到什么啊?

生:自己。

师:归有光一直待在项脊轩,处败屋。归有光是从这两个历史人物的遭遇身上看到了自己未来的希望。

(板书)蜀清守丹穴

　　　　孔明居陇中

　　　　有光处败屋

　　昧昧一隅——功成名就

师:下面有一个细节"轩凡四遭火,殆有神护者",内容上交代了项脊轩的什么遭遇?

生:遇火。

师:项脊轩先后遭遇了4次火,但是结果都幸存下来了。为什么会幸存下来啊?实际上他是为这个项脊轩能够劫后余生而庆幸,觉得项脊轩是受到神灵庇佑的。本人呢,也应该是这样吧,有神灵的庇佑,相信自己的前途是明朗的。

请大家注意,这篇文章是什么时候写的?大概十八九岁的时候。当他十八九岁写这段文字的时候,对他的前途充满希望和憧憬。为什么后来又续了一段文字。我们看一下发生了什么事。(师投影呈现归有光生平经历的文字PPT。)19岁的时候写了《项脊轩志》,20岁的时候中了秀才。23岁的时候结婚,28岁的时候妻子又去世了。文章里面其实有个时间告诉我们了。

生：后五年。

师：后五年，又六年，又两年，加起来总共多少年啊，十八九岁加上 13 年，30 多岁。仍旧是对着这个项脊轩，有很多感慨，那么这个感慨较之于"长号不自禁"而言，他情感的表露已经随着年龄的增加不像以前那样直接了，而是相当含蓄。

在后来的年份当中，这《项脊轩志》里面有没有一些乐趣。有没有一些生活的乐趣？他结婚以后，夫妻两个在这个小空间里面怎么样，还是很幸福很温馨的。（投影呈现"余既为此志……'且何谓阁子也？'"一段课文）但是同样也有另外的感触。我们来看这段话，我们一起把最后一段话读一下。

生：庭有枇杷树，吾妻死之年所手植也，今已亭亭如盖矣。

师：这句话我们读的时候应该是什么样的情感呢？

生：悲伤。

师：为什么而悲伤？

生：妻子死了。

师：什么叫"吾妻死之年所手植"呢？妻子去世的那年，谁种的啊？

生：妻。

师：从文章来看，"吾妻死之年所手植也"，妻子去世的那年亲手种下的。这里大家请注意，妻子当时种下的这棵树，它不是别的树，是一棵枇杷树，是一棵果树哦！为什么要种一棵果树呢？我们想象一下当时的情景：我妻子精心挑选了一棵上佳的枇杷果苗，挖一个坑，放进树苗，培上土，经常去浇水，经常去看它……当我在面对这棵树的时候，睹物思人，物是人非，那是让人触景伤怀的。更要紧的是，妻子种下这棵树的时候，是有寄托在里面的，希望它早日开花结果。到如今呢，这棵树已经"亭亭如盖矣"，不仅长势良好，而且，到了要结果收获的时候了。可是，看看"我"自己呢？在仕进的路途上，还在原地徘徊。可以想见，"相形见绌"，面对这棵苗壮的果树，"我"感到了一种愧对逝者的负罪感。因为我们前面已经看了，他这个时候考中了秀才。考中秀才就能光耀门楣了吗？

【反思】

文言文的炼字炼句处、章法考究处，恰恰就是作者"所言志"、"所载道"的精髓所在。比如上面讨论过的这句话：

庭有枇杷树，吾妻死之年所手植也，今已亭亭如盖矣。

无论是从遣词用语的角度来看(比如"手植"、"今已亭亭如盖矣")，还是从谋篇布局的角度来考察(比如以这样一句貌似无关大体、淡而无味的语句作为全篇的收结句)，都有颇多可以玩味的地方。按照孙绍振老师"还原"主张，童老师在课堂上采用了"想象"的方法，让学生经由文本字句而进入作者营造的生活情境，从而获得对作者蕴藏于字里行间的微妙心理脉搏的体察，同时也获得了阅读欣赏文学的路径。这样的做法，在我们平时的教学当中是否也在运用？在别的文言文阅读与教学中是否一样也适用？

生：不能。

师：后面还有更重要的考举人、中进士是吧。

(PPT)(先妻)尝谓有光曰："吾日观君，殆非今世人。丈夫当自立，何忧目前贫困乎？"

——归有光《请敕命事略》

师：她这句话什么意思呢，对她丈夫怀着什么样的态度了？不是今世人，在传统观念里面叫"是古非今"的。

师：妻子劝自己"何忧目前贫困乎"，怀着一种什么情感呢，对她丈夫说了这通话，用意是干什么啊？

生：激励。

师：鼓励他，当然也给他压力了。看看，他什么时候考中举人了？(PPT 呈现归有光经历文字。)35 岁考中举人。什么时候考中进士呢？

生：60 岁。

师：60 岁考中进士，做了个县令的职务。我们可以想到，这么多年了，他十八九岁的时候还是满怀希望的，然后碰了很多壁，科场不得意，我们可以用心去体会一下。我希望大家用心去读它，因为它是从心里面流出来的。我希望对这个经典作品的解读不只在课内，还要在课外去读，好不好？谢谢大家！

【要点评议】

　　不停留于"悲"字的表面化理解,立足于对文本"炼字炼句处"等文言语句的细致品味,融合课内外材料,从而促进学生对归有光真实内心世界有更为真切的体悟。完成从第一层"含义"进入到第二层"含意"教学目标,由"言"到"文",达到"言"、"文"统一。

问题研讨

　　《项脊轩志》课例的两个课时,分别从"含义"和"含意"(即"言"和"文"两方面)引导学生学习这个经典文本,教学思路清晰,层次分明。在第一课时对"含义"的把握中,教师循循善诱,对文中重要字词的解释都一一联系了学生原有的认知,最大可能地调动学生原有的知识经验,做到"古今贯通,新旧整合"。如"当"联系"当窗理云鬓,对镜贴花黄","聊"联系"百无聊赖","竟"联系"有志者事竟成"等等,让学生触类旁通、举一反三。以这种方式解决了很多语言上的问题,落实了知识。教学设计充分尊重学生,调动学生的个体经验(经历和体验),使学习过程成为积极主动建构、创生的过程。同时,有效地消除学生对文言的距离感、隔膜感。

　　第二课时侧重对"含意"的解读,把握文章的情感内蕴。通过重要的"微言"的比较穷尽其"大义",以"点"辐射到相关的"面",牵一发而动全身,提挈式地把学生引入阅读的主阵地,让学生水到渠成地控制学习的制高点。比如,课堂伊始的"室"和"轩"蕴含的不同情感的比较。再如"始为篱,已为墙",从篱笆变为墙这一细节探寻家庭内部的人际关系,由原先的其乐融融变成了内心之间充满隔阂,以及隔阂越来越深。这样细微处的教材处理,显示出执教老师相当自觉的文本意识、语辞意识,以及有效细读文本的阅读策略与教学策略。

　　教师在引导学生将项脊轩与陶渊明的园田居、刘禹锡的陋室的环境清幽、空间狭小以及闲情之乐一一比较之后,巧妙转入对课文的重点"悲"的体会,教学从"始为篱,已为墙"这一点进行突破,纵深开掘,使整堂课成为环环相扣的系统。

资源链接

1. 张志公.汉语辞章学论集[M].北京:人民教育出版社,1996.
2. 曹勇军.追求文言、文学和文化的和谐统一[J].语文教学通讯,2007(2).
3. 童志斌.室小乾坤大,方寸显真情——《项脊轩志》教学实录.[J]语文学习.2005(9).
4. 童志斌.把握"含义",探究"含意"——《项脊轩志》语言疏通课课堂实录.[J]语文学习.2007(6).

后续学习活动

任务 1:作者在日常琐事的记叙中蕴含着对家道衰落的伤感和对亲人们的浓浓深情,本课例第二课时先后探讨了作者回忆的大母"儿之成,则可待乎!""他日汝当用之!"以及母亲关注日常生活"儿寒乎? 欲食乎?"两句。文中还有哪些类似细节值得探究? 作者在选择细节描写上有何独到之处? 若要引导学生关注这些细节,该怎样设计教学活动?

任务 2:

庭有枇杷树,吾妻死之年所手植也,今已亭亭如盖矣。

轩前的枇杷树是窥见作者内心世界的绝佳窗口,用一棵妻子死之前亲手栽下的枇杷树现在"亭亭如盖",含蓄深沉地表现出作者对妻子一往情深,物在人亡的感伤怀念之情,平实的语言中寓伤感、幽怨。作者怀念妻子、写夫妻恩爱,与感念大母、母亲是不一样的笔法? 如何设计诵读等活动,引导学生体会其中蕴含的深情与笔法的巧妙呢?

任务 3:童老师在第二课时提及宁静和谐的项脊轩,环境如何? 文章是从哪些方面来写的? 怎样引导学生去体会而又避免肢解文本?

日影反照,室始洞然。借书满架,偃仰啸歌,小鸟啄食,人至不去,明月半墙,桂影斑驳,风移影动,姗姗可爱。

品味语言，把握"寓言"之"意"

——朱震国《黔之驴》课堂教学研讨

朱震国，上海市杨浦高级中学语文特级教师，1998年第二届"语文报杯"全国中青年教师课堂教学大赛一等奖获得者，全国语文教学艺术研究会常务理事。合著有《散文阅读技巧》、《高中生写作技巧训练》等。

热身活动

1. 对照《黔之驴》课文，圈出你认为重要的、准备在课堂里跟学生一道进行重点分析探讨的文言字词语句。

2. 我们耳熟能详的成语"黔驴技穷"就来自柳宗元这一名篇《黔之驴》。"黔驴技穷""借指仅有的一点儿本领也用完了"（《现代汉语词典》）这一解释毋庸置疑；但是作为寓言，《黔之驴》一文的寓意仅在于此吗？《黔之驴》的嘲讽对象是驴还是虎？作者选择"黔之驴"为题是否有特殊的用意？

课例导读

《黔之驴》是柳宗元寓言的代表作，由其引申出来的成语"黔驴技穷"更是家喻户晓,颇为世人所乐用。关于《黔之驴》的故事,人们可以通过不同媒介对其故事及寓意有基本的了解。然而作为一篇中学课堂教学文本,教师应力争做到从一个已知的"老故事"教出未知的"新道理",在语文教学中,准确把握其寓意,体会品味其简洁又隽永的艺术手法,展现其语文教育的价值。

同时,《黔之驴》虽是一篇浅近的文言文,但对七年级生来说,仍存在语言障碍。长期以来,文言文教学存在着唯"言"独尊和唯"文"独尊两个极端,为了纠正这两个极端,教师们大多采用"文"与"言"并重的教法,但是在实践中往往又不可避免地出现了第三种倾向,即把文言文教学简单地理解为"言教"加"文教"的简单拼合,将文言文本教学截然分为"翻译(解释)课文"与"分析课文"两块教学,依旧陷入模式化,教师教得很辛苦,学生学得很乏味。如何将"文"与"言"有效结合,将《黔之驴》的学习从文言文本的解释翻译升华为文学作品的研读,是值得深入探究的。

教学实录

一、初读文本,概括情节

师:同学们这篇课文都已经预习过了,现在能不能请一位同学把课文给咱们读一下?有自告奋勇的吗?好,小伙子请,大声点啊。(生朗读)

师:嗯,鼓鼓掌。读得有板有眼,不过有一个音要读准确,船什么以入啊?第几声?去声,"船载以入"预备,念!(生齐读"船载以入")

师:能不能请一位同学,脱离文本说说这篇课文讲了一个什么故事?

生:这篇课文讲的就是一个喜欢多事的人把驴引入黔这个地方,之前这个地方没有驴,因为驴过去了之后没什么用处,就被放在山下。有一天老虎见到了驴那么庞大,就觉得它是神,起初害怕它,然后老虎就渐渐躲在林间去偷看。后来老虎胆子越来越大,开始靠近驴,最后老虎认识到驴其实是外强中干的那种类型,就把驴给吃掉了。

【要点提炼】通过朗读以及复述故事的方式,使学生感知文本,把握文本大意。

【观察者点评】你在让学生概括文学作品情节时是否要求"脱离文本"?这个细节是不是更有言语教学价值呢?

【要点评议】

　　寓言作为文学体裁的一种,是含有讽喻或明显教训意义的故事。大道理蕴含于小故事中,文本本身就是一个故事。讲故事这个看似朴素的教学环节,实际大有作用。它不是对文言文本的简单翻译与概括,却能引导学生初步思考文本的寓意。如果能对故事的概括再做进一步的明确要求,比如以"驴"、"虎"或"好事者"的口吻来讲故事等,就更能帮助学生创造性地理解寓言中的动物形象了。

二、研读文本,探究寓意

1. 分析黔之驴结局的两个直接原因:好事者之举、好事者之误

师: 不错。我们现在将课文齐读一遍,同时思考一个问题:黔之驴最后被老虎吃掉了,它落得这样一个下场,直接或间接的原因有哪些? 好,"黔之驴"准备起!

(生朗读全文)

师: 课文中"黔"这个字指什么地方?

生: 贵州。

师: 嗯,由于古今行政区划的差异,严格地讲,《黔之驴》里的"黔"是指的今天湖南、贵州等省的部分地区。驴,原来这一带有吗?

生: 没有。

师: 这种牲畜在贵州是没有的,那如今为什么有了呢?

生: 好事的人带来的。

师: 我们可以说如果没有好事者把它送到黔,山下的老虎就吃不着它,"黔之驴"也就不会死了,是吧! 有个好事者,这是导致它下场的一个原因,接着还有一个什么原因呢?

生: 无可用。

师: 该怎么停顿? 是"至则/无可用"吗?

> 【要点提炼】讨论导致黔之驴结局的原因,分析寓言中的主体形象,以此探究文本寓意。

生： 至/则无可用。

师： 对了，驴子到了黔地，却没有用。想一想，驴子可以骑，可以拉东西，为什么会没有用？

生： 他说"无可用"，应该是没有可以用到的地方。……贵州都是山区嘛，那边的路都不好走，驴其实也不好走，可能还不如人能走。

师： 对，我们说贵州这个地方"地无三尺平"，一块地皮连三尺见方的平地都找不着，这驴还怎么走啊？这就是"无可用"的原因。"船载以入"，可见入非己所，所以驴子被放置在哪里？

生： 放之山下。

师： 被弃置在山下，驴子的处境导致它遇上了山里的老虎，因此，第二个原因就是这好事者把它送错了地方，这叫无"用武之地"。

2. 分析黔之驴结局的根本原因："技不如虎"，根据驴的形象性格讨论寓意。

师： 当然这两个都不是黔之驴被老虎吃掉的根本原因，根本原因是什么？大家应该知道出自这篇课文的一个成语，叫——？

生： 黔驴技穷。

师： 大家都知道"黔驴技穷"，而导致黔之驴结局的最根本直接的原因是什么？

生： 它自己的能力不行。

师： 能力不行，有个词叫"技不如"什么？

生： 人。

师： 这里边改一个字叫什么？"技不如"什么？

生： 虎。

3. 寻找老虎的动作变化

师： 这个再明白不过了，根本原因就是"不如"，但是大家发现了吗，这有个过程，而且最开始并不是驴感觉不如老虎，倒是怎么呀？

生： 老虎感觉自己不如驴。

> 【观察者点评】在学生答疑感到困难之时，你考虑过激活他们已有的知识积累（即人生经验与语文经验，除了学习过的课文还包括成语、对联等文化常识）来启发他们展开思考吗？

> 【要点提炼】寻找老虎的行为变化，通过分析关键词体味老虎的心理变化。

师：开始，老虎感觉自己不如驴，而且是怎么个不如法？远远地不如。请同学们在课文中找些词语，从老虎的动作上，看老虎是怎样从自认为远远地不如驴到最后把它吃掉的？我们把第一段来读一读好吧？请同学们跟我读。（师读一句，生读一句，朗读第一段。再次齐读并尝试背诵）

师："稍出/近之"，还是"稍/出近之"？

生：稍/出近之。

师："稍"怎么解释？

生：逐渐。

师："逐渐"是修饰"出"，还是修饰"出"和"近"？既然修饰"出"也修饰"近"，"稍出近之"哪个字后停顿？

生：稍。

师："稍"后停顿长一点，"稍/出近之"，对不对？

> 【观察者点评】文言断句，不但考查了阅读者疏通文句的能力，更能体现阅读者对文意的理解程度。你在文言教学中是否也有意识让学生通过朗读来理清句读？

【要点评议】

　　执教者在此处对"稍出近之"的斟酌是有意义的。文中老虎与驴子的距离有一"远"三"近"的表达，很好地展现了老虎心理变化的过程。从"稍出近之"到"大骇，远遁"，到"近出前后"，再到"稍近益狎"，最终得食其肉，不足百字之文却微妙曲折尽显风流。而"稍出近之"是老虎初见驴子复杂心态的生动写照，一个"稍"字写出了老虎的好奇、忐忑、犹豫、畏惧等各种情绪，很值得玩味。

师：老虎的第一个动作是什么？

生：蔽。

师："蔽窥之"，柳宗元是不是有点写错，你看他怎么写这个"蔽"呢？怎么把"逃避"的"避"写成这个"蒙蔽"的"蔽"呢？是不是该用这个"避"啊？

生：这里的"蔽"不是逃避，而是隐蔽在暗处。

师：哦，草头"蔽"是要把自己怎么样？对，不仅是躲得

> 【观察者点评】不妨想想，朱老师在这里设置一组形近字的比较，除了翻译文本外，还有什么积极意义？

远远的,还要把自己藏起来不现身。很好,请坐。

（教师由"慭慭然、往来视之、远遁、荡倚冲冒、跳踉大㘎、断喉、尽肉"等关键词带领学生熟悉老虎变化的动作）

师：老虎的行为动作,我们来念一下,能背的背啊！（生朗读、背诵前四句）

师："他日,驴一鸣",也就是某一天,驴一鸣,虎怎么样？大骇,大骇之后呢？"远遁,以为且噬己也",谁也不想被吃。非常地恐惧,甚恐,之后呢？

生：然往来视之,觉无异能者。

师：好,接着是"益习其声",这个"习"指的是了解、熟悉,听过的。就是听惯了,更听多了,那虎对驴先是怎么样？

生：稍近,益狎,荡倚冲冒。

4. 探究老虎的心理变化

师：好了,驴子的反应,说一下。

生：驴不胜怒,蹄之。虎因喜,计之曰："技止此耳！"

师：这个"技止此耳",应该怎么念比较合适？应该是有根据的,为什么要这么念？哪个同学跟我念一下。（生跟读）

师：你们好像比我念得沉稳多了吧！我有根据,"因喜"是什么喜？心中暗喜、大喜、惊喜,技止此耳,念！（生跟读）

师：随着这个老虎行为动作的变化,它的心理内心有自己的一条新线索。哪位同学先告诉我,它开始的心理是怎样的一个心态？

生：以为神。

师：还有没有,哪一句话？

生：庞然大物。

师：为什么"庞然大物"是老虎的心态？

生：因为老虎看到它第一眼就是看到它的样子。

师：你能不能把这五个字给念一下？

生：庞然大物也。

师：你觉得念好了吗？还不够。再来一下,尽你可能的。

生：庞然大物也。

师：害怕不害怕？庞然大物也,怕不怕？还应该怎么念？

生：庞然大物也。

师：还不够怕。来，这位同学你来怕一怕。

生：庞然大物也。

师：我不评，哪一位同学评一下这句话，你自己也可以说一下？

生：有点唱京戏的感觉。

师：你觉得这种唱京戏的感觉，有没有把应有的这种恐惧害怕的感觉都念出来了呢？

生：没有。

师：你能不能做些调整？

生：响度跟音调上。

师：响度，你觉得应该更响？还是音调上怎么变化？你来看，应该更响一点？

生：我觉得应该更轻一点。

师：你把声音调轻了再给我听听。假定我是驴。

生：庞然大物也。

师：能不能再声音虚一点？关键是在于什么？在于这个标点符号，如果标得再准确一点应该再加一个引号，为什么呢？这五个字在老虎心中的分量像"你别过来，你怎么这么大呀"，对不对？你听我念啊，庞然大物，也。加上颤音，你感觉到害怕了吗？你再试试看。

生：庞然大物也。

师：你这个有害怕吗，哟，你好大呀！是吧，你再试试。

生：庞然大物也。

师：老虎第一次看到驴的时候是真的很害怕，技巧的关键在于感情。大家试着按照你认为的害怕的感觉读这五个字。（生齐读）

> 【观察者点评】学生为什么会有唱京戏的感觉，这是一种怎样的感觉？在朱老师追问这种感觉有没有把恐惧害怕表现出来时，学生马上否定了自己的感觉。不妨思考一下，学生的这种感受有没有合理性呢？

> 【观察者点评】在有限的课堂教学时间内花费相当时间在一个句子的反复揣摩、反复诵读上，这样的做法你认同吗？朱老师的用意可能是什么？其作用是什么？

【要点评议】

　　诵读，是心、眼、口、耳并用的一种学习方法。在文言文教学中，朗读可以让读者在感知言语声音形态的同时，实现对文本的感悟理解。因此无论是让生对"技止此耳"跟读还是对"庞然大物也"试读，都是非常有效地理解文本的活动方式。通过对"技止此耳"的朗读，顺势分析"因喜"来揣测老虎的心态变化，感知寓言中的动物形象，而对"庞然大物也"的一次次揣摩与朗读正是学生一点点体会老虎内心恐惧之情的过程。

师： 这是不是第一个心理线索的第一条？紧接着再往下看看，"莫什么"？

生： 莫相知。

师： 从"庞然大物"到"莫相知"是怎么变化的？

生： 先是看到它感觉到害怕，然后老虎也不知道它是什么。

师： 从躲在林子里不让驴子看见，到认为它是个神，到不知道这个东西到底是什么，是不是心理变化了？好，请坐。紧接着什么线索？

生： 大骇。

师： 再到什么？到"甚恐"，最后再到什么？

生： 不敢搏。

师： 不敢。我问一下，"大骇"是怎么个怕，"甚恐"又是怎么个怕，"大骇和甚恐"，哪一个更害怕？

生： 大骇。"大骇"是非常害怕，像我看到蟑螂就有吓一跳的感觉，就有点像"大骇"那意思。然后"甚恐"就是恐惧，在心里面恐惧。

师： 你很聪明，你用描述回答我的问题，那如果翻译的话，你会怎么翻译"大骇"？

生： "大骇"有点惊吓的感觉，老虎吓了一大跳。

师： 甚恐呢？

生： 十分恐惧。

师： "十分恐惧"跟刚才的"有点害怕"，你觉得"十分恐惧"程度更低？

生： "大骇"就是突然恐惧。

师： 还有谁来，再想想看好吗？有想法吗，你？

生： "大骇"的话，就是老虎觉得非常地恐怖。

生： 我觉得应该是老虎惊恐万状。

师：万分惊恐，那这个后面的"甚恐"呢？

生："甚恐"是心里感觉到惶恐。

生：大骇就是非常害怕，然后甚恐就是比较恐惧、恐怖。

师："恐怖"比"害怕"还要轻？行，解决不了问题咱们就留点遗憾，可以吗？

【反思】

这个环节，朱老师引导学生揣摩"骇"与"恐"两个字的差异，最终朱老师以"留点遗憾"结束了探讨。请问，你对这两个字的异同有何判断？除了朱老师说的"想想看"，要作思考，我们是否可以在思考的方向上作点调整？请关注所在的语境：

（1）驴一鸣，虎大骇，远遁

（2）以为且噬己也，甚恐

同时，请关注两个字的字形与其各自的本义。

师：接着"不敢、因喜"程度轻下来，把行为连起来，随着老虎心理变化这个线索，可以看黑板，按照这个线索，读读课文，好，《黔之驴》，起！（生读课文）

三、分析文本呈现方式

师：现在整个过程我们都了解了。老师又发现一个问题了，不管行为还是心理变化，这都写的是什么？

生：老虎。

师：那干吗不叫《黔之虎》呢？而叫《黔之驴》呢？是离题吗？好，有人举手了，请。

生：我在想，他是不是用这头驴来讽刺那些徒有其表的人？驴也外强中干，徒有其表。

师：来，你说。

生：我就感觉它这里面是从侧面描写驴。

师：那从对老虎的正面描写当中我们可以看出什么？

> 【观察者点评】分析老虎心理变化只是为了引出对本文写作手法的分析吗？

> 【要点提炼】点明本文写作手法——侧面描写，建议学生课后尝试从驴的角度叙述故事。

生：看见驴的性格或者这一类人。

师：哦，从驴子看到人了，咱们先不管人。这是寓言故事，从老虎的动作和心理中我们可以看到什么？每一步都可以看到驴的性格，是不是？老虎在这篇文章中是作为——？

生：镜子。

师：对，是驴的一面镜子啊！还有补充吗？我又想起一个作业，课上不做，下课之后，大家写几句话，换一个角度写。《黔之驴》从正面描写驴，老虎动作、心理变化的同时，这头黔驴，它在想些什么，做些什么？从驴的动作和心理来描写，驴子到了黔，被放在了山下，然后林子里面出现了一只老虎，我们的这头黔驴，做了些什么？着重在动词的描写。看看大家能不能写出点意思来，好不好？现在背一下整篇文章！（生背课文）

> 【观察者点评】老虎只是为侧面烘托的艺术效果而存在的吗？是不是可以研究一下，在本文寓意的体现当中，"老虎"扮演着怎样的角色？

【要点评议】

柳宗元是一位对文学发展贡献巨大的作家，这种贡献既体现在其以多种体裁、众多数量的作品丰富了文学创作领域，更在于他独到的文学主张对文学形式的创新。柳宗元的寓言创作善于叙事，他自己曾说："吾文宜叙事。"这包括情节、结构、语言和手法诸方面。其寓言情节的丰富曲折、摇曳多姿，对前人粗陈事理的创作是一种显著的超越。

《黔之驴》虽不足二百字，却塑造了驴、虎两个既活灵活现又具有一定典型意义的艺术形象，在手法上很值得学习和揣摩。故事的主角是驴子，可作者却别开生面将笔墨主要放在写老虎上面。从开始见到驴到最终吃掉驴是一个极其完整的过程，写的主要是老虎。其中既有生动逼真的行动描写也有细致入微的心理活动的刻画，把老虎在驴子面前始而疑虑惧怕，继而设法试探，最后凶相毕露的情态刻画得淋漓尽致，使本来没有理智的兽类变得有思想、有感情、有智谋。然而，文本表面上很少写驴，实际上处处都与写驴有关。驴子在老虎心目中前后变化的过程，既是老虎对驴子真实面貌的认识过程，同时也是驴子逐步自我暴露的过程。老虎的种种神情动态，无不极好地衬托着驴子的徒有其表。作为矛盾的双方,老虎"荡倚冲冒",肆无忌惮,驴子唯有"蹄之"而已,老虎的形象固然栩栩如生,驴子的形象不也呼之欲出吗?这正是这篇文章虽写虎却名之以驴的高妙所在。

但是这并不能解释为什么本文不直接以"虎"为题,文章的确从侧面烘托了驴,可这一解释不恰恰说明了文章正面描写的是虎吗?为什么柳宗元要以侧面形象为题而放弃大量笔墨直接描写的虎?如果驴才是真正的主人公,柳宗元为何不直接对驴进行充分的正面描绘来表明寓意(这对柳宗元来说绝不是难事)?这样的情节安排难道只是一种艺术构思的需要吗?在这里,朱老师提出了一个很有价值的问题,虽未能给出一个很明确的结论,却引发了同学的思考,也将这个有趣的问题留与阅读此课例的各位老师共同思考。

四、落实字词,检测背诵

师:好,现在老师要测验一下大家对其中的几个词的解释了,可以吗?

(老师对重点字词词义进行测验。生又背诵了一遍课文)

师:这篇课文是生活中的一个故事,它就是让你来体验或者说观察生活的,至于说那个驴子到底讲的是人,是政治,是社会,可以各自回去想一下。今天的课到此结束。我也很抱歉啊,很多的答案我没有给大家,你们问问自己老师,求教求教自己的词典,可以吗?(生点头)

师:谢谢各位,同学们再见。

问题研讨

朱老师的教学设计体现了文言文教学关注语言的要义。(1)字音。在学生读课文时,强调了学生容易读错的几个地方。(2)文言句读。在诵读时,朱老师强调要读准句读,理解文意并揣摩字里行间的内涵。(3)成语。《黔之驴》有几个成语家喻户晓,很常用。朱老师在教学中也给予了关注。

但《黔之驴》到底要教什么?只是当作一篇简单的用文言文写成的动物故事来进行形象概括与用词赏析吗?

作为一篇寓言,它不足二百字,讲述了一个情节十分简单的小故事,而千百年来它一直为人们所津津乐道的奥妙究竟何在? 从古到今,对其寓意的解说五花八门,所谓"新解"层出不穷,其真正的寓意到底是什么? 简单清晰的情节为什么能产生这样隽永丰富的主题,是匠心独运的艺术构思还是在特定时代背景下难以言说的无奈曲折?

作为寓言,主要功能是讽刺与教训。《黔之驴》一文的嘲讽对象历来众说纷纭,是驴还是虎,论者都能各执一词,旁征博引。值得注意的是近年来对"好事者"的关注越来越多,好事者所犯下的主观主义、盲目草率的错误同样是导致"黔之驴"悲剧命运的重要原因。同时,在参照时代背景的前提下,寓言塑造的形象都可以指向柳宗元所面对的社会现象。

前人说柳宗元的寓言后面,"必有一句最有力量、最透辟者镇之"(林纾《韩柳文研究法》,商务印书馆 1936 年版),言下之意是每个寓言后面柳宗元自己的"评论"就是对寓言内容最透辟的解释和评论。《黔之驴》文末,作者感慨"今若是焉,悲夫!"探究一下这个"悲"字,为谁"悲",又"悲"何,对寓意理解或有帮助。

当然,结论无论是什么,寓意无论是有社会意义还是上升到哲学层面,教学中让学生独立探究作者写作意图是必要的,毕竟寓意是寓言的灵魂,而恰恰是主题(寓意)的丰富彰显出了本文的魅力。

如果我们选择复旦大学章培恒、骆玉明主编的《中国文学史》中的观点:"《三戒·黔之驴》则借驴比喻那些外强中干、实无所能的庞然大物。"还可以想一想的是,我们的生活中不乏这样色厉内荏、徒有其表的人,对这样一类典型人物进行讽刺是深得人心的,但算不上什么创新之举,为何《黔之驴》这样经久不衰?

其中一个原因当然是柳宗元的语言精粹洗练,笔锋犀利明快。寓言要篇幅短小精悍,很大程度上取决于其语言的精粹洗练。篇末对所讲故事进行精辟的议论和概括,精确地揭示全文主旨,给读者以启示,增强作品哲理性和教训性的警策之语自不必多说。文中的叙述、描写也都生动简洁,犀利精练。如文中所写老虎对驴的认识过程,用了"见之"、"窥之"、"视之"三个词语,就准确地表现出老虎在从远处粗看、藏在林中偷看、仔细观察研究等三个阶段对驴的不同认识和态度。全文仅用 124 字就把老虎对驴的认识过程和与驴搏斗并最终吃掉驴的过程写得波澜起伏,引人入胜。但这似乎也还不足以说明《黔之驴》为何历久弥新。

在朱老师的教学过程中还有一个未能完全展开的环节,"从正面描写驴,老虎动作、心理变化的同时,这头黔驴,它在想些什么,做些什么,从驴的动作和心理来描写",

这一活动如果旨在训练学生的情境联想能力,锻炼学生的语言表达能力,自然是有价值的。而除此之外的价值呢? 或许我们倒可以反其道思之,当我们从驴的角度将其内心活动清晰理性地表述出来时,《黔之驴》的魅力是否还存在? 我们与柳宗元的差距是否仅仅是语言表述能力上的? 这样的探究或许更能接近文本魅力的真相。

资源链接

1. 魏本亚.用寓言的方式学习寓言——以黄厚江《黔之驴》教学为例[J].语文建设,2013(10).

2. 陈建源.让"文"与"言"有机融合——《黔之驴》三种不同模式的设计[J].语文建设,2009(2).

3. 易思平.文人的悲剧——柳宗元《黔之驴》寓意新解[J].名作欣赏,2002(2).

后续学习活动

任务 1:《黔之驴》是柳宗元的作品《三戒》中的一篇,柳宗元在《三戒》中对驴的评价为"出技以怒强",对于柳宗元自己的概括,你是如何理解的?

任务 2:2012 年首届"苏派语文教育论坛"黄厚江老师执教了《黔之驴》一课,请对其讲课实录分析讨论,并进行评议。

在"朗读"中品味作品语言,把握"所载之道"
——朱震国《为学》课堂教学研讨

执教教师简介

朱震国,基本情况见前一专题相关内容。

热身活动

1. 文言教学,字词是基础,细读《为学》全文,圈出你认为重要的、有深意的字词,在课堂中和学生进行分析探讨。

2. 仔细研读文中的对比,研究对比的作用。如果你来作设计,可以设计什么活动,让学生领会这种手法的效果。

3. 文中有多处语序上的安排耐人寻味,很有深意,如:"天下事有难易乎? 为之,则难者亦易矣;不为,则易者亦难矣。人之为学有难易乎? 学之,则难者亦易矣;不学,则易者亦难矣。"为何先说"天下事",后说"为学之事"呢? 为何先说"难者"变"易",后说"易者"变"难"呢? 诸如此类的细节问题,其实是解读文中的关键抓手,由此切入,开展课堂分析,巧妙而深入。请据此尝试设计教学,安排活动。

课例导读

此课例主要探讨两个问题:一是文言文阅读的要点,是集中体现在"章法考究处、炼字炼句处"的"所言志所载道"。文言文阅读教学着力点,是引导和帮助学生通过"章法考究处、炼字炼句处"具体地把握作者的"所言志所载道"。而这些,要落实到理解和感受"章法考究处、炼字炼句处"的文言。朱老师执教《为学》,正是以关键的字词句为抓手,如对"吾一瓶一钵足矣"的"一","子何恃而往"的两处重复和不同标点进行分析,纲举目张,巧妙而有效地组织教学活动。二是文言文的学习最终的落点是文化的继承与反思,文言文所传达的中国古代仁人贤士的情意与思想。这是中国传统文化的直接体现,是学生文言文学习的主要方面。如《为学》主要就是传达了古人"为学贵在立志,实践才能变难为易"的思想。

教学实录

为学

一、题目解读

师: 好,我们上课了同学们,大家先把课文的题目读一下。

生: 为学。

师: 有两种读法是吧,念"为(wéi)"还是念"为(wèi)"?

生: 为(wéi)。

师: 第二声,为什么?"为(wéi)学"还是"为(wèi)学"?

生: 为(wéi)。

师: "wéi 学"是吧,做动词来用,意思呢大概就是"做学问"。好,如果把题目前后省略的地方都翻译出来,大概意思就是说说怎样做学问的道理,这个意思,明白吗?

【反思】
　　平时文言文阅读教学时,你是否也会像朱老师一样关注字词的读音,此处分析读音的目的是什么? 可多选。
　　A. 读准字音　B. 掌握字词的释义　C. 初涉文章主旨的把握

生: 明白。

师：咱们这节课就来学着做做学问，好吧？

生：好。

师：先这样，大家把课文的第一小节一起来朗读一下，过后我们讨论。这样，第一节里边，都写了些什么内容，更要注意的是它是怎么写的，之后我们大家来讨论一下。现在大家自由朗读一下吧。（生自由朗读第一小节）

师：我看了一下，有两个问号，还有两个句号。一共四句话，到底作者写了什么内容，有没有不太懂的地方，或者是你觉得这里作者应该有点什么意思的，大家都可以拿出来，这就叫做学问。这样，我们可以先互相讨论一下，过会儿再来交流，可以吗？

【观察者点评】品读文章，妙在细节。你在平时教学中，有没有引导学生养成良好的"细节"意识呢？

生：可以。

师：讨论一下。好，有时候互相一讨论就开窍了。好，请。

生：它就是揭示了一个道理，然后就是说天下的事有难有易，如果做了，那就会变容易的，不做它就会连起步都没有。

师：我发现你说的有点问题，题目是什么？

生：为学。

师：第一句话说天下事和为学什么关系？你刚才说是为学，可你一句为学都没说，你说天下的事，老师给你个评语，离题了，是这样吧？

【观察者点评】学生有的回答是看似有道理，但其实又偏离了讨论重点，如何巧妙地既肯定学生的智慧，又作合理的启发引导呢？

生："为学"这个学，就是说"学问"，就是要"问"。

师：你觉得学问学问，就是要"问"，所以一开始上来先给问一问。这也是一种理解。天下事没有难和易之分；一种说法，天下的事有困难的和容易的这样一种区别吗？语气上怎么样？如果像讲话一般亲切，天下的事有难易之分吗？来看看，这个天下事能不能放后边说？天下事放后边说怎么样？它讲的是天下事，还是要说为学的事？

生：为学。

二、提炼主题

师：那如果先说"为学"再说"天下"，那后文怎样？偏远了，那就是说没法再说下去了是不是？可是从天下事说起，天下的事说到人的事，那叫什么？从远到近。下文的难者、易者也是这个道理，你想想看，他要讲的是什么？是由难到易还是由易到难？

生：由难到易。

师：课文里边全都是讲由难到易，同学们知道这篇文章是作者写给谁的？

生：不清楚。

师：作者家族里边有好几十个孩子，包括子女、侄子等。这文章本来就是写给他的子侄们看的，他有几十个子侄，可是没有一个在学问上有出息，你说作者有点着急了吧？把家族里边的子侄招来，写一篇《为学》，晓之以理，那你想想子侄们现在处于什么情况？"学之，则难者亦易矣；不学，则易者亦难矣"，是由难到易还是由易到难？

生：由难到易。

师：他们目前的情况是什么？没有出息，在他们看来，这是难的还是容易的事情？

生：难的。

师：难的。那么作者也这样认为吗？"为学"很难吗？

生：作者认为去做就是容易的。

师：所以大家看清楚了，文章里边作者不是说这件事情可以由难变易，而是说，为什么对你们来说，做学问这么容易的事情现在变得如此之难？原因是什么呢？所以他要谈的是什么？为什么"不学，则易者亦难矣"放在后边，明白了吗？

> 【观察者点评】朱老师花了大量的时间纠缠于"难"、"易"的问题，有必要吗？

【要点评议】

"学之，则难者亦易矣；不学，则易者亦难矣。"课文第一段的这个句子看似平淡无奇，但是朱老师却探究出了作者独特的用意。探讨前后两个小分句的语序问题，其实关乎这篇文章的主旨，前半句由难变易不是本文讨论的重点，只是作为铺垫，以引出后半句这个重头戏。学问源于巧思，精细处就是我们学习文言文的关节点。能否找到这个抓手，在于执教老师对于文本的解读意识与功力。

生：想明白了。这是作者要说明的主要道理。

师：好,现在大家集体地把这第一小节读一遍。

（生朗读第一小节）

师：好,第一节我们大致就讲好了,可是老师有一个问题了,你想想,开头设问,自问自答;第二个通过难和易,易和难的反复对比,又以天下事作为例证;最后得出一个结论,人之为学的关键在于"为",对吧?这么一个主要的观点,你看看这不是该写的都有了吗?后边还写些什么呢?好,不过这一点我们暂且存疑。

三、朗读品味

（生分角色朗读第二小节）

师：好,谢谢。我们大家来想想看,故事的第一句话主要的信息是哪两个字?

生：贫富。

师：对,什么?贫,一个呢?富。你说贫富两个概念的对比直接指向了什么?

生：钱。

师：好,现在这两个和尚,一个接近于万能,一个万万不能。但是他们为了同一个目标去南海是吧?发生了一场对话,确切地来说,他们一共进行了四句话的交谈,其中贫者一问一答,富者一问再问是吧?那你们想这两位和尚他们说话的语气,态度,情感,说话的声音高低等等,会一样吗?

生：不一样。

师：如果不一样,他们会不同在哪里?怎么个不同法?有人试试吗?

生：富者说话比较傲慢。

师：他们去南海的事情已经准备了多少时间呢?多久?

生：四年。

师：四年了,而穷和尚可能这回想去了,所以向有经验的人,准备了多年的富

【要点提炼】朱老师此处故意质疑文本的结构安排,意在引导学生思考下一章节例证的意义。这不是单纯的过渡提问,这是一个具有提纲挈领意义的问题,可以统摄整堂课。

【观察者点评】语气是外显的,直观的,感性的;心态是内隐的,隐秘的。朱老师为何从品读语气入手,分析心态?

人，讨点经验。所以他的语调是平直的，语气是温和的，是这样吧？你来念念。

生：贫者语于富者曰："吾欲之南海，何如？"

师：对，这叫平直的是吧？不卑不亢的。好，那你说接下来那个富者的问题表现了他的什么心态？

生：他这个话的意思是你怎么去得了？然后就觉得自己有条件，而你没有条件去，有点嘲讽吧。

师：他有没有这个意思就是说，你没钱，我给你点？

生：没有。

师：没有，你肯定？是吧？这"富者"我们明白了，他不是想发善心，不是慈悲行善举，或者捐助一些什么东西，而是满腹的狐疑，这心想着一个，你有什么钱现在也想去南海啊？所以他问得是很势利，问得咄咄逼人。要问出金钱的味道来，你问问看？

生：富者曰："子何恃而往？"

师：好像还不够有钱。我教你一招，这个往字是第三声，往上翘是吧？"往——！"你试试看："子何恃而往？"

生："子何恃而往？"

师：有点钱了，好，请坐。接下来"贫者"的这个回答，同学们看看。其实他这个贫者完全可以有另外一种回答法，比如说"吾有瓶钵足矣"。"吾有瓶钵足矣"，可以吧？可是他要连续说了两个什么字啊？

生：一。

师：你说他想强调什么？他的这句话应该怎么说才能表达出他的这种强调语气呢？我们一起来看，（指一生）你来。

生：曰："吾一瓶一钵足矣。"

师：我一瓶一钵足矣对不对？很好，这个"一"啊，是强调他的少，也就是说所谓的这些条件，完全不在他的考虑之内，那么什么是决定性的呢？去怎么样？去做就行了。是不是去做？也就是说，任何东西你必须要有所什么？

生：做。

　　朱老师对"一"的分析,可谓整堂课的一大亮点。两个"一"也堪称本文精妙处,"一"形象地写出了贫者淡然的心态,甚至有无所畏惧之感,这很好地体现了本文的主旨:一切外在的条件都只是借口,关键是"为"之,方能成事。这正是我们所讲的章法考究处,炼字炼句处,往往就是作者言志载道的关节点、精髓处。

师：你不去做,不行动的话什么条件都是白搭,毫无意义。是不是? 好,那么富者再问,请同学来评价一下。

生：富者就说"我多年来欲买舟而下,犹未能也",也就是说我自己就想买一条船去,我到现在还没有去,你,你,你……

师：语气,你,你,你,关键是哪几个词重点表达了? 第一个是什么?

生：数年。

师："数年"表示时间,这个长。然后呢?"欲买舟",说明这花费之巨;"犹未能也",等于什么? 结果之惨。是这样吧? 是不是? 好,所以你要把这几个词给表现出来,谁愿意来说一下?

生："吾数年来欲买舟而下,犹未能也。子何恃而往!"

师：你看看"子何恃而往",和刚才的同学念的一样,刚才是"子何恃而往",现在呢?

生：有点。

师：不对称。

生："子何恃而往"。

师：不是,再慢一点,"子何恃而往"。"往"要上去。——来。

生："子何恃而往"。

师：老师来念一下,同学们听一听,老师是怎么念的,你从老师的念当中听出什么意思来。"越明年,贫者自南海还,以告富者。富者有惭色。"——我怎么念的? 你说一下。为什么呢? 这是因为什么?

【观察者点评】学生在平时的学习活动中,会关注声调的表意作用吗?

生：因为这是一个结果。

师：有结果就——？

生：就结束了。

师：就结束了，这叫事实胜于雄辩，所以无须张扬对不对？戛然而止，特别有意思的，我倒是觉得最后一句，"富者有惭色"，寥寥五个字，余音袅袅，无声胜有声，给人很多的想象对不对？我们看看，从原来的言语到这会儿的神态表情，都是富者的形象，可以说生动有力，是这样吧？

四、归纳主旨

师：好，接下来课文还有一段。我想这样好吧，我们有几排同学，我们一分为二，这个三排一半，那个三排一半，这回讨论得积极一些了，发挥集体的力量。先是第一句好吧？那边三排的向这边三排的同学发问请教，你们做好准备了吗？准备好了吗？问一下，你们准备就绪了？你们做好回答的准备了吗？

【要点评议】

前面朱老师组织的针对字词句的探究活动，已经很好地为学生作了文本分析的示范，可谓授之以渔。接下来让生自己学会质疑，释疑，不仅能使我们的研读更深入，更好地理解文章的主旨，还能培养学生自主学习的能力。

生：准备好了。

师：好，他们做好准备了，那么你们提问。

生："人之立志"这句话，这里的"人"表示什么？他是不是表示是子侄的那个"子"？

师："人之为学"中的这个"人"，是指子侄还是指谁？你发现这"人之立志"在哪儿出现过吗？之前有吗？题目是什么？

生：为学。

师：一开头第一句里边说到的"人"是什么？

生：为学。

师：这文章结束了，怎么说了"人之立志"了？这也是一个问题。你说。

生：我觉得应该人之立志，我觉得是做一些总结，就是告诉大家人要有志向。

师：不一定完全简单地重复对吧？

生：对。

师：好，结束问题了，还有问题吗？你们对第一句话的理解有问题吗？想想看，第一句话讲了哪两个主要的信息？念念看，"西蜀之去南海"，什么信息？条件是什么？最后一句，"僧富者不能至而贫者至焉"，结果怎么样？这样的对比主要来自行动是不是？所以同学们，我们说"学问"啊，你就是要学学问问，这才能感觉出它的一些道理。好，不过现在你们看看，老师想问一下，后面和尚的故事应该说吗？和文章有关系吗？

【要点提炼】朱老师将学生提的问题由对"为学"对象的质疑引向对"立志"的关注，可谓移花接木，这也是必要的教学方法。有时学生关注点和文章重点会有偏差，这就需要教师发挥引导作用了。

生：有。

师：很大的关系，有了这个故事道理就更清晰更形象了，而且道理也就说得更透彻明白，对不对？所以同学们知道，这道理不但要说得人家明白，还要说得别人能够愿意接受才更好，是吧？不过老师还有一个小小的疑问，你想想看，原来我们讲过了，课文的前面部分是怎么说的？"难者变易"，先说的是谁的例子？

【观察者点评】在整个的教学过程当中，朱老师不厌其烦地进行极为细致的追问，你觉得有没有必要？

生：贫和尚。

师：贫和尚的例子，然后再说容易变难，是谁的例子？

生：富和尚。

师：可是你看看最后一节，先说的是"僧富者不能至"，把这个放在前面了，而"贫者至焉"，把贫者的难处放在后面了，是什么原因呢？请说。

【要点评议】

　　这个环节尤为精彩。朱老师不仅再向同学提出语序的问题，而且在与前文的对比中质疑，发现有个倒置的问题，更耐人寻味。前文的行文是："为之,则难者亦易矣;不为,则易者亦难矣。人之为学有难易乎?"也就是先讲贫者,再讲富者,此处"僧富者不能至而贫者至焉",先讲富者再讲贫者,两处都为对比,但为何前后文语序不一样呢? 因为前文强调的是本文讲述的重点,后文强调的是我们推崇鼓励的情况。相同的是,重点均后置。

师: 这个还是通过对比,有发现吗? 他前面所以把容易的变成难的放在了后边,是因为这个是只针对哪一个人说的?

生: 贫者。

师: 是不是? 不富者容易变难是不是? 容易变难放在后边,这是个重点吗? 是针对什么? 针对条件恶劣了,他就不行了。而现在最后是为了要提倡大家行动起来,行动起来,是这样吗? 对行动论者来论述了,所以就要把难的变成易的这么一个令人鼓舞的结果拿出来作为重点了,放到后面了,是不是? 所以你看看,一个小小的位置的前后变化,也有作者的一份用心在内,这就叫什么? 做学问。对不对? 现在我们清楚了,贫富两个和尚,作者否定贬斥的是何者?

生: 富者。

师: 是富者是吧? 那么对于贫者,作者的态度又怎样呢? 肯定他,鼓励他,提倡他,有吗? 读一下最后一句话。读。

生: 人之立志,顾不如蜀鄙之僧哉?

师: again,再来一遍。

生: 人之立志,顾不如蜀鄙之僧哉?

师: 什么叫"顾不如蜀鄙之僧哉"? 请问一下,此"僧"为何者? 贫者? 富僧?

生: 贫者。

师: "贫者之为也"! 这句话里边的关键字是两个,哪两个? 最后一句?"蜀、鄙"什么意思? 蜀国,四川的,偏远的,偏僻的地方,你觉得他的这个话里边透出一股什么意味来了? 就是说不是看不起,也总有点怎么样的意思,有吗? 除

> 【观察者点评】分析作者对"贫者"、"富者"的情感态度,与本文的主旨的探讨有什么关系呢?

了这么偏僻的、那么小地方的穷和尚都能做到的事,我们还有谁能做得到吗? 不能做得到吗? 好,现在我们请同学把整篇课文连起来一起读一下。
(生朗读)

【反思】

　　平时教学,你是不是也苦恼于如何实现"文"、"言"的统一? 我们经常说要抓住关键字词来作为解读文意的抓手,此处朱老师对"蜀、鄙"二字的分析,是不是能给你一些启发呢?

师:好,大家读得不仅有声有色,而且还"有财有势",特别是你。好,同学们,这节课我们就要结束了,不过你们说这个"为学"的道理,我们也都学得结束了吗?

生:没有。

师:有吗?

生:没有。

师:还没有,我们讲"为学"怎么样? 大家同意吗?

生:同意。

师:我说大家开始像有点做学问的样子了。好,非常感谢大家,这节课我们就到这里,下课。同学们再见。

生:老师再见。

问题研讨

　　面对一篇课文,我们首先是一个"读者"——备课、上课的老师是读者,预习、上课的学生也是读者。之所以要通过阅读课来教学生阅读,是因为学生的理解需要提升,感受有待丰富。尤其是阅读文言文的学生,肯定需要面对高于自己学习经验(包括生活经验、语文经验)水平的地方;而这样高于学生原有水平的地方,也就是学生理解和欣赏的盲点,很可能恰恰就是这篇课文最要紧处,是需要我们在课堂上特别下功夫的所在,也就是教学的重点,要占据课堂教学的主要时间。朱老师在这一课的教学中主要用了两种教学手段:一是品味字词,二是辨析语序。

炼字是古人写作的一大特色,用字精准,言约意丰,因而品味字词是文言文教学常用的方法,难点在于教师如何找准重点字词。找到关键点,才能在教学设计中,获取纲举目张的抓手。如本文的"一"、"数",贫和尚与富和尚的外在条件、内在心态,就都形成了强烈的对比。

辨析语序是朱老师这堂课的教学亮点,从对第一段"为之,则难者亦易矣;不为,则易者亦难矣。人之为学有难易乎?"语序的探究上,把握了本文的写作重点;从对最后一段"僧富者不能至而贫者至焉"先讲富者再讲贫者的语序安排上,看出来本文的主旨,推崇鼓励"为学立志之人"。同时,比较这两处,会发现语序倒置了,前后文既有呼应,又有对比。这就是"章法考究处"。需要教师在解读文本时独具慧眼,能领悟作者的匠心,同时在设计教学时能有意识地引导学生去关注作者的匠心。

本课的教学活动,除了品味字词、辨析语序这两种形式外,最重要的就是诵读。朱老师教学过程中很强调"诵读",其实意在玩味。在文言文教学中,"诵读"与"背诵"是两项有区别的学习活动。诵读,是心、眼、口、耳并用的一种学习方法,它可以让读者在感知言语声音形态的同时,实现对文本的感悟理解。"诵读"的要义,是"得他滋味"(朱熹语)。"诵读"重在"味"、重在"玩","须是沉潜讽咏,玩味义理,咀嚼滋味,方有所益"。滋味索然,仅得其声音、得其字形,不是真正意义的"诵读"。朱老师此课可以说将诵读的功能发挥到极致,每一段要诵读,有的逐字逐句都要诵读,学生读,老师读;经过分析指导玩味后再读,读出声调,读出重音,读出情感,读出理解,自然就能读出主旨。

文言文阅读教学着力点,是引导和帮助学生通过"章法考究处、炼字炼句处"具体地把握作者的"所言志所载道"。因此,字词句的品析玩味赏读都只是方法手段,指导学生"得道"才是教学的终极目标。文言文所传达的中国古代仁人贤士的情意与思想,即所言志所载道。这是中国传统文化的直接体现,是中学生文言文学习的主要方面。如《为学》之"学",不仅学知识,还要"学"人生的道理;《师说》的"学者",是求"修身,齐家,治国,平天下"的"学"。这些都是中国传统文化的精华。朱自清说:"中等以上的教育里,经典训练应该是一个必要的项目。经典训练的价值不在实用,而在文化。"譬如此篇《为学》的学习,最终的落点是对古人文化品质的传承。

此课例展示了"品析字词"、"辨析语序"、"诵读玩味"三种文言文教学的有效方法,让学生辨析,质疑,探究,不仅让人懂得了"为学之道",也懂得了"学问之法"。

资源链接

1. 朱光潜.谈文学[M].合肥:安徽教育出版社,1996.
2. 周庆元,胡虹丽.文言文教学的坚守与创新[J].中国教育学刊.2009(02).
3. 李卫东.文言文教学内容的确定[J].中学语文教学,2011(6).

后续学习活动

任务 1:你认为本课例的朗读教学是否成功,学生能否在朗诵中品味语言的内蕴,体会文章的内涵? 有没有更多样的朗读教学方式,请尝试设计两种具体的朗读活动。

任务 2:你认为此课例最后需不需要有拓展延伸的环节呢? 需要探讨"为学之道"的现代意义吗? 需要从"为学"延伸到其他领域吗?

在课堂"活动"中引导小学生亲近文言文
——王崧舟《两小儿辩日》课堂教学研讨

执教教师简介

王崧舟,杭州市拱宸桥小学教育集团总校长,浙江省特级教师。国家级学科带头人,全国五一劳动奖章获得者,浙江省小语会副会长,杭州市小语会会长。著有《王崧舟讲语文》(语文出版社)、《听王崧舟老师评课》(华东师范大学出版社)等。

热身活动

1. 细读《两小儿辩日》,圈出你认为需要在课堂上和学生重点探讨的字词。并思考:小学生阅读文言文,语言的古今差异显然是一个相当要紧的因素,你准备采用什么方法尽量让学生亲近课文呢?

2. 诵读是学习文言文的必经之路,请大声朗读课文,并思考:在课堂里,你准备如何指导学生诵读,并以诵读来促进学生更好地阅读理解这篇课文?

3. 《两小儿辩日》是一则寓言,篇幅虽短,但蕴含了丰富的意味。你能设计哪些教学活动来帮助学生理解其中的意味呢?

课例导读

《两小儿辩日》选自人教版语文教材,是六年级下册的一篇课文,选自《列子·汤问》,是人教版小学语文教材当中为数不多的(共3篇)文言课文之一。

　　一般老师在执教《两小儿辩日》时,会更多地关注"古今言殊"的因素,教学上以字词解释分析为主,辅以简单的诵读训练,最后落脚在文章传达的主题思想的把握上。这样做容易造成教学过程脱离学生的阅读实际:学生"有什么"和学生"需要什么"并没有进入执教者的视野。课堂教学的主体是学生,成功的关键在于学生"实际学到了什么"。要把握好这一教学原则,就需要准确了解学情,并在课堂教学中以学生已有的知识经验为依托,科学合理地过渡到教学目标的实际生成中去。如何根据学情合理生成课堂教学内容,如何让语文课堂真正成为学生的课堂,是语文老师必须深刻思考和积极实践的话题。

　　王崧舟老师所执教的《两小儿辩日》,从学生的生活体验入手,步步深入、层层引导,让学生在活动中唤起人生经验与语文经验,在活动中消除与文言课文的隔膜感,培养与古文、与古人的亲近感。为教师深刻理解新课标理念,实践语文教学思想,提高课堂教学效率起到了很好的示范作用,值得我们借鉴。

教学实录

(一) 举日——"象"的观照

师: 课前,老师布置了预习任务,同学们都做过预习了吧? 好的! 现在请同学们闭上眼睛,放松! 再放松! 请随着我的提示,在自己的脑海中想象太阳的样子。早晨,太阳慢慢地出来了,圆圆的,红红的,大大的;中午,太阳升上了天空,升得很高很高,圆圆的,小小的,红通通的。成功了吗?

【观察者点评】请问,你平常是否会使用联想与想象的方式来导入课文教学呢?

生: 成功了。

师: 很好! 现在,请你回忆一下课文中的词语,选择两个词语来形容你看到的太阳的样子:一个形容早晨的太阳,一个形容中午的太阳。然后,把这两个词语默写到本子上。(生默写词语)

师: 好的! 你写了什么?

生: 车盖,盘盂。

师: "车盖"形容什么时候的太阳?

生：早上的太阳。

师："盘盂"呢？

生：中午的太阳。

师：请到台前来，把这两个词语工工整整地写到黑板
上。（生上台板书词语）

师：写对了。不但写对了，而且这个字儿还写得有模有
样、落落大方，真好！和这位同学写得一样的请举
手。（绝大多数学生举了手）

【观察者点评】你在课堂上是否会有意识地强调学生的书写？

师：看来，大家都想到一块儿去了。好的！请大家闭
上眼睛，随着我的提示，继续联想。早晨，太阳刚
刚升起，照在你的身上，什么感觉？中午，太阳升得很高很高，你置身在强烈
的阳光下，你的身体热起来了，不断地热着，都快热得受不了了。感觉到
了吗？

生：（齐答）感觉到了。

师：好！那么，也像刚才那样，从课文中找出两个词语，来形容你的身体对太阳的
感觉：一个形容你对早上太阳的感觉，一个形容你对中午太阳的感觉。请把
这两个词语默写到本子上。（生默写词语）

（师巡视，然后请一个同学上台板书"沧沧凉凉"、"探汤"。）

师：请大家抬头看黑板，跟她写得一样的请举手。（绝大多数学生举了手）

师：（对那个板书的学生）"沧沧凉凉"你是用来形容什么时候的太阳的感觉呢？

生：早上的太阳的感觉。

师："探汤"是用来形容中午太阳的感觉的，对吧？为什么？

生：因为"沧沧凉凉"是比较冷的感觉，"探汤"是一种热的感觉。中午的太阳比早
上的太阳要热，所以我这样写了。

师：你怎么就断定"探汤"是一种热的感觉呢？

生：我看了课文的注释，知道"探汤"就是把手伸到热水里去，所以，"探汤"就是一
种热的感觉。

师：看得出，你的预习做得很充分、很扎实。你不但预习了课文，还预习了课后的
注释，这个习惯值得大家学习。好的，请大家看黑板，把这四个形容太阳的词
语连起来读一读，每个词语读两遍。（生齐读四个词语）

王老师以学生日常所见所闻导入课堂,能够引起学生的兴趣,调动学生的经验,也契合了本堂课的教学目标。教师在实际教学中需要寻找这种两方面结合的有效切入点,这样既顺应了学情也便于教学的顺利展开。

(二) 探日——"理"的寻思

师: 很好!大家注意看,现在,我在这两个词语之间画一条线,在这两个词语之间也画上一条线(板书:车盖——盘盂;沧沧凉凉——探汤)。想一想,为什么要这样画?(陆陆续续有人举手)

师: 不着急!先听老师把课文读一遍,你们不妨边听边琢磨琢磨其中的名堂。

(教师朗读全文,学生倾听)

师: 这两条线这么一画,联系课文内容,你发现了什么名堂?

生 1: 我发现它们都是反义词。

师: 哦!能具体说说你的发现吗?

生 1: 车盖和盘盂是一对反义词,它们一个样子大,一个样子小。沧沧凉凉和探汤也是一对反义词,它们一个感觉冷,一个感觉很热。

师: 大家注意听了吗?目光敏锐,表达清楚,说得好!他看出了两对词语之间意思正好相反,这是他的发现。你们的发现呢?

生 2: 我发现第一对词语都是在写太阳的样子,第二对词语都是在写太阳给人的感觉。

师: 一个了不起的发现。刚才那位同学看到的是两对词语之间相反的关系,现在,你却看到了它们之间相同的关系。大家看,第一对,是从哪个角度来写太阳的?

生: 从形状的角度。

生: 视觉。

师: 没错!从视觉的角度。那么第二对呢?

生: 感觉。

师: 确切地说,是触觉。第一对从视觉的角度写太阳,第二对从触觉的角度写太阳,这是它们之间相同的一面。谁还有不同的发现吗?(师环视课堂)哦,没有了。那好,请找到这些词语所在的句子,谁来读一读?

生:(朗读)一儿曰:"日初出大如车盖,及日中则如盘盂,此不为远者小而近者大乎?"一儿曰:"日初出沧沧凉凉,及其日中如探汤,此不为近者热而远者凉乎?"

师:一大一小,一凉一热。想一想,这四个词语怎么读,才能让人明显地感觉到它们意思的相反?

(生朗读这两个句子,通过对"大如车盖"、"如探汤"的重读和对"盘盂"、"沧沧凉凉"的轻读,强调了相反的意思)

师:读得真好!来,我们一起来读好这四个词语。请大家看黑板,我们一起读!一儿曰,日初出——(用手指示板书"车盖",以下相同)

生:(齐读,重读)大如车盖。

师:及日中——

生:(齐读,轻读)则如盘盂。

师:此不为远者小而近者大乎? 一儿曰,日初出——

生:(齐读,轻读)沧沧凉凉。

师:及其日中——

生:(齐读,重读)如探汤。

【观察者点评】你在文言文教学的时候,是否特别注重学生文言文的诵读?

师:此不为近者热而远者凉乎? 很好! 注意看,现在,老师在这两个词语之间画一个括号,在这两个词语之间也画上一个括号。

$$\left\{\begin{array}{ccc} 车\ \ 盖 & —— & 盘\ \ 盂 \\ 沧沧凉凉 & —— & 探\ \ 汤 \end{array}\right\}$$

想一想,这其中又有些什么名堂?(生举手)不着急,默读课文,静心思考,琢磨琢磨这样来分组的名堂。(生默读课文)

【观察者点评】老师用这样的形式呈现板书,对学生理解课文有何帮助?

师:谁发现这样分组的名堂了?

生1:车盖和沧沧凉凉都是日初出时的太阳,盘盂和探汤都是日中时的太阳。

师:问题来了! 同样是在观察太阳,同样是在早晨观察太阳,一儿曰,日初出——

生:(齐读)大如车盖。

师：另一儿却曰，日初出——

生：沧沧凉凉。

师：结果相同吗？

生：不相同。

师：为什么？

生：因为他们观察太阳的角度是不同的，一个从视觉的角度观察，一个从触觉的角度观察，所以不同。

师：太厉害了，真是一语中的啊！好的，同学们，日初出大如车盖，及日中则如盘盂，这种现象你们在生活中看到过吗？

生：看到过。

师：看来，一小儿说的是事实。那么，日初出沧沧凉凉，及其日中如探汤，这种感觉你们有过吗？

生：有过。

师：这么说来，另一小儿说的也是事实，对吧？我们再来读读两小儿的观察结果，体会体会他们不同的观察角度。这样，男生读前面一小儿，女生读后面一小儿，我读提示语。准备！一儿从视觉的角度观察太阳，观察的结果是——

生：（男生齐读）日初出大如车盖，及日中则如盘盂，此不为远者小而近者大乎？

师：一儿却从触觉的角度观察太阳，观察的结果则是——

生：（女生齐读）日初出沧沧凉凉，及其日中如探汤，此不为近者热而远者凉乎？

师：同学们，按照常理来说，远的东西看起来总是显得小一点，近的东西看起来总是显得大一点，是吧？

生：是。

师：那好，现在我把"车盖"和"盘盂"这两个词语给擦了，谁能在这两个空白处填上"远"和"近"这两个字？

（生上台板书，在原"车盖"处填了"近"，在原"盘盂"处填了"远"）

师：有不同意见吗？（学生没有异议，教师指着板书）一儿曰，我以日初出去人——近，而日中时——远也。因为——谁接着读一儿的话？因为——

生：（朗读）日初出大如车盖，及日中则如盘盂，此不为远者小而近者大乎？

师：一儿的观点是，日初出去人近，而日中时远也。这是因为——大家一起读。

生：（齐读）日初出大如车盖，及日中则如盘盂，此不为远者小而近者大乎？

师：好！这是一儿的观点。按照常理，远的东西给人的感觉总是冷一些，近的东西给人的感觉总是热一些，对吧？

生：对的。

师：那好，我现在把"沧沧凉凉"和"探汤"也擦了，你来填填"远"和"近"，会吗？

（生上台板书，在原"沧沧凉凉"处填了"远"，在原"探汤"处填了"近"）

师：应该没有什么异议吧？一儿曰，我以日初出——远，而日中时——近也。因为——

生：（朗读）日初出沧沧凉凉，及其日中如探汤，此不为近者热而远者凉乎？

师：大家看，另一儿的观点是，日初出去人远，而日中时近也。这是因为——大家一起读。

生：（齐读）日初出沧沧凉凉，及其日中如探汤，此不为近者热而远者凉乎？

【要点评议】

    "车盖、盘盂"、"沧沧凉凉、探汤"两组词语的对比，意在引导学生发现两种分析角度的不同，进而使学生明白两小儿辩斗的原因。在整个教学过程，王老师没有强硬地干预学生理解，而是选取了关键性的词语简明扼要地将学生思考的重心指向教学目标，这种教学内容的合理选择与教学环节的自然展开，是在充分把握学情和文本的双重基础上做到的。

（三）辩日——"趣"的体验

师：一个说早上近中午远，一个说早上远中午近。两小儿各说各的观点，各说各的理由，你不服我，我不服你，谁也不肯善罢甘休。用书中的一个词来说，就叫——

生：（齐答）辩斗。

师：（板书"辩斗"）你们是怎么理解辩斗的？

生1：就是争论、辩论。

生2：就是你说你的，我说我的，谁也不让谁。

生3：为了一件事，大家吵架，针锋相对。

师：是这样吗？请同学们找出两小儿"辩斗"的句子，同桌之间分好角色，然后大声朗读两小儿的辩斗。（生同桌之间分角色朗读"辩斗"语句，教师巡视倾听）

师：停下！哪对同桌愿意到上面来朗读"辩斗"？

（生一对同桌上台，面向全班同学，朗读"辩斗"部分。）

师：辩是辩了，就是没有斗起来。这样，请你留下，我来跟你辩斗辩斗。你害怕吗？

生：（低声地）不怕。（众笑）

师：听你的口气，看你战战兢兢的样子，我看你还是有点怕。到底怕不怕？

生：（坚定地）不怕。（众笑）

师：为什么？

生：你又不会吃人。（众大笑）

师：啊！对对对！我是老师，我不是老虎。不对！我现在还是老师吗？

生：你是一小儿。（众笑）

【反思】

　　课堂上学生面对年长的特级教师直接称"你是一小儿"，固然有该同学个体的老练与机智的表现，更是王老师在课堂上以自己的亲和力鼓励、感染学生的结果。更为重要的是，当课堂上的学生以"你是一小儿"来看待眼前的老师，也正意味着，经过前面的教学活动的充分"酝酿"，这些孩子们已经全然"忘我"而"入境"了，这是"古今言殊"隔膜感彻底消除的象征。至此，作为本堂课高潮之一的"辩斗"环节的出现，可以说是水到渠成的了。这是一次成功的文言文教学，更是一节成功的文言文阅读课。我们可以回过头去看一看，上述这种酝酿，是从哪个环节就开始启动了呢？

师：对！我是一小儿了。那，咱们现在就开始？谁先说？

生：你先说。

师：那我就当仁不让了。大家注意听，更要注意看，我们两个"小儿"是怎样辩斗的。好！我这就开始了——我以日始出时去人近，而日中时远也。该你了！

生：我以日初出远，而日中时近也。

师：日初出大如车盖，及日中则如盘盂，此不为远者小而近者大乎？

生：日初出沧沧凉凉，及其日中如探汤，此不为近者热而远者凉乎？

师：（语速加快）此言差矣！日初出大如车盖，及日中则如盘盂，此不为远者小而近者大乎？

生：（一愣，迅速作出反应）此言差矣！日初出沧沧凉凉，及其日中如探汤，此不为近者热而远者凉乎？（众笑）

师：（语气加强）非然也！日初出大如车盖，及日中则如盘盂，此不为远者小而近者大乎？

生：（机敏地）非然也！日初出沧沧凉凉，及其日中如探汤，此不为近者热而远者凉乎？（众笑）

师：（摇着手）非也非也！日初出大如车盖，及日中则如盘盂，此不为远者小而近者大乎？

生：（抢上一步）非也非也非也！日初出沧沧凉凉，及其日中如探汤，此不为近者热而远者凉乎？（众鼓掌，大笑）

师：不跟你啰唆了！反正日初出近，日中时远。

生：你才啰唆呢！就是日初出远，日中时近。

师：你胡说！日初出近，日中时远。日初出近，日中时远。

生：你胡说八道！日初出远，日中时近。日初出远，日中时近。（掌声，笑声）

师：看到了吧？这才叫——大家一起说！

生：（齐答）辩斗！

师：辩斗不是吵架，不是胡说八道。辩斗中，我们分明看到了两小儿活泼泼的天真烂漫，看到了他们对生活的敏感和思考，也看到了他们不人云亦云、不轻易放弃自己观点的坚持和独立。是吧？

【观察者点评】教师的语言魅力，肢体表达及教育机智等综合素养，保证了这一场"辩斗"的精彩展开。为了这场辩斗，你准备好了吗？

生：(齐答)是！

【要点评议】

　　师生们艺术性地重现了"辩斗"的情境，但同时又并未脱离文本语言，反而依语言而造势，以语言而生气魄，以语言而生意境。在这一因语言而生成的境界中，师生作为课堂艺术创造者不仅完成了对文本的解读，更完成了自身与心灵的对话。

师：那好！我们都来做一回两小儿。全体起立！左手的同学做前面一小儿，右
　　手的同学做后面一小儿。我呢，就读读旁白吧。好！前面一儿们，准备好
　　了吗？

生 1：(左手的学生齐答)准备好了！

师：后面一儿们，准备好了吗？

生 2：(右手的学生齐答)准备好了！

师：开始辩斗！孔子东游，见两小儿辩斗，问其故。一儿曰——

生 1：(齐读)我以日初出时去人近，而日中时远也。

师：一儿曰——

生 2：(齐读)我以日初出远，而日中时近也。

师：一儿曰——

生 1：(齐读)日初出大如车盖，及日中则如盘盂，此不为远者小而近者大乎？

师：一儿曰——

生 2：(齐读)日初出沧沧凉凉，及其日中如探汤，此不为近者热而远者凉乎？

师：一儿坚持曰——

生 1：(齐读"日初出大如车盖"句)

师：一儿争辩曰——

生 2：(齐读"日初出沧沧凉凉"句)

师：一儿反驳曰——

生 1：(齐读"日初出大如车盖"句)

师：一儿不服曰——

生2：（齐读"日初出沧沧凉凉"句）

师：一儿扯着嗓子曰——

生1：（齐读"日初出大如车盖"句）

师：一儿跺着双脚曰——

生2：（齐读"日初出沧沧凉凉"句）

师：一儿指着一儿曰——

生1：（齐读"日初出大如车盖"句）

师：一儿毫不示弱，也以手相指曰——

生2：（齐读"日初出沧沧凉凉"句）

师：（突然停顿，过了一会儿）辩呀！斗呀！怎么不辩不斗了？

生1：太累了！脚都酸了。（众笑）

生2：老这么辩下去，没意思了。（众笑）

生3：辩斗也不能没完没了啊？

生4：孔子过来了。

【要点评议】

仅就"辩斗"本身而言，其趣味性似乎很有限，尤其是文言的辩斗语言，让学生对于辩斗过程始终有一种隔膜感；但是通过生动具体的师生表演与朗读等活动，一切都变得生动、丰满且可亲起来。

（四）决日——"知"的分享

师：请坐。这时孔子过来了，孔子是谁呀？

生1：大思想家。

生2：儒家学说的创始人。

生3：孔子有弟子三千，是个大教育家。

生4：孔子博学多才，是个圣人。

师：可是，这个问题，孔子说得上来吗？

生：说不上来。

师：哪儿看出来的？

生：孔子不能决也。

师：谁能为"决"组个词语？

生1：决断。

生2：决定。

生3：判决。

生4：裁决。

师：一句话，面对两小儿的辩斗，孔子也拿不定主意。
是吧？

生：（齐答）是！

师：同学们，如果两小儿请教的不是孔子，而是你呢？
你会怎么说？

生1：早上的太阳和中午的太阳是一样大的。早上的太阳看起来像车盖，是因为
太阳刚升起来的时候，有地平线，还有树木、房子做比较，所以好像大一点。
中午的时候，太阳升到了天上，没有什么可以比较了，所以看起来就像盘
盂了。

师：啊！原来如此！不过，那日初出沧沧凉凉，及其日中如探汤，又是为什么呢？

生2：早上，太阳是斜射到地球上的，所以地上吸收的热量就少一些，感觉就沧沧
凉凉了。到了中午，太阳笔直地射在地球上，地上吸收的热量就多了，所以
就热了，就像探汤一样了。

师：哦！我明白了。谢谢两位为我指点迷津啊！同学们都明白了吗？

生：（齐答）明白了！

（五）悟日——"智"的启迪

师：这个问题，在我们看来，是一个科学常识，并不太难。但搁在两千多年前，却
是一个难题。不但难倒了两个爱思考、爱辩斗的小儿，也难倒了大思想家、大
学问家、大教育家孔老夫子。是吧？

生：（齐答）是！

师：来！我们一起读一读课文的最后一段。

生：（齐读）孔子不能决也。两小儿笑曰："孰为汝多知乎？"

师：（板书"知"）什么叫"知"？

生1：知识。

【观察者点评】请揣摩一下，王老师在这里设置这个环节有什么作用？

生2：学问。

生3：知道。

生4：懂得。

师：谁说你知识丰富？谁说你学问渊博？原来你也不知道啊！来，我们再来一起笑一笑。两小儿笑曰——

生：（齐答）哈哈！孰为汝多知乎？

师：面对两小儿的嘲笑，孔子又会怎么想、怎么回答呢？请你写一写。你可以用白话文来写，那就用"孔子说"开头；如果你对文言文感兴趣，你也可以模仿文言文的语气写，那就用"孔子曰"开头。

【观察者点评】借由"孔子说"的想象，老师的真正目的是什么？

（生写话，教师巡视，随后示意几个学生起立。）

师：好！孔老夫子们，面对两小儿的嘲笑，你们有话想说吗？

生1：真是后生可畏！后生可畏啊！（掌声）

师：看来，孔老夫子有点心虚了。（众笑）

生2：三人行，必有我师焉。择其善者而从之，其不善者而改之。（掌声）

师：好一个虚心好学的孔夫子。心虚大可不必，虚心却值得我们学习。

生3：知之为知之，不知为不知，是知也。（掌声）

师：说得好！做学问、做人就应该老老实实。

生4：天下的知识多如海洋，我哪能样样精通呢？（众笑）

师：实话实说，学无止境嘛！

生5：对与错并不重要，重要的是你们学会了观察和思考。

师：瞧瞧！都什么时候了，还好为人师，职业病啊！（众笑）

生6：哎！你们两个真是公说公有理，婆说婆有理。

师：这不废话吗？看来，孔老夫子也有说废话的时候。（众笑，掌声）

师：同学们，这就不是一个有知、无知，多知、少知的问题了。正像刚才那位同学所讲的那样，知之为知之，不知为不知，是知也。（板书：智）

师：同学们发现了吗，"智"的下面还是一个什么字？

生：（齐答）日。

师：是的，一个平正却充满力量的"日"字。为什么"智"的底下是一个"日"字呢？

是一个太阳呢?

生1:因为智慧就像太阳。

生2:智慧给我们带来光明。

生3:智慧也是温暖的。

生4:有智慧的人总是像太阳一样光明磊落。

【反思】

　　学生的潜能一旦被开掘释放出来,其力量是无与伦比的。前面"写话"活动中学生的精彩表现,以及此处关于"智"的灵光闪现,让我们看到了教师的积极引导,可以使得学生的智慧不断地"喷薄"而出。我们平常总是时不时地抱怨甚至于哀叹自己"麾下"无精兵强将,根源可能就在于,我们没有有效地给自己的学生搭建理想的思维活跃与课堂活动的平台。回想一下王老师的教学过程,他的课堂运作,给我们提供了哪些有价值的借鉴呢?

师: 说得好! 两小儿辩日的故事已经过去两千五百多年了,但是,作为一种人生智慧,两小儿的独立思考、大胆质疑,孔子的实事求是、虚心好学,却像每天升起的太阳一样依然照耀着我们。我们不仅需要自然的太阳,我们也需要智慧的太阳! 来,闭上眼睛,让这轮智慧的太阳在你的心头冉冉升起,越升越高! 下课。(热烈的掌声)

【要点评议】

　　王老师通过课堂小练笔的形式,既锻炼学生的写作表达能力又让学生通过角色扮演的形式,加深了对文章主旨的深刻体认。

　　问题研讨

　　王崧舟老师课堂的每一步推进,都是以学生的主动体验来建构的。《"搞活动"是语文课堂的基本教学形态》(王荣生、李海林)一文指出,教的目标主要不在"懂"而在

"会","教"内容也就不应该是"认知",而应该是"体验"。对此,我们可先设问:学生学习成效由何而来?学生是以个体经验(经历和体验)为基础,以自己的视界、自己的认识思维来创建"现实",学习过程是积极主动建构、创生的过程。没有个体经验的认同,任何被个体的智慧拒之门外的知识体系都是盲目的。换句话说,学习的过程缺少了学生心灵的参与,学习便成了一种技术性的操作,成了完全外在于自我的沉重负担,学生无法从中体验到美好和愉悦,教学的有效性、学生个体的发展便无从谈起。

王崧舟老师的《两小儿辩日》课例,正是基于学生内在需要而设计的。包括教学目标的设定,教学内容的确定,教学方法的选择。他的每一个教学环节(举日——"象"的观照、探日——"理"的寻思、辩日——"趣"的体验等)的设计都首先关注学生,把教学内容对学生而言是否"适宜"、"合理"、"正确",是否能得到他们经验的体认,作为课堂教学设计与展开的依据。

比如,王老师四个词语两两之间画上一条线(板书:车盖——盘盂;沧沧凉凉——探汤),再将两两词语之间画一个括号。此处的"一条线"、"一个括号",正是教师教学的着力点,是有意识地搭建脚手架。王老师要求同学"静心思考,琢磨琢磨",使学生能够顺势研读到文本的含意,即第一体会从视觉的角度写太阳,第二体会从触觉的角度写太阳,一大一小,一凉一热,以及用括号厘清的"日初出"、"日中时"。学者薛涌曾说:"一个孩子的降生,是对这个世界的新贡献。因此,对孩子不仅要爱,也要敬畏,要珍惜他们内心的感受、他们的意见、他们的原创,帮助他们把这些潜力挖掘出来,贡献于世界。"我们高兴地在王崧舟老师灵动而智慧的课堂上,看到他对孩子的感受、体验、意见的尊重乃至敬畏。

王崧舟老师整堂课围绕"日"字展开,以一驭十、提挈全篇;通过"举日"、"探日"、"决日"、"辩日"、"悟日"五个环节,串起所有的教学活动环节。可以说是用"牵一发而动全身"的关键问题来带动整篇文章阅读,没有其他的琐碎提问,避免了"师问生答"教学法的单一,也有效避免了常见的低层次理解,提高了课堂教学效率。这一设计很有张力,既能带动学生对课文的整体理解品读,又能形成和支撑课堂上一个时间较长的教学活动板块,对课文内容把握和教学过程展开都有着很强的内在牵引力。

资源链接

1. 王崧舟.王崧舟讲语文[M].北京:语文出版社,2008.

2. 姚春杰,编. 小学语文名师古诗文课堂实录[M]. 上海:华东师范大学出版社,2009.

任务 1:对照之前的"热身活动",看看自己所做的有关诵读的教学设想与王老师课堂上的做法有什么不同? 王老师的课堂诵读教学活动,对于学生理解文本发挥了怎样的积极作用?

任务 2:为了促进学生更好地"理解辩斗",王老师设计了课堂上师生辩斗、生生辩斗的表演、朗读环节。除此之外,课堂上王老师还组织了其他的活动,让学生积极参与进来。课堂上的活动有以下这些:

A. 学生个别朗读;B. 学生集体朗读;C. 学生辩斗表演;D. 师生辩斗表演;E. 学生情境想象

请回顾整个课堂实录,看看课堂上还有哪些活动环节? 并思考:这些活动环节对于学生理解课文、亲近文言具体发挥了怎样的积极作用? 如果去掉这一活动,对于阅读与教学会产生怎样的影响?